Aletha J. Solter

Kooperative und kompetente Kinder

Originaltitel: Cooperative and Connected: Helping children flourish without punishments or rewards. Originally published in English by Shining Star Press (www.awareparenting.com). – 1. deutschsprachige Auflage „Wüten, toben, traurig sein. Starke Gefühle bei Kindern" (Kösel 1994)

Hinweis für den Benutzer

Dieses Buch ist eine Informationsquelle für Eltern, die sich auf die Entwicklung, Emotionen und Bildungsbedürfnisse von Kindern zwischen zwei und acht Jahren fokussiert. Es soll kein Ersatz für medizinische, psychologische oder pädagogische Beratung oder Behandlung sein.

Einige der im Buch beschriebenen Verhaltensweisen und Symptome können Zeichen für ernsthafte emotionale und medizinische Probleme sowie Verhaltens- oder Entwicklungsstörungen sein. Wenn Ihr Kind an Problemen jeglicher Art leidet, sollten Sie professionelle Hilfe und Behandlung in Anspruch nehmen.

Einige der Vorschläge in diesem Buch sind vielleicht nicht unter allen Umständen oder für alle Kinder gültig. Autorin und Verlag übernehmen keine Gewähr für die Wirksamkeit der Vorschläge in diesem Buch und haften nicht für Schäden an Personen oder Einrichtungen, die angeblich direkt oder indirekt durch die in diesem Buch enthaltenen Informationen verursacht werden.

Bibliografische Information

Diese Publikation ist in der Deutschen Nationalbibliothek verzeichnet. Detaillierte bibliografische Angaben sind unter https://www.dnb.de abrufbar.

2., komplett überarbeitete Auflage 2021

Übersetzung: Sophie Kiener, München
Lektorat: Dr. Petra Zimmermann, Braunschweig
Typografie/Herstellung: Kadja Gericke, Herrenberg
Druck und Bindung: CPI Books GmbH, Leck
Umschlaggestaltung: SpieszDesign, Neu-Ulm
Titelabbildung mit freundlicher Genehmigung von Aware Parenting Institut Germany (https://www.awareparenting-institut.de)

FSC www.fsc.org MIX Papier aus verantwortungsvollen Quellen FSC® C083411

ISBN 978-3-948442-02-6

www.kiener-verlag.de

Aletha J. Solter

Kooperative und kompetente Kinder

Erziehung ohne Strafe oder Belohnung

Übersetzung aus dem Englischen von Sophie Kiener

2., komplett überarbeitete Auflage

KIENER

Wenn wir echten Frieden in dieser Welt erreichen wollen, müssen wir bei den Kindern beginnen.

Gandhi

Vorwort zur 2. Auflage

Dieses Buch wurde erstmals 1989 unter dem Titel *Helping Young Children Flourish* (Deutscher Titel: Wüten, toben, traurig sein) veröffentlicht und ist eine Fortsetzung von *The Aware Baby* (Deutscher Titel: Warum Babys weinen). Diese ersten beiden Bücher beschreiben umfassend den Ansatz von „Aware Parenting" von der Geburt bis zum achten Lebensjahr. Ich habe drei weitere Bücher geschrieben, die sich auf bestimmte Aspekte dieses Ansatzes konzentrieren: *Tears and Tantrums* (Deutscher Titel: Auch kleine Kinder haben großen Kummer), *Attachment Play* (Deutscher Titel: Spielen schafft Nähe – Nähe löst Konflikte) und *Raising Drug-Free Kids* (noch nicht übersetzt). Ich freue mich sehr, dass meine Bücher in viele Sprachen übersetzt wurden.

Für diese überarbeitete und aktualisierte Ausgabe (mit einem neuen Titel) habe ich die grundlegende Einteilung beibehalten, aber neue Informationen, Erkenntnisse und Zusammenfassungen hinzugefügt. Neuere Forschungsstudien bestätigen und unterstützen diesen Erziehungsansatz weiterhin, und ich freue mich, einige dieser neueren Forschungsergebnisse in dieser neuen Ausgabe mitzuteilen.

Dieses Buch enthält viele Beispiele meiner eigenen Kinder, die jetzt erwachsen sind. Ich kann mit Überzeugung sagen, dass dieser Ansatz funktioniert. Ich habe nie Strafen oder Belohnungen angewendet und meine Kinder haben nie rebelliert, weil sie nichts hatten, wogegen sie rebellieren wollten. Mein Mann und ich haben eine enge Beziehung zu beiden. Ich bin begeistert, dass unsere Enkelkinder mit diesem Ansatz erzogen werden und auch sie gedeihen.

1990 gründete ich das Aware Parenting Institute, um diesen Ansatz auf der ganzen Welt zu verbreiten. Ich habe ein Zertifizierungsprogramm für Personen entwickelt, die Eltern diesen Erziehungsansatz vermitteln möchten, und inzwischen gibt es in vielen Ländern zertifizierte Ausbilder. Bitte beachten Sie dazu weitere Informationen auf der Website von „Aware Parenting": www.awareparenting.com.

Ich möchte meinen Freunden und Kollegen meinen Dank aussprechen, die vorschlugen, die erste Ausgabe dieses Buches zu schreiben (1989).

Ich bin auch allen Eltern dankbar, die ich interviewen durfte. Ihre Namen und die ihrer Kinder wurden geändert (außer denen meiner eigenen Kinder, die mit ihrer Erlaubnis verwendet wurden). Ich habe viele dieser Beispiele in dieser überarbeiteten Ausgabe beibehalten. Ich möchte auch meinen Klienten und Workshop-Teilnehmern auf der ganzen Welt danken, die mir neue Erkenntnisse gegeben und mir geholfen haben, diesen Ansatz zu verdeutlichen, indem sie Fragen stellten und ihre Erfahrungen mit mir teilten. Abschließend möchte ich mich bei all denen bedanken, die mir Feedback zu dieser neuen Ausgabe gegeben haben.

Die folgenden Personen haben das Manuskript ganz oder teilweise gelesen und hilfreiche Vorschläge gemacht: mein Mann Ken Solter, mein Sohn Nicholas Solter, meine Schwiegertochter Sonja Solter, meine Tochter Sarah Solter und meine Kollegin Heather Stevenson.

Aletha J. Solter
Aware Parenting Institute, Goleta, Kalifornien
Frühjahr 2018

Ich möchte Christl Kiener und dem Team des Kiener-Verlags für die Unterstützung meiner Arbeit und für diese schöne deutsche Ausgabe meines neuesten Buches danken. Ich hoffe, dass es deutschsprachigen Eltern hilft, Alternativen zu Bestrafungen und Belohnungen zu finden. Mein Wunsch ist es, dass alle Eltern ein Leben lang eine enge, liebevolle Beziehung zu ihren Kindern haben.

Aletha J. Solter
Goleta, Kalifornien
Frühjahr 2021

Was versteht man unter „Aware Parenting"?

„Aware Parenting" ist eine Philosophie der Kindererziehung, die auf Forschungen zur Kinderentwicklung basiert. Es hinterfragt die meisten traditionellen Annahmen über Kinder und schlägt einen neuen Ansatz vor, der die Beziehungen innerhalb einer Familie erheblich verbessern kann. Eltern, die diesen Ansatz verfolgen, ziehen Kinder auf, die kooperativ, mitfühlend, kompetent, gewalt- und drogenfrei sind. Die Philosophie ist in den Büchern von Dr. Aletha J. Solter beschrieben.

Weitere Informationen finden Sie auf der Website des Aware Parenting Institute (www.awareparenting.com).

Wenn Sie eine Beratung vereinbaren oder einen Workshop organisieren möchten, kontaktieren Sie die Autorin bitte unter der unten angegebenen Adresse.

The Aware Parenting Institute
Post Office Box 206
Goleta, CA 93116
U.S.A.

Phone and Fax: (805) 968–1868
Email: solter@awareparenting.com
www.awareparenting.com

Aware Parenting im deutschsprachigen Raum

Aware Parenting in Deutschland:
http://www.awareparenting.com/germany.htm

Aware Parenting in Österreich:
http://www.awareparenting.com/austria.htm

Aware Parenting in der Schweiz:
http://www.awareparenting.com/switzerland.htm

Die drei Elemente von „Aware Parenting"

1. Bindungszentrierte Eltern-Kind Interaktionen

Natürliche Geburt und Förderung einer sicheren frühkindlichen Bindung

Viel physischer Kontakt

Lange Stillzeit

Unverzügliches Eingehen auf Weinen

Einfühlsame Einstimmung auf kindliche Bedürfnisse

2. Straffreie Erziehung

Keine Strafen, gleich welcher Art

Keine Belohnungen oder Bestechungen

Suche nach den zugrundeliegenden Bedürfnissen und Gefühlen

Wutmanagement für Eltern

Friedliche Konfliktlösungen (Familiensitzungen, Mediation usw.)

3. Bewältigung von Stress und Traumata

Wahrnehmung von Stress und Trauma als primäre Ursachen von Verhaltens- und emotionalen Problemen

Betonung der Prävention von Stress und Traumata

Anerkennung der heilsamen Wirkung von Spiel, Lachen und Weinen im Kontext einer liebevollen Eltern-Kind-Beziehung

Bereitschaft, den kindlichen Emotionen mit Respekt und Empathie zuzuhören und sie anzunehmen

Inhalt

Zusammenfassung der wichtigsten Themen in diesem Buch

Kinder haben viele berechtigte Bedürfnisse.

Kinder haben intensive Gefühle.

Kinder können von belastenden Erfahrungen heilen.

Verhaltensprobleme haben immer einen triftigen Grund.

Kinder brauchen keine Strafen oder Belohnungen.

Der Schlüssel zu einer erfolgreichen Erziehung ist die Bindung zwischen Eltern und Kindern.

Einleitung

Dieses Buch behandelt den Zeitraum zwischen dem zweiten und dem achten Lebensjahr, der normalerweise als frühe Kindheit bezeichnet wird. Es ist eine Fortsetzung von *Warum Babys weinen* (Geburt bis zweieinhalb Jahre). Sie müssen *Warum Babys weinen* nicht lesen, um das vorliegende Buch zu verstehen, das selbsterklärend und in sich abgeschlossen ist. Wenn Sie jedoch ein tieferes Verständnis für die emotionalen Bedürfnisse und die Entwicklung von Babys erlangen möchten, bietet Ihnen *Warum Babys weinen* möglicherweise einige Einblicke und hilfreiche Informationen.

Der in diesem Buch beschriebene Ansatz basiert auf Forschungen in den Bereichen Bindung, Trauma, Kindesentwicklung, Neurophysiologie und Psychotherapie. Es konzentriert sich auf die emotionalen Entwicklungsbedürfnisse der Kinder und auf die Eltern-Kind-Beziehung. Dank der in der Forschung tätigen Psychologen gibt es eine Fülle von Informationen über die Entwicklung von Kleinkindern, und wir haben jetzt eine recht genaue Vorstellung davon, wie sie lernen und welche Faktoren ihre Entwicklung fördern oder behindern können. Eine wichtige Erkenntnis ist, dass unser Gehirn durch Erfahrung geformt wird. Die Art und Weise, wie wir mit kleinen Kindern umgehen, bestimmt, wie ihr Gehirn später funktioniert. Frühe Erfahrungen (beginnend im Mutterleib) können sogar bestimmen, welche Gene exprimiert werden und welche inaktiv bleiben. Die Implikation dieser Forschungsergebnisse ist, dass Eltern eine wichtige Rolle spielen.

Traditionelle „Erziehungsmethoden", die auf der Verhaltensforschung basieren, verwenden Belohnungen oder Strafen. Diese Methoden können gehorsame Kinder hervorbringen, die den Status quo passiv akzeptieren. Dieser Ansatz kann für die Ausbildung von Fabrikarbeitern geeignet sein. Er verbessert jedoch nicht die Fähigkeit von Kindern, Lösungen für Probleme zu finden, auf die sie zuvor noch nicht gestoßen sind. Wir brauchen innovative Denker, um all die Probleme zu lösen, die für den Menschen noch relativ neu sind: Wie gehen wir mit zehntausenden Familien um, deren Häuser überflutet wurden? Was tun mit dem Plastikmüll in den Ozeanen? Wie kann man neue Energieformen entwickeln? Wie kann verhindert werden, dass junge Menschen sich terroristischen Gruppen anschließen? Wie vermeidet man eine verbreitete Sucht nach Betäubungsmitteln? Was können wir gegen Armut tun?

Wir brauchen einen neuen Ansatz für die Kindererziehung. Unsere Herausforderung als Eltern ist es, eine neue Generation von mitfühlenden und kompetenten Menschen zu schaffen, die die Motivation, den Mut, die Kreativität und die Fähigkeiten haben, um Lösungen für die Probleme zu finden, mit denen die Menschheit konfrontiert ist. Es ist an der Zeit, traditionelle Erziehungsmethoden infrage zu stellen und etwas zu ändern. Dieses Buch hilft Ihnen dabei, Ihre Kinder zu verstehen, eine Bindung mit ihnen aufzubauen und Verhaltensprobleme zu lösen – ohne Bestrafung oder Belohnung. Mit Ihrer Unterstützung können Ihre Kinder ihr volles Potenzial entfalten, um zu denken, zu lernen, mit Stress umzugehen, Probleme zu lösen und eine liebevolle Beziehung zu anderen aufzubauen. Dieser Ansatz wird ihnen helfen zu gedeihen, ein sinnerfülltes Leben zu führen und Wege zu finden, die Welt zu einem besseren Ort zu machen.

Eltern-Sein erfordert eine enorme Menge an Zeit, Energie, Aufmerksamkeit, finanziellen Mitteln und Engagement. Sie haben möglicherweise mit wirtschaftlichen Schwierigkeiten, Isolation und emotionalen oder gesundheitlichen Problemen zu kämpfen. Vielleicht sind Sie alleinerziehend, haben einen Vollzeitjob und keine Freizeit. Eine Möglichkeit, die Erziehungsarbeit zu erleichtern, besteht darin, Hilfe von anderen zu erhalten. Sie müssen Ihre Kinder nicht isoliert aufziehen. Wenn Sie es sich nicht leisten können, jemanden zu bezahlen, können Sie sich vielleicht mit anderen Eltern abwechseln. Wenn Sie müde oder krank sind, bitten Sie einen Freund oder Nachbarn, vorbeizukommen. Warten Sie nicht, bis Sie völlig erschöpft sind. Sie sind es sich und Ihren Kindern schuldig, gut auf sich selbst aufzupassen und um die Hilfe zu bitten, die Sie verdienen.

Während Sie mit Ihren Kindern durch die frühen Kindheitsjahre reisen, werden Sie viele angenehme, aber auch schmerzhafte Emotionen erleben. Sie werden wahrscheinlich an Ereignisse aus Ihrer eigenen Kindheit erinnert, und Sie werden möglicherweise feststellen, dass ein Problem mit Ihrem Kind einer Schwierigkeit ähnelt, die Sie im selben Alter hatten. In der Tat werden Sie wahrscheinlich Ihre gesamte Kindheit neu erleben, ob Sie wollen oder nicht! Wenn Sie unter einer von Nicht-Wissen geprägten Erziehung oder Misshandlung litten, wird das Verhalten Ihres Kindes Ihren Ärger möglicherweise häufiger als erwartet auslösen. Es ist völlig normal, sich gereizt, ungeduldig, wütend, verängstigt oder völlig überrascht über das Verhalten Ihres Kindes zu fühlen. Aber diese Gefühle brauchen ein Ventil, damit sie Ihr klares Denken nicht beeinträchtigen und Sie dazu veranlassen, auf eine Weise zu handeln, die Sie später möglicherweise bereuen.

Eines der hilfreichsten Dinge, die Sie für sich selbst (und Ihre Kinder) tun können, ist es, jemanden zu finden, der Ihnen zuhört und Ihre Gefühle akzeptiert, ohne zu urteilen oder Ratschläge zu geben. Nehmen Sie sich Zeit, um über all Ihre alltäglichen Probleme zu sprechen: Dreck auf dem Teppich, nächtliches Aufwachen, Geschwisterkämpfe, Schlafenszeiten und Wutanfälle im Supermarkt. Sie werden auch davon profitieren, wenn Sie Ihre tieferen Gefühle, Zweifel und Fragen mitteilen: Bin ich eine gute Mutter/ein guter Vater? Ist mein Kind normal? Wie kann ich meine eigenen Bedürfnisse erfüllen? Wird mein Kind in der Schule erfolgreich sein? Was kann ich gegen meinen Ärger tun?

Sie werden wahrscheinlich bemerken, dass Ihr Stresslevel abnimmt, nachdem Sie Ihre Gefühle mit einem unterstützenden Zuhörer geteilt haben, und es Ihnen möglicherweise leichter fällt, die Art von Eltern zu werden, die Sie sein möchten. Einige Eltern profitieren davon, wenn sie und ihr Partner oder ein Freund sich gegenseitig zuhören. Wenn Sie jedoch mit störenden Gefühlen der Inkompetenz, Depression, Angst, Ohnmacht oder Wut zu kämpfen haben, können Sie von einer professionellen Therapie profitieren.

Nach jedem Kapitel dieses Buches folgt eine Reihe von Übungen. Diese bestehen aus drei Gruppen persönlicher Fragen. Der erste Satz hilft Ihnen dabei, Ihre eigene Kindheit zu erforschen, der zweite ermutigt Sie, Ihre Gefühle für Ihr Kind auszudrücken, und der dritte bietet Vorschläge für Möglichkeiten, sich selbst Zuwendung zu geben. Sie können diese Übungen still durcharbeiten oder in ein Tagebuch schreiben. Eine andere

Möglichkeit besteht darin, die Fragen mündlich mit einem unterstützenden Zuhörer zu beantworten.

Vergessen Sie nicht, sich für all die wunderbaren Dinge, die Sie für Ihre Kinder tun, und die Liebe und Aufmerksamkeit, die Sie ihnen entgegenbringen, zu schätzen, auch wenn Sie sich manchmal unzulänglich fühlen. Sie tun wahrscheinlich viel mehr, als Sie denken!

1

Weinen und Wutanfälle

Dieses Kapitel konzentriert sich auf die Gründe für das Weinen und die hilfreichste Art, um auf die Tränen und Wutanfälle von Kindern zu reagieren. In vielen Büchern für Eltern werden Weinen und Wutanfälle als Verhaltensprobleme angesehen, denen entgegengewirkt werden sollte. Dieses Kapitel bietet eine andere Perspektive und beschreibt die Vorteile des Weinens. Ich habe dieses Thema zuerst behandelt, da diese Informationen wichtig sind, um den Rest des Buches zu verstehen.

1.1 Warum weinen Kinder auch dann noch weiter, wenn sie schon sprechen können?

Sie fragen sich vielleicht, warum Ihr Kind von Zeit zu Zeit immer wieder in Tränen ausbricht, obwohl es alt genug ist, seine Gefühle und Bedürfnisse in Worten auszudrücken. Als es ein Baby war, haben Sie akzeptiert, dass es weinte, weil es ja nicht sprechen konnte. Sie wussten, dass Weinen eine wichtige Form der Kommunikation ist, und Sie haben reagiert, um seine Bedürfnisse zu befriedigen.

Weinen ist in der Tat die Art und Weise, wie ein Baby kommuniziert, und das ist *einer* der Gründe, warum Babys weinen. Aber es gibt einen zweiten, weniger bekannten Grund zum Weinen. Es ist normal, dass Babys auch dann weinen, wenn ihre unmittelbaren Bedürfnisse erfüllt sind. Vielleicht hatte Ihr Baby am späten Nachmittag oder frühen Abend Weinanfälle und Sie konnten nicht herausfinden, was es brauchte oder wie Sie es trösten könnten. Diese Art von Weinen, manchmal auch als „Kolik" bezeichnet, beunruhigt Eltern oft, weil nichts, was sie tun, effektiv zu sein scheint. Anscheinend gibt es keine Möglichkeit, das Baby glücklich zu machen.

Weinen ohne offensichtliche Ursache erreicht in der Regel etwa sechs Wochen nach der Geburt einen Höhepunkt, und dieses Weinen wird heute als normales Entwicklungsstadium angesehen. Es bedeutet nicht unbedingt, dass das Baby unter körperlichen Schmerzen leidet. Tatsächlich kann ein Großteil dieses Weinens sogar ein nützlicher Mechanismus zum Lösen von Spannungen sein.

Studien haben Zusammenhänge zwischen frühem Stress und Weinen gefunden. Je mehr Stress Babys erleben, desto mehr weinen sie. Zum Beispiel weinen Babys, die eine schwere Geburt hatten, mehr als Babys, deren Geburt weniger kompliziert war. Babys, die immer noch weinen, wenn sie auf den Arm genommen werden (und nachdem alle unmittelbaren Bedürfnisse erfüllt wurden), heilen möglicherweise von früheren belastenden Erfahrungen wie Geburtstraumata. Überstimulation ist eine weitere Stressquelle, die zum Weinen führen kann. Es ist schwer zu glauben, dass Babys ein stressiges Leben führen, aber Babys sind extrem verletzlich und können leicht überfordert oder sogar traumatisiert werden, selbst wenn sie die besten Eltern haben. Für gestresste Babys fungiert das Weinen als natürlicher Mechanismus zum Stressabbau. (In meinem Buch *Warum Babys weinen* finden Sie eine ausführliche Beschreibung über Weinen im Säuglingsalter.)

Die Kommunikationsfunktion des Weinens wird allmählich durch die Sprache ersetzt. Kleinkinder lernen, wenn sie hungrig sind, nach Essen zu fragen, und sie lernen, wenn das Badewasser zu kalt ist, „zu kalt" zu sagen. Stressfreisetzendes Weinen wird jedoch nicht durch Sprechen ersetzt. Kinder weinen weiter, um sich von traurigen, beängstigenden, enttäuschenden, frustrierenden oder überwältigenden Erfahrungen zu regenerieren. Auch wenn ältere Kinder ihre Gefühle ausdrücken (zum Beispiel „Ich bin traurig, dass Papa nicht rechtzeitig zu meiner Geburtstagsfeier nach Hause gekommen ist"), müssen sie möglicherweise noch weinen, um sich vollständig von belastenden Erfahrungen zu erholen.

Die Bedeutung und der Zweck des Weinens wurden erheblich missverstanden. In vielen Erziehungsbüchern werden Weinen und Wutanfälle in Kapiteln über Disziplin sowie andere Verhaltensweisen wie Schlagen, Beißen, Fluchen, Lügen und Stehlen abgehandelt. Diese negative Sicht auf das Weinen ist bedauerlich, denn Weinen und Wüten sind tatsächlich wohltuende Mechanismen zum Stressabbau, die es Kindern ermöglichen, ihre emotionale Gesundheit zu erhalten oder wiederherzustellen. In der Tat können Weinen und Wutanfälle dazu beitragen, jenes „Fehlverhalten“ zu verhindern, mit dem sie so oft zusammen genannt werden. Viele Eltern stellen fest, dass ihre Kinder kooperativer und weniger aggressiv werden, wenn sie sich einmal ausgeweint haben.

Eine weitere fälschliche Annahme setzt Weinen mit Schmerzen gleich. Sie gehen vielleicht davon aus, dass sich Ihr Kind besser fühlt, wenn es nur aufhört zu weinen. Sie könnten daher denken, dass Sie Ihrem Kind einen Gefallen tun, indem Sie ihm helfen, nicht mehr zu weinen. In Wirklichkeit ist Weinen jedoch der Prozess, der dazu führt, schmerzfrei und entstresst zu werden. Kinder werden sich weiterhin verärgert und gestresst fühlen, wenn ihr Weinen unterbrochen wird. Unsere Rolle als Eltern ist es nicht, unsere Kinder vom Weinen abzuhalten, sondern sie zu lieben und zu unterstützen, damit sie ihre schmerzhaften Gefühle vollständig loslassen können.

1.2 Gibt es wissenschaftliche Belege dafür, dass Weinen von Vorteil ist?

Forscher interessierten sich in den 1970er-Jahren zum ersten Mal für das Weinen. Diese frühen Studien ergaben, dass die Anspannung nach Psychotherapie-Sitzungen, in denen die Klienten weinten, geringer war als bei einer Kontrollgruppe von Personen, die sich über einen vergleichbaren Zeitraum sportlich betätigten. Zu den Anzeichen für eine Spannungsreduzierung zählten eine Abnahme des Blutdrucks, der Pulsfrequenz und der Körpertemperatur sowie besser synchronisierte Gehirnwellenmuster.

In den 1980er-Jahren untersuchte ein Biochemiker namens William Frey die Inhaltsstoffe menschlicher Tränen und fand Unterschiede zwischen emotionalen Tränen (beim echten Weinen) und solchen, die durch einen Reizstoff (etwa beim Zwiebelschneiden) verursacht wurden. Die emotionalen Tränen hatten höhere Konzentrationen an Substanzen, die mit unserer physiologischen Stressreaktion zusammenhängen (wie ACTH und Katecholamine). Er vermutete, dass der Zweck emotionaler Tränen darin besteht, diese Substanzen aus dem Körper zu entfernen, genau wie wir Abfallprodukte durch Urinieren und Stuhlgang entfernen. Wenn diese Substanzen nicht eliminiert würden, würden sie den Körper in einem Zustand der Spannung und Übererregung halten. Wenn dieser Zustand chronisch wird, kann er zu stressbedingten Erkrankungen führen. Frey vermutete, dass wir unsere Anfälligkeit für eine Vielzahl von physischen und psychischen Problemen erhöhen, wenn wir unsere Tränen unterdrücken.

Forscher haben Hinweise auf psychische und physische Vorteile des Weinens gefunden. Es wirkt der Stressreaktion durch Aktivierung des parasympathischen Nervensystems entgegen und gilt als wirksamer Stimmungsverstärker. Studien haben gezeigt, dass Weinen dazu beitragen kann, die Symptome von Asthma, Arthritis und allergischen Reaktionen zu lindern und die Genesung und Heilung im Allgemeinen zu fördern. Diese Ergebnisse lassen den Schluss zu, dass Weinen ein wohltuender physiologischer Prozess ist, der es den Menschen ermöglicht, mit Stress umzugehen. Es ist ein natürlicher Reparaturmechanismus, mit dem wir geboren werden, und Menschen jeden Alters können vom Weinen profitieren.

1.3 Weshalb müssen Kinder weinen?

Für die meisten Eltern ist es einfacher, das Weinen ihres Kindes zu akzeptieren, wenn sie die Gründe dafür verstehen. Leider verbalisieren kleine Kinder selten ihre Gründe für das Weinen, so dass Sie möglicherweise keine andere Möglichkeit haben, als Mußmaßungen anzustellen. Kinder erleben verschiedene Arten von Stress, und all dies kann ihr Bedürfnis nach Weinen erhöhen. Zu den Stresskategorien zählen Handlungsschäden, Unterlassungsschäden und situationsbedingte Schäden. Darüber hinaus kann ein nicht verheiltes Trauma im Kleinkindalter zu Stresssymptomen im Kindesalter beitragen. Ich beschreibe jede dieser Stressquellen in den folgenden Absätzen.

Die Schäden durch Handlungen umfassen alle Arten, wie wir Kinder verletzen, oft ohne es zu merken. Diese Kategorie umfasst körperlichen, sexuellen und verbalen Missbrauch, Necken, Beschämung, Demütigung und Kritik. Es umfasst auch alle Formen der Bestrafung sowie rassistische und sexistische Stereotype und andere Formen der Unterdrückung. Zusätzlicher Stress kann entstehen, wenn wir Kinder zwingen, Dinge gegen ihren Willen zu tun oder wenn wir ihr Leben mit Aktivitäten überfrachten. Auch traditionelle Unterrichts- und Schulmethoden können Stress verursachen. Darüber hinaus umfasst diese Kategorie auch schädigende Verhaltensweisen anderer Kinder, wie z. B. Ärgern, Mobbing und Schlagen. Schließlich fügen wir manchmal unwissentlich eine zusätzliche Stressschicht hinzu, wenn wir den natürlichen Ausdruck von Wut, Angst oder Traurigkeit von Kindern nicht unterstützen.

Es gibt keine perfekten Eltern. Wir sind alle manchmal ungeduldig oder unaufmerksam, besonders wenn unsere eigenen Bedürfnisse nicht befriedigt werden oder wenn wir unter den Auswirkungen unserer eigenen schmerzhaften Kindheit leiden. Kleine Kinder sind oft unordentlich, aktiv, ungeduldig, fordernd, neugierig, ängstlich und laut. Diese Verhaltensweisen sind alle natürlich und es ist wichtig, dass die Kinder sie selbst sein dürfen, auch wenn dies möglicherweise ein enormes Maß an Geduld erfordert. Das heißt nicht, dass wir Kinder immer tun lassen müssen, was sie wollen. Wir können uns bemühen, liebevolle Grenzen zu setzen und dabei ruhig zu bleiben, denn wenn wir mit Ungeduld oder Wut reagieren, fühlen sich unsere Kinder verletzt. Es ist wichtig, in Erinnerung zu behalten, dass Kinder sehr verletzlich sind und vollkommen von unserer Liebe und Akzeptanz abhängen.

Die zweite Kategorie, Unterlassungsschäden, bezieht sich auf nicht erfüllte Bedürfnisse. Die Hauptbedürfnisse in der frühen Kindheit sind Essen, Liebe, Obdach, körperliche Nähe (Halten und Kuscheln), Aufmerksamkeit, angemessene Stimulation, Autonomie, Respekt und Spiel. Außerdem müssen Kinder sich sowohl physisch als auch emotional sicher fühlen. Verhaltensprobleme können auftreten, wenn wir die Bedürfnisse von Kindern nicht erfüllen, insbesondere die nach Aufmerksamkeit und Verbundenheit. Kinder brauchen viel individuelle Aufmerksamkeit von Erwachsenen, die sich aufrichtig für sie interessieren und bereit sind, zuzuhören, zu spielen und ihre Fragen zu beantworten. Ein Kind braucht jeden Tag Zeit mit einer Person, die das Kind für wichtig und besonders hält. Kinder, die nach der Schule mehrere Stunden am Tag für sich selbst sorgen müssen, können unter Stress stehen, obwohl sie scheinbar gut zurechtkommen. Kleine Kinder brauchen eine ältere Person, die jederzeit zur Verfügung steht, die fürsorgliche Aufgaben übernimmt und Gesellschaft und emotionale Unterstützung bietet.

Die dritte Kategorie, situationsbedingte Schäden, bezieht sich auf belastende Ereignisse, die indirekt durch die Lebensumstände verursacht werden. Diese Kategorie umfasst Krankheiten und Verletzungen, Trennung von einem Elternteil (wegen Krankheit, Tod oder Weggang), Scheidung der Eltern, Armut, Naturkatastrophen (Brände, Überschwemmungen, Erdbeben) sowie Terrorismus oder Krieg. Stress kann auch bei großen Veränderungen wie der Geburt eines Geschwisterkinds, dem Umzug in ein neues Zuhause oder den Wechsel zu einer neuen Schule auftreten. Ihr eigener Stress kann sich auf Ihre Kinder auswirken. Wenn Sie sich ängstlich, überfordert oder deprimiert fühlen, kann es sein, dass sie aufgrund Ihrer psychischen Verfassung ebenfalls gestresst sind. Diese Kategorie umfasst auch Entwicklungsängste und Frustrationen, die auf mangelnde Informationen oder Fähigkeiten der Kinder sowie auf Überstimulation zurückzuführen sind (wahrscheinlicher bei hochsensiblen Kindern). Schließlich können kleine Kinder aufgrund eines unvollständigen Verständnisses von Ursache und Wirkung und der Grenzen ihrer eigenen Macht Schuldgefühle für Ereignisse entwickeln, die absolut nichts mit ihren eigenen Handlungen zu tun haben, wie z. B. eine Fehlgeburt der Mutter.

Zusätzlich zu diesen verschiedenen Stressquellen haben viele Kinder schmerzhafte Gefühle aufgrund von nicht verarbeitetem Stress oder Traumata im Säuglingsalter angesammelt. Unser Körper speichert die Erinnerung an unsere frühesten Erfahrungen, insbesondere an traumatische, auch wenn wir diese Erinnerungen möglicherweise nicht in Worte fassen können. Wenn Ihr Kind eine schwierige Geburt, frühe medizinische Eingriffe oder eine traumatische Trennung von Ihnen hatte, kann es später Verhaltensprobleme aufweisen, die mit keiner aktuellen Stressquelle in Zusammenhang stehen. Babys können von diesen frühen Traumata unmittelbar nach ihrem Auftreten geheilt werden. Wenn Sie damals jedoch keine Informationen darüber hatten, wie der Heilungsprozess Ihres Kindes im Säuglingsalter zu unterstützen sei, können Sie ihm jetzt helfen. Es ist nie zu spät, Ihr Kind dabei zu unterstützen, ein vergangenes Trauma zu verarbeiten.

Stressquellen für kleine Kinder

- Handlungsschäden, z. B. Missbrauch, Bestrafung, Kritik, Demütigung, Mobbing
- Unterlassungsschäden (unerfüllte Bedürfnisse), z. B. Mangel an Liebe, Aufmerksamkeit, Anregung, Autonomie, Respekt oder Zeit zum Spielen
- Situationsbedingte Schäden, z. B. Krankheit, Verletzung, Scheidung der Eltern, Geburt eines Geschwisterkinds, neue Schule
- Unverarbeitetes Trauma aus der Säuglingsphase, z. B. Geburtstrauma, medizinischer Eingriff, Trennung von den Eltern

1.4 Was soll ich tun, wenn mein Kind weint?

Sie können Ihrem gestressten Kind helfen und es unterstützen, auch wenn Sie nicht wissen, warum es weint. Der erste Schritt besteht darin, alle offensichtlichen Schmerz- oder Schreckensursachen zu beseitigen und unmittelbare Bedürfnisse zu befriedigen. Wenn ein anderes Kind es schlägt, unternehmen Sie Schritte, um das aggressive Verhalten zu stoppen. Wenn es beim Anblick eines Hundes schreit, bewegen Sie es ruhig vom Tier weg. Wenn es beim Rutschen nicht an der Reihe war, lassen Sie es rutschen, wenn es die Zeit erlaubt. Nachdem Sie alles getan haben, damit sich Ihr Kind sicher fühlt und seine Bedürfnisse erfüllt sind, kann es sein, dass es weiter weint. Wenn ja, ist die hilfreichste Reaktion, das Weinen anzunehmen, ohne zu versuchen, es zu stoppen.

Möglicherweise durften Sie als Kind nicht genug weinen. Ihre wohlmeinenden, aber falsch informierten Eltern haben Sie möglicherweise abgelenkt, bestraft oder ignoriert, wenn Sie geweint haben. Vielleicht wurden Sie freundlich gestoppt („da, da, wein doch nicht") oder mit einer Drohung („wenn du nicht aufhörst zu weinen, gebe ich dir einen Grund zum Weinen"). Vielleicht haben Ihnen Ihre Eltern Essen angeboten, weil sie dachten, Sie hätten Hunger („hier, nimm einen Keks, dann fühlst du dich besser"). Wenn Ihr erster Impuls darin besteht, etwas zu essen, wenn Sie sich ängstlich oder deprimiert fühlen, kann dies daran liegen, dass Ihre Eltern Sie oft gefüttert haben, wenn Sie geweint haben. Vielleicht wurden Sie in Ihr Zimmer geschickt, wenn Sie weinten, oder wurden dafür gelobt, dass Sie „brav" waren, wenn Sie nicht weinten.

In vielen Kulturen neigen Eltern dazu, die Tränen ihrer Töchter mehr zu akzeptieren als die ihrer Söhne. Möglicherweise haben Sie von Ihren Eltern gehört, dass „große Jungen nicht weinen". Viele Jungen lernen schon sehr früh, sich „wie ein Mann zu verhalten" und keine Gefühle von Schmerz, Angst oder Trauer auszudrücken. Leider neigen Kinder dazu, diese Geschlechterstereotypen untereinander zu verstärken, indem sie Jungen ärgern, die leicht weinen. Forscher haben herausgefunden, dass Jungen bereits im Alter von vier Jahren während eines Venenpunktionsverfahrens etwas weniger weinen als Mädchen, obwohl die Herzfrequenz der Jungen genauso stark ansteigt wie die der Mädchen.

Wenn Eltern Ablenkungen, Missbilligung oder Bestrafung anwenden, um Kinder vom Weinen abzuhalten, lernen die Kinder, dass ihre schmerzhaften Gefühle nicht akzeptabel sind, und sie beginnen, sie zu unterdrücken, um ihren Eltern zu gefallen. Leider verlieren Kinder, wenn sie wiederholt ihre Tränen zurückhalten, irgendwann den Kontakt zu ihren Gefühlen. Das Ergebnis dieser frühen Erfahrungen ist, dass die Kinder große Schwierigkeiten haben können, als Erwachsene ihre Gefühle auszudrücken.

Wenn Sie als Kind vom Weinen abgehalten wurden, fühlen Sie sich möglicherweise unwohl, wenn Kinder weinen, und möchten sie davon abbringen, so wie Sie selbst davon abgebracht wurden. Diese Reaktion ist normal. Es ist nicht leicht, die Tränen unserer Kinder zu akzeptieren. Mit etwas Übung ist es jedoch möglich, Ihrem Kind das Recht zu geben, seine Gefühle auszudrücken, obwohl Ihnen diese Freiheit als Kind verweigert wurde.

Manche Eltern fragen sich, was sie sagen sollen, wenn ihre Kinder weinen. Die folgende Tabelle enthält einige hilfreiche Vorschläge, wie man auf ein weinendes Kind reagieren kann, anstatt die typischen Antworten zu geben, die Sie möglicherweise als Kind gehört haben. Manchmal muss man gar nichts sagen. Sie können einfach auf Ihr Kind achten und dabei schweigend Ihre Liebe und Ihr Mitgefühl zeigen.

Vorschläge, was man einem weinenden Kind sagen soll

- Ich höre dich. Ich höre dir zu.
- Es ist in Ordnung zu weinen.
- Ich sehe, wie verärgert du bist.
- Soll ich dich umarmen?
- Ich bin hier. Du bist sicher bei mir.
- Ich werde bei dir bleiben, bis du dich besser fühlst.
- Ich werde dich nicht mit diesen starken Gefühlen allein lassen.
- Du kannst so lange weinen, wie du möchtest.
- Du musst nichts erklären.
- Ich liebe dich, egal wie traurig (wütend) du bist.

Es ist wichtig, Babys in den Arm zu nehmen, wenn sie weinen, aber Kleinkinder und ältere Kinder müssen nicht immer umarmt werden. Sie können anbieten, Ihr Kind zu umarmen, aber lassen Sie es entscheiden, ob es in Ihre Arme kommen möchte. Manchmal möchte sich Ihr Kind beim Weinen an Sie kuscheln, aber zu anderen Zeiten bevorzugt es möglicherweise mehr Raum und Freiheit für kräftige körperliche Bewegungen.

Das folgende Beispiel meiner Tochter zeigt, wie ich nach einer kleinen Enttäuschung auf ihr Weinen reagierte.

> Als Sarah drei Jahre alt war, kaufte ich ihr auf einem Flohmarkt einen Badeanzug und sagte ihr, wir würden schwimmen gehen, wenn das Wetter wärmer würde – vielleicht in ein paar Monaten. Später an diesem Tag kam die Sonne hinter einigen Wolken hervor. Sarah fing sofort an, über das Schwimmen zu sprechen, weil sie dachte, dass wir wegen des sonnigen Wetters in genau diesem Moment losgehen würden. Sie wollte ihren neuen Badeanzug anziehen. Ich erklärte ihr, dass wir nicht schwimmen gehen würden, weil es noch Winter sei und es uns zu kalt werden würde. Sie sah sehr enttäuscht aus und brach in Tränen aus. Ich nahm sie in meine Arme und sagte: „Du wolltest unbedingt schwimmen gehen, oder?" Sie schluchzte ein paar Minuten lang und ich hielt sie fest, bis das Weinen aufhörte. Dann wurde sie so fröhlich wie zuvor.

Die Enttäuschung meiner Tochter trat aufgrund ihres begrenzten Zeitkonzepts auf. Ich konnte nichts tun, damit sich die Situation verbessert oder sie sich besser fühlt. Als ich das bemerkte, hatte es keinen Sinn, sie von ihren Gefühlen abzulenken, weil sie sie ausdrücken und loslassen musste. Das Leben kleiner Kinder ist voller kleiner Verstimmungen, und wegen jeder muss geweint werden.

Wenn Ihr Kind wegen etwas Verletzendem, was Sie getan haben, weint, können Sie sich entschuldigen und seinen Zorn und seine Tränen akzeptieren. Ein Vater, den ich befragte, beschrieb die folgende Situation mit seinem Sohn.

> Heute rief ein Freund an. Ich hatte lange nicht mit ihm gesprochen, also begannen wir eine längere Unterhaltung. Jedoch kurz bevor mein Freund anrief, hatte ich versprochen, Kevin (sechs Jahre alt) zu einem Freund zu bringen, und er wartete darauf, dass ich auflegte. Ich sagte ihm immer wieder: „Ja, ja, nur eine Minute." Und ich meinte wirklich nur eine Minute, aber es hat so viel Spaß gemacht, mit meinem Freund zu reden, dass ich weiterredete. Als ich endlich auflegte, ging ich nach draußen, und da stampfte Kevin auf den Boden und weinte. Er sagte: „Du hast gelogen." Also nahm ich ihn in den Arm, während er weinte: „Aber du hast mir gesagt, wir würden sofort gehen, und wir taten es nicht, und ich wartete und wartete, und du hast immer noch nicht aufgelegt." Sobald ich seine Sichtweise einmal verstanden hatte, wurde mir klar, dass es meine Schuld war, und ich sagte: „Es tut mir leid, Kevin. Ich hätte nicht so lange reden sollen." Ich denke, dass ich mit diesem Ansatz viel mehr Kooperation und Respekt von ihm zurückbekomme.

Sie werden nicht immer wissen, warum Ihr Kind weint, und diese Ausbrüche mit unbekannten Ursachen sind möglicherweise am schwierigsten zu ertragen. Ihr Kind wird jedoch jedes Mal davon profitieren, wenn Sie die Geduld haben, seine Tränen anzunehmen. Denken Sie daran, dass es immer einen triftigen Grund für sein Weinen gibt, auch wenn Sie vielleicht nicht wissen, was es ist.

1.5 Was ist mit Wutanfällen?

Wutanfälle in der frühen Kindheit sind häufig und normal. Diese Ausbrüche sind Episoden von lautem, wütendem Weinen und Schreien, begleitet von starken Körperbewegungen. Ein echter Wutanfall ist eine gesunde Linderung von emotionalen Schmerzen und Wut, die aus verletzenden oder frustrierenden Erfahrungen resultieren. Es ist wichtig, echte Wutanfälle von aggressivem Verhalten zu unterscheiden. Während eines echten Wutanfalls gibt es keine Aggression oder Destruktivität. Das Kind unternimmt keinen Versuch, irgendjemanden zu verletzen oder irgendetwas kaputt zu machen.

Wenn Kinder versuchen, anderen oder der Umwelt Schaden zuzufügen, setzen sie Emotionen nicht auf gesunde Weise frei, wahrscheinlich weil sie sich nicht sicher genug fühlen, um einen echten Wutanfall zu bekommen. Vielleicht wurden sie in der Vergangenheit abgelenkt oder dafür bestraft, dass sie geweint haben, und greifen deshalb zu verzerrten und verletzenden Äußerungen von Wut. Sie müssen einschreiten, wenn Ihr Kind andere verletzt oder zerstörerisch ist. Aber es besteht keine Notwendigkeit, einen echten, gewaltfreien Wutanfall zu stoppen. In der Tabelle werden diese beiden sehr unterschiedlichen Arten, Wut auszudrücken, miteinander verglichen. (In Kapitel 5 finden Sie Vorschläge, wie Sie mit Aggression und Destruktivität umgehen können.)

Vergleich zwischen gesunder Wutfreisetzung und verzerrter Wut

Gesunde Wutfreisetzung (Wutanfall)	Verzerrte Wut (aggressives Verhalten)
Lautes Weinen und Schreien	Lautes Schreien (oder keine Geräusche)
Aktive Körperbewegungen, aber keine Gewalt oder Destruktivität	Verletzend und destruktiv (Schlagen, Beißen, Treten, Dinge brechen)
Tränen	Keine Tränen
Kind fühlt sich sicher	Kind fühlt sich nicht sicher
Löst schmerzhafte Gefühle	Löst keine schmerzhaften Gefühle auf
Erwachsene müssen den Wutanfall akzeptieren	Erwachsene müssen die Gewalt stoppen

In diesem und den folgenden Abschnitten geht es um echte Wutanfälle, die eine gesunde Freisetzung von Wut und Frustration bedeuten. Genau wie die ruhigeren Formen des Weinens halten Wutanfälle nicht ewig an. Kinder hören von selbst auf, nachdem sie die aufgestauten Gefühle von Frustration und Wut herausgelassen haben. Es ist wichtig, während dieser emotionalen Krise bei den Kindern zu bleiben, damit sie sich geliebt und akzeptiert fühlen.

Vielen Eltern fällt es schwer, Wutanfälle zu tolerieren. Möglicherweise haben Sie das Gefühl, dass Ihr Kind außer Kontrolle gerät oder zusammenbricht. Vielleicht haben Sie Angst, dass Sie es verwöhnt haben, weil Sie in der Vergangenheit nicht streng genug waren. Vielleicht denken Sie, es versucht nur, Sie zu manipulieren, damit Sie ihm geben, was es will. Manche Menschen glauben, Wutanfälle, Willenskraft und Sturheit seien schlechte Gewohnheiten, die gestoppt werden müssten, bevor sie außer Kontrolle geraten. In der Vergangenheit glaubten manche Menschen sogar, dass Kinder mit häufigen Wutanfällen von einem Dämon besessen seien, und das empfohlene Mittel war, „den Teufel aus dem Kind zu treiben". Heutzutage ist es wahrscheinlicher, dass Ihr Kind eine psychiatrische Diagnose erhält und es Medikamente verschrieben bekommt.

Wenn Sie eine dieser falschen Vorstellungen über Wutanfälle haben, denken Sie möglicherweise, dass es Ihre Aufgabe sei, die Wutausbrüche Ihres Kindes zu bekämpfen. Leider unterbreiten viele Erziehungsbücher Vorschläge zur Beendigung von Wutanfällen. Die Ratschläge reichen vom Ignorieren des Wutanfalls bis hin dazu, kaltes Wasser in das Gesicht des Kindes zu schütten. Die Autoren dieser Bücher scheinen sich der Tatsache nicht bewusst zu sein, dass die wiederholte Unterdrückung der Freisetzung von gesundem Ärger bei Kindern später negative Folgen haben kann, einschließlich Depression und Aggression.

1.6 Warum weinen und toben Kinder wegen unbedeutender Dinge?

Manche Wutanfälle erscheinen in Anbetracht der auslösenden Situation ungerechtfertigt zu sein. Zum Beispiel schreit ein Kind eine halbe Stunde lang, weil es ein bestimmtes Spielzeug nicht finden kann oder weil sich seine Lieblingstasse in der Spülmaschine befindet. Bei diesen Beispielen handelt es sich nicht um ein schweres Trauma, doch die Kinder schreien, als ob ihr Überleben bedroht wäre!

Der Grund für diese Art von Überreaktion ist, dass Kinder geringfügige Vorwände dazu nutzen, angesammelte Stressgefühle freizusetzen. Das verlorene Spielzeug könnte ein Vorwand sein, der Erinnerungen an vergangene Verluste auslöst. Die schmutzige Tasse könnte Zeiten symbolisieren, in denen die wahren Bedürfnisse des Kindes nicht erfüllt wurden. Das Kind könnte auch wegen eines bestimmten Traumas aus der Vergangenheit weinen, das durch einen aktuellen Vorfall ausgelöst wird. Es ist daher wichtig, die Reaktionen Ihres Kindes ernst zu nehmen, auch wenn sie unverhältnismäßig erscheinen.

Manchmal weint und schreit ein Kind, während es sagt: „Ich kann es nicht", obwohl es die Aufgabe voll und ganz erledigen kann (z. B. einen Schuh ausziehen). Dieses Verhalten verwirrt Eltern manchmal, weil sie wissen, dass ihr Kind seinen Schuh ausziehen kann. Aber vielleicht nutzt es die Situation, um aufgebaute Frustrationen freizusetzen, die sich aus der Unfähigkeit ergeben, andere Dinge zu tun, die wirklich zu schwierig sind.

Ich verwende den Begriff „das Zerbrochene-Keks-Syndrom", um die Situationen zu benennen, in denen die Tränen und Wutanfälle von Kindern eine Überreaktion auf den Vorfall zu sein scheinen, der sie auslöst. Dieser Begriff stammt aus einer imaginären Situation, in der ein Kind schreit, weil seine Eltern ihm einen zerbrochenen Keks geben. Alles kann einen Wutanfall auslösen, wenn ein Kind durch Stress überlastet ist. Manchmal ähnelt der Auslöser dem ursprünglichen Trauma, aber nicht immer. Das folgende Beispiel meiner eigenen Tochter zeigt das Phänomen des „zerbrochenen Kekses".

> Im Alter von vier Jahren war Sarah eines Tages zweimal gestürzt: einmal von einer niedrigen Mauer, auf der sie ging, und einmal von einem Trapez. Sie hatte keine ernsthaften Verletzungen. Ich war beide Male bei ihr, aber ich schenkte ihrem Weinen nicht viel Aufmerksamkeit, weil ich gleichzeitig andere Kinder beaufsichtigte. An diesem Abend, während ich sie fürs Bett fertig machte, saß sie auf dem Waschtisch neben dem Waschbecken, nachdem ich ihr die Füße gewaschen hatte.

> Es war Zeit für sie, herunterzukommen und sich die Zähne zu putzen. Stattdessen fing sie an zu weinen und sagte: „Ich kann nicht runter. Ich könnte fallen." Ich stellte einen Stuhl neben das Waschbecken und sie berührte den Stuhl leicht mit den Zehen, aber sie zog schnell ihren Fuß zurück und behauptete erneut, dass sie nicht runter könne. Sie weinte weiter und sagte, dass sie Angst hätte, hinunterzufallen. Ich hob sie nicht herunter, weil ich wusste, dass sie es leicht alleine schaffen konnte. Sie schrie und weinte ungefähr fünf Minuten, während ich bei ihr blieb. Dann hörte sie auf zu weinen, lächelte mich an, stieg vom Waschtisch herunter und begann ruhig, ihre Zähne zu putzen.

In diesem Beispiel löste die Position meiner Tochter auf dem Badezimmertisch eine Erinnerung an ihre Stürze aus, die früher am Tag aufgetreten waren. Sie nutzte die Situation als Vorwand, um das Weinen zu beenden, das sie vorher noch nicht beendet hatte. Wenn Kinder schmerzhafte Gefühle und Frustrationen angesammelt haben, nutzen sie jeden kleinen Vorwand, um zu weinen.

Manchmal löst eine Grenzsetzung einen Wutausbruch aus. Im folgenden Beispiel beschreibt eine Mutter eine typische Situation eines „zerbrochenen Kekses" mit ihrer sechsjährigen Tochter, die durch von der Mutter festgelegte Grenzen ausgelöst wurde.

> Es gibt etwas, was sie hochgehen lässt, z. B. wenn ich sage: „Nein, ich werde das Spielzeug jetzt nicht kaufen." Sie weint nur und sagt immer wieder: „Ich will es aber haben." Ich kann dann nicht vernünftig mit ihr reden. Wir kommen auf der Gesprächsebene nicht weiter und sie möchte auch nicht, dass ich sie in den Arm nehme. Nachdem sie endlich alles rausgeschrien hat, umarme ich sie und dann ist es okay. Normalerweise merke ich dann, dass es wahrscheinlich nur aufgestaute Spannung ist. Es geht nicht um das Spielzeug oder Ähnliches. Es ist nur eine ganze Reihe von Dingen, die sie rauslassen muss. Ich versuche mir dessen bewusst zu sein.

Wenn Ihr Kind so handelt, haben Sie vielleicht das Gefühl, dass es nur versucht, Sie zu manipulieren, um das Spielzeug zu bekommen. Dies ist jedoch wahrscheinlich weder das eigentliche Ziel Ihres Kindes noch dessen wahres Bedürfnis. Wenn Sie seinen Forderungen nachgeben und das Spielzeug kaufen, werden Sie es wahrscheinlich vorübergehend besänftigen und beruhigen. Aber Sie werden vielleicht feststellen, dass es später am Tag einen anderen Vorwand für einen Wutausbruch findet. Wenn Sie also diese Wutanfälle unterbrechen, indem Sie entweder den Forderungen Ihres Kindes nachgeben oder es bestrafen, werden Sie wahrscheinlich nur den Ausbruch aufschieben.

Anstatt nachzugeben, können Sie fest an Ihrer Grenze festhalten und gleichzeitig die Enttäuschung und den Ärger Ihres Kindes akzeptieren, auch wenn seine Reaktion übertrieben zu sein scheint. Sie können z. B. ruhig sagen: „Ich werde das Spielzeug nicht kaufen, aber ich sehe, dass du deshalb wirklich wütend bist. Ich werde bei dir bleiben, bis du dich besser fühlst." Kinder toben in diesen Situationen vor Wut, nicht weil sie verwöhnt oder manipulierend sind, sondern weil sie schmerzhafte, aufgestaute Emotionen lösen müssen, die möglicherweise nichts mit dem Vorfall zu tun haben, der den Wutanfall ausgelöst hat. Kinder sind wie ein Schnellkochtopf, der ein Auslassventil für den Dampf benötigt. Nach dem Wutanfall wird Ihr Kind wahrscheinlich ruhig und kooperativ sein und keine unangemessenen Forderungen mehr stellen. Dieser friedliche Zustand hält an, bis Ihr Kind wieder frustriert ist oder sich Stress aufgebaut hat.

1.7 Treten Wutanfälle bei meinem Kind nicht häufiger auf, wenn ich sie akzeptiere?

(Erinnerung: Das Wort „Wutanfall" in diesem Buch bezieht sich auf eine spontane Wutreaktion, die von Tränen begleitet wird, jedoch ohne Aggression oder Destruktivität ist.)

Einige Eltern befürchten, dass sie die Wutanfälle ihrer Kinder irgendwie verstärken, wenn sie das Kind mit Aufmerksamkeit „belohnen". Ein Wutanfall ist jedoch ein physiologischer Entladungsprozess, der mit dem Stuhlgang vergleichbar ist. Wenn ein Kind eine Anhäufung von emotionalem Stress fühlt, wird es den Drang verspüren, die Spannung durch Weinen und Wüten zu lösen. Dieser Vorgang ähnelt dem Stuhldrang, wenn sich in seinem Dickdarm Kot ansammelt. Wenn Sie die Wutanfälle Ihres Kindes akzeptieren, kommt es nicht häufiger zu einem Wutausbruch, da das Kind nicht mehr wütet, nachdem es alle angesammelten Spannungen gelöst hat. Er wird keinen weiteren Wutanfall haben müssen, bis sich seine Frustrationen und Spannungen wieder angehäuft haben. Das Verhindern von Wutanfällen führt zu emotionaler Verstopfung: einer buchstäblichen Unterdrückung von Gefühlen.

Wenn Sie diesen Ansatz jedoch zum ersten Mal anwenden, kann Ihre akzeptierende Haltung zumindest vorübergehend zu häufigeren Wutanfällen führen. Die Analogie zur Verstopfung hilft, dies zu verstehen. Manche Kinder bekommen Verstopfung und haben nur alle drei oder vier Tage Stuhlgang, weil sie Angst vor Toiletten haben. Nachdem das Kind diese Angst überwunden hat, kehrt sein Stuhlgang zu einem normaleren Muster zurück und tritt häufiger auf. Aber Sie verursachen keinen Durchfall dadurch, dass Sie auf Ihr Kind achten, wenn es auf der Toilette sitzt! Wenn Sie in der Vergangenheit die Wutanfälle Ihres Kindes bestraft oder ignoriert haben, kann es ebenfalls sein, dass Ihr Kind häufiger Wutausbrüche bekommt, nachdem Sie begonnen haben, sie zu akzeptieren. Es mag so *aussehen,* als würden Sie das Verhalten verstärken und öfter Wutanfälle auslösen, aber in Wirklichkeit zeigt Ihr Kind einfach ein normaleres Weinverhalten, weil es sich jetzt sicher fühlt, Gefühle auszudrücken. **Kinder weinen und toben nicht mehr als nötig.**

Wenn Sie immer noch Bedenken haben, Wutanfälle zu verstärken, indem Sie ihnen Aufmerksamkeit schenken, müssen Sie nur sicherstellen, dass Sie auch auf Ihr Kind achten, wenn es gerade *nicht* tobt. So können Sie sichergehen, dass Ihr Kind keinen Wutanfall vortäuscht, nur um Ihre Aufmerksamkeit zu erregen. Es ist tatsächlich unmöglich, Tränen vorzutäuschen. Wenn also echte Tränen fließen, löst Ihr Kind definitiv Spannungen.

Kinder, die mit dieser Akzeptanz erzogen werden, sind zu Hause in der Regel sehr offen und ausdrucksstark. Sie zögern nicht, ihre wahren Gefühle zu zeigen, wenn sie sich sicher genug fühlen, dies zu tun. Seien Sie also auf einige intensive Momente vorbereitet und versuchen Sie, während der Wutanfälle Ihres Kindes ruhig zu bleiben. Die Häufigkeit von Weinen und Wüten wird wahrscheinlich mit zunehmendem Alter Ihres Kindes abnehmen, aber selbst ein Achtjähriger muss möglicherweise immer noch einen gelegentlichen Wutausbruch erleiden. Die Häufigkeit und Intensität der Wutanfälle Ihres Kindes hängen vom Stress in seinem

Leben ab. Vergessen Sie nicht, dass die Schule für manche Kinder eine große Stressquelle sein kann.

1.8 Was tun, wenn mein Kind in der Öffentlichkeit einen Wutanfall hat?

Es ist verständlich, dass Sie sich schämen, wenn Ihr Kind in einem Supermarkt oder auf einem öffentlichen Spielplatz einen veritablen Wutausbruch hat. Wenn Kinder älter werden, beginnen sie zu verstehen, dass einige Situationen für lautes Verhalten wie Wutanfälle ungeeignet sind, und sie können lernen, ihre Ausbrüche zu kontrollieren. Aber jedes Kind muss einen sicheren Ort zum Weinen haben und eine Person, die seine Tränen und Wutanfälle akzeptiert. Während der frühen Kindheit profitieren Kinder davon, wenn sie täglich mit einer solchen Person Kontakt haben.

Einige Eltern befürchten, dass Wutanfälle zu Hause ihrem Kind die Erlaubnis geben, überall zu toben. Aber es funktioniert genau umgekehrt, denn Kinder, die die Freiheit haben, zu Hause Gefühle auszudrücken, müssen dies nicht anderswo tun. Wenn Sie ruhige Kinder in der Öffentlichkeit haben möchten, können Sie nicht erwarten, dass sie zu Hause ruhig sind. Je mehr Ihr Kind zu Hause seine Gefühle offen ausdrücken kann, desto „braver" wird es anderen erscheinen.

Sie können versuchen, einen Wutanfall vorherzusagen, indem Sie genau auf das Verhalten Ihres Kindes achten. Wenn es fordernder wird oder andere Anzeichen eines bevorstehenden Wutausbruchs aufweist, können Sie es nach Möglichkeit vermeiden, rauszugehen, bis der Wutanfall aufgetreten ist. Sie können sogar einen Wutanfall auslösen, indem Sie eine liebevolle Grenze setzen. Dieser Ansatz ähnelt dem Sicherstellen, dass Ihr Kind die Toilette benutzt, bevor Sie das Haus verlassen. Wenn Sie zu Hause Wutanfälle akzeptieren, wird Ihr Kind die meiste Zeit dort weinen und toben und nicht das Bedürfnis verspüren, seine Gefühle in der Öffentlichkeit herauszulassen.

Trotz dieser Vorgehensweise kann es aber vorkommen, dass Ihr Kind gelegentlich in der Öffentlichkeit einen Wutausbruch hat. In diesem Fall muss der Wutanfall Ihres Kindes nicht gestoppt werden, es sei denn, er stört andere Personen. Ein Wutanfall in einem Supermarkt oder auf einem Spielplatz kann es Ihnen ermöglichen, eine akzeptierende Einstellung vorzuführen und anderen Eltern zu zeigen, dass es nicht notwendig ist, ein Kind in einem solchen Moment zu stoppen oder zu bestrafen.

Wenn Sie das Weinen oder Wüten Ihres Kindes an einem Ort stoppen müssen, an dem dieses Verhalten andere Menschen stört, können Sie Ihr Kind in ein anderes Zimmer bringen und bei ihm bleiben. Wenn dies nicht möglich ist (z. B. in einem Flugzeug), können Sie Ihr Bestes tun, um es mithilfe von Ablenkungen zu beruhigen. Wenn Sie einen Wutausbruch unterbrechen, müssen Sie jedoch berücksichtigen, dass Ihr Kind diesen wahrscheinlich später zu Ende bringen muss.

1.9 Was tun, wenn Kinder ihr Weinen unterdrücken?

Wenn Eltern keine Informationen über die Vorzüge des Weinens haben, lernen einige Kinder, das Weinen in einem frühen Alter zu unterdrücken. Manche Eltern versuchen, ihr Baby durch Schnuller, Bewegung (Wackeln, Schaukeln usw.), häufiges Stillen und andere Ablenkungen zu beruhigen. Sie glauben, dass es ihm besser geht, wenn es aufhört zu weinen. Wenn das Weinen jedoch dazu dient, um Stress abzubauen (anstatt ein unmittelbares Bedürfnis zu melden), profitieren Babys mehr davon, wenn sie so viel wie nötig in den Armen weinen.

Nach dem ersten Jahr werden Eltern oft zu der Annahme verleitet, dass ihr Kleinkind verwöhnt oder manipulierend sei, wenn es weint oder wütet. Eltern, die diesen Glauben vertreten, sind der Meinung, dass es ihre Aufgabe sei, das Weinen zu beenden, und dies dadurch erreicht werde, dass sie das Kind ignorieren oder ablenken. Wenn diese Methoden scheitern, greifen einige Eltern aus Verzweiflung und Frustration zu Drohungen oder Bestrafung.

Das Ergebnis dieser frühen Unterdrückung des Weinens ist, dass manche Kinder das Alter von zwei Jahren mit einer Ansammlung schmerzhafter Emotionen erreichen, die aus früheren Belastungen und Traumata resultieren und für die sie kein akzeptables Ventil haben.

Diese Kinder weinen nicht so leicht, weil sie gelernt haben, dass dies nicht sicher ist. Kinder werden praktisch alles tun, um die Liebe und Anerkennung ihrer Eltern zu erlangen. Wenn Eltern das Weinen nicht vollständig akzeptieren, finden Kinder normalerweise Wege, um ihre Tränen zu unterdrücken.

Manche Kinder unterdrücken ihre Gefühle, indem sie an einem Schnuller oder ihrem Daumen lutschen. Kinder, die noch gestillt werden, haben manchmal die Angewohnheit, die Brust ihrer Mutter als Schnuller zu benutzen. Sie fordern häufig, dass sie gestillt werden, wenn sie verärgert sind, auch wenn sie keinen Hunger haben. Einige greifen auf übermäßiges Essen zurück, insbesondere wenn die Eltern in der Vergangenheit häufig eine Brust oder eine Flasche angeboten haben, um stressfreisetzendes Weinen zu beenden, wenn das Baby nicht wirklich hungrig war. Ein weiteres häufiges Verhalten ist das Festhalten oder Saugen an einer Lieblingsdecke oder eines Lieblingsspielzeugs (manchmal auch als Sicherheitsobjekt bezeichnet). Manche Kinder spannen ihre Muskeln an, um das Weinen zu vermeiden, während andere auf selbststimulierende Verhaltensweisen zurückgreifen (wie z. B. sich selbst den Kopf anschlagen, hin und her wiegen oder übermäßiges masturbieren), um sich von ihren schmerzhaften Emotionen abzulenken. Diejenigen, die Zugang zu elektronischen Geräten haben, lernen womöglich, sich auf diese Formen der Unterhaltung zu verlassen, um sich von ihren Gefühlen abzulenken.

Ich nenne diese verschiedenen Unterdrückungsmechanismen „Kontrollmuster“, weil es sich um Verhaltensmuster handelt, mit denen Kinder Emotionen kontrollieren. Nahezu jedes Verhalten kann zu einem Kontrollmuster werden, wenn das Kind es verwendet, um Gefühle zu unterdrücken. Typische Kontrollmuster bei Erwachsenen sind Rauchen, Nägelkauen, Drogen, Alkohol, übermäßiges Essen und Muskelanspannungen.

In einer Studie über Verhaltensprobleme bei normalen Kindern stellten die Forscher fest, dass das Daumenlutschen zwischen dem Alter von 21 Monaten und 14 Jahren allmählich abnahm. Sie beobachteten jedoch eine Zunahme der Häufigkeit von Nagelkauen im selben Zeitraum. Tatsächlich war der Prozentsatz der Nagelbeißer im Alter von 14 Jahren ähnlich hoch wie der Prozentsatz der Daumenlutscher im Alter von

21 Monaten (etwa 25 %). Wenn Kinder älter werden, scheinen sie ihre Kontrollmuster nicht zu verlieren, sondern sie einfach zu modifizieren, damit sie sozialverträglicher werden.

Kinder, die gelernt haben, ihr Weinen auf diese Weise zu unterdrücken, zeigen häufig zusätzliche Symptome, die auf unterdrückte Emotionen hinweisen. Einige werden aggressiv, hyperaktiv, widerspenstig oder fordernd, während andere Schwierigkeiten haben, sich zu konzentrieren. Andere Symptome von unterdrückten Emotionen sind Angstzustände, Phobien, Albträume und Schlafstörungen.

Kinder mit diesen Verhaltensweisen erhalten häufig eine psychiatrische Diagnose, und viele Menschen nehmen eine biologische Ursache und den Bedarf an Medikamenten an. Die Verhaltensweisen, die am meisten Beachtung finden, sind in der Regel störend und für Erwachsene schwierig zu handhaben (z. B. hyperaktives, oppositionelles und aggressives Verhalten). Bevor Sie jedoch davon ausgehen, dass Ihr Kind an einer biologischen Störung leidet, ist es wichtig, nach möglichen Ursachen für Stress oder nicht geheilte Traumata zu suchen. Ein frühes emotionales Trauma kann die Struktur und Funktion des Gehirns beeinträchtigen. Wir wissen nicht, wie viele dieser neurologischen Effekte reversibel sind, aber es scheint, dass es in einigen Fällen hilfreich sein kann, wenn Kinder durch Weinen und Toben Gefühle freisetzen können, um diese Symptome zu lindern. Viele Eltern, die mich konsultiert haben, berichteten (mit großer Erleichterung), dass das schwierige Verhalten und die Schlafstörungen ihrer Kinder abgenommen haben oder vollständig verschwunden sind, nachdem die Eltern begonnen hatten, diesen Ansatz umzusetzen.

Kinder, die selten weinen und ruhig, passiv und etwas distanziert wirken, können sich in einem chronischen Zustand leichter Dissoziation (psychische Betäubung) befinden. Dieses Verhalten, das durch ein nicht geheiltes Trauma verursacht wird, korreliert später mit emotionalen Problemen. Leider erhalten diese passiven Kinder, die häufig verträumt wirken, selten die Hilfe, die sie benötigen, weil ihr Verhalten normalerweise nicht störend ist. Manche Menschen gehen sogar davon aus, dass das tranceähnliche Verhalten des Kindes seine Persönlichkeit widerspiegelt.

1.10 Wie kann ich meinem Kind helfen, wieder weinen zu können?

Wenn Ihr Kind gelernt hat, seine Tränen zu unterdrücken, können Sie Maßnahmen ergreifen, damit es wieder weinen kann. Je länger Ihr Kind seine Gefühle unterdrückt hat, desto schwieriger wird es sein, ihm bei der Wiederherstellung dieses natürlichen Heilungsprozesses zu helfen, aber es ist nie zu spät. Ich empfehle Ihrem Kind nicht zu sagen, dass es weinen muss. Diese direkte Herangehensweise kann dazu führen, dass Ihr Kind befangen wird und das Weinen noch mehr unterdrückt.

Sie können damit beginnen, andere Wörter zu verwenden, wenn sich Ihr Kind verletzt hat oder aus irgendeinem Grund verärgert zu sein scheint. Wenn es sich beispielsweise beim Spielen das Bein stößt, vermeiden Sie es, den Schmerz herunterzuspielen. Fragen Sie stattdessen, ob sein Bein weh tut, und hören Sie dann einfach zu. Wenn Sie in der Nähe und aufmerksam bleiben, kann es sein, dass es sich sicher genug fühlt, um ein wenig zu weinen. Ihre Reaktion ist wichtig, wenn Ihr Kind wieder lernt zu weinen. Versuchen Sie also, das Weinen zu akzeptieren, auch wenn Sie den Grund dafür nicht verstehen.

Wenn Sie anfangen, die Gefühle Ihres Kindes mehr zu akzeptieren, stellen Sie möglicherweise „zerbrochene Keks“-Situationen fest, wenn es scheinbar überreagiert. Es kann sich wütend darüber beschweren, dass Sie sein Müsli in der falschen Schüssel serviert haben oder dass der Saft zu kalt ist. Sie werden bald feststellen, dass nichts es befriedigt, und es weiterhin wütend und fordernd ist. Wenn Sie es eilig haben, möchten Sie es zu diesem Zeitpunkt möglicherweise nicht zu einem vollständigen Wutausbruch ermutigen. Aber wenn Sie die Zeit haben, können Sie es annehmen, wenn Ihr Kind wütend weint. Die Schüssel oder der Saft ist wahrscheinlich nicht das eigentliche Problem. Es ist also in Ordnung, eine liebevolle Grenze für das zu setzen, was Sie für Ihr Kind tun möchten. Wenn Ihre Grenzsetzung einen Wutanfall auslöst, ist es wahrscheinlich das, was sein muss, und Sie können dem Ausbruch positiv begegnen.

Andere ähnliche Wutausbrüche können spontan auftreten, und dies ist ein gutes Zeichen, obwohl es schwierig sein kann, diese Phase zu durchlaufen. Ihr Kind bricht nicht zusammen oder wird überempfindlich, auch ist es nicht „verwöhnt" oder manipulativ. Es holt einfach das Weinen nach, um einen Rückstau von angesammelten schmerzhaften Emotionen freizusetzen. Jedes Weinen ist Ihrer guten Aufmerksamkeit zu verdanken, sodass Sie sich selbst gratulieren können, dass Ihr Kind sich bei Ihnen emotional sicher fühlt.

Wenn Ihr Kind nach ein oder zwei Monaten Ihrer Bemühungen, seine schmerzhaften Gefühle zu akzeptieren, weiterhin das Weinen unterdrückt, können Sie die von ihm angewandten Unterdrückungsmethoden (Kontrollmuster) beobachten. Benutzt Ihr Kind zum Beispiel einen Schnuller? Wenn ja, können Sie ihm erklären, dass Sie glauben, dass es ihn nicht mehr braucht. Einige Familien halten ein kleines Ritual ab, um den Schnuller zu begraben oder in den Papierkorb zu werfen, jedoch nur mit Erlaubnis und Mitwirkung des Kindes.

Wenn Sie Ihr Kind noch stillen, ist das wunderbar. Verwenden Sie jedoch Ihre Brust als Schnuller, um es zu beruhigen, wenn es weinen muss? Wenn ja, müssen Sie Ihr Kind nicht entwöhnen, aber Sie können versuchen, es weniger häufig zu stillen und mehr zuzuhören. Sie können es auch vermeiden, Ihr Kind in den Schlaf zu stillen, und es positiv aufnehmen, wenn es vor dem Mittagsschlaf und vor dem Schlafengehen weint. Sie werden vielleicht feststellen, dass es beginnt, nachts besser zu schlafen, nachdem es sich in Ihren Armen ausweinen durfte. Kinder, die nachts häufig aufwachen, haben normalerweise aufgestauten Stress, der auf unzureichendes Weinen zurückzuführen ist.

Wenn Ihr Kind an seinem Daumen lutscht, wäre es respektlos, ihn gewaltsam aus dem Mund zu nehmen. Ziel ist es, eine ausreichende Sicherheit zu gewährleisten, damit es den Daumen nicht mehr in den Mund nehmen muss, wenn es sich aufregt. Schenken Sie ihm Ihre volle Aufmerksamkeit, wenn es an seinem Daumen saugt und berühren Sie sanft die Hand an seinem Mund, um seine Aufmerksamkeit darauf zu lenken. Kinder nehmen spontan den Daumen aus dem Mund, um zu weinen, wenn sie sich sicher genug fühlen. Wenn dieser Ansatz nicht funktioniert, können Sie versuchen, Lachen zu entfachen, indem Sie spielerisch an Ihrem Daumen oder am Daumen des jeweils anderen lutschen oder indem Sie Aktivitäten wie Versteck- oder Handklatschspiele vorschlagen.

Wenn sich Ihr Kind beim Weinen unwohl fühlt, können Sie vorschlagen, dass Sie beide gemeinsam das Weinen üben. Diese Aktivität wird Sie wahrscheinlich beide zum Lachen bringen und Ihrem Kind helfen, etwas von seiner Zurückhaltung oder Verlegenheit beim Weinen zu überwinden. Stellen Sie jedoch sicher, dass sich Ihr Kind nicht geneckt fühlt.

Wenn Sie selbst selten weinen, fühlt sich Ihr Kind möglicherweise nicht sicher genug, um mit Ihnen zu weinen. Einige Eltern, die sich mit mir beraten haben, bemerken, dass ihre Kinder leichter zu weinen beginnen, nachdem die Eltern diese Fähigkeit wiedererlangt haben (entweder durch Therapie oder alleine). Sie könnten auch davon profitieren, Ihre Kindheit zu erforschen und sich daran zu erinnern, was Ihre Eltern getan haben, wenn Sie geweint haben. Wenn Sie beim Anschauen eines traurigen Films einen Kloß im Hals spüren, lassen Sie Ihre Tränen fließen, anstatt sie zurückzuhalten. Wenn Sie einen harten Tag hatten, bitten Sie Ihren Ehepartner oder einen Freund, Ihnen zuzuhören und Sie weinen zu lassen. Alles, was Sie tun können, um Ihr eigenes Weinen zu steigern, wird Ihrem Kind wahrscheinlich helfen, sich sicherer zu fühlen, mit Ihnen zu weinen. Es wird Ihre neue Offenheit für das Weinen spüren, auch wenn es Sie nicht hat weinen sehen.

1.11 Was tun, wenn ich Schwierigkeiten habe, das Weinen meines Kindes zu akzeptieren?

Das Weinen Ihres Kindes fällt Ihnen möglicherweise zunächst schwer. Ein Hauptgrund für diese Schwierigkeit ist wahrscheinlich die Tatsache, dass Sie als Kind nicht weinen und wüten durften. Vielleicht haben Ihre Eltern Sie bestraft, abgelenkt, gefüttert, ignoriert, gehänselt oder bedroht, wenn Sie geweint haben. Wenn Sie nicht weinen durften (und das betrifft die meisten Leute), wird es Ihnen natürlich schwerfallen, sich in ein weinendes Kind hineinzuversetzen, weil Ihnen die Vorbilder für diese Art der Akzeptanz fehlten. Machen Sie sich also keine Vorwürfe, wenn Sie sich ungeduldig, wütend, machtlos oder ängstlich fühlen, wenn Ihr Kind weint. Womöglich denken Sie, dass es versucht, Sie zu manipulieren oder Sie absichtlich zu reizen. Möglicherweise möchten Sie Ihr Kind anschreien oder sogar schlagen, wie eine Mutter mir im folgenden Beispiel gestanden hat.

> Wenn meine Kinder von jemand anderem verletzt oder enttäuscht werden, kann ich geduldig, liebevoll und ruhig sein. Aber wenn sie mich wegen einer Unstimmigkeit oder um sich durchzusetzen weinen oder wüten, werde ich angespannt. Dies sind die Zeiten, in denen ich vor Wut rase. Ich möchte, dass alles reibungslos läuft. Wenn ich so wütend werde, bekommen die Kinder nicht meine volle Aufmerksamkeit, und dann reagieren sie oft stark darauf. Es fällt mir schwer, mich zu beruhigen, wenn dies einmal begonnen hat, und das Ganze mündet in einen wechselseitigen Austausch von Ärger und Frust. Schließlich beruhigen wir uns und reden darüber, und ich entschuldige mich. Nach solchen Momenten bin ich traurig. Nicht immer bekommen die Kinder ihre Selbstbilder schnell wieder gut hin, und das Vertrauen zwischen uns ist angespannt.

Wenn das Weinen Ihres Kindes Sie zutiefst stört und Sie befürchten, dass Sie ihm Schaden zufügen könnten, besteht eine vorübergehende Lösung möglicherweise darin, Ihr Kind abzulenken, um es zu beruhigen. Bei Bedarf können Sie einen Spaziergang, ein Spiel, Essen oder sogar eine Bildschirmzeit vorschlagen. Beachten Sie jedoch, dass das Weinen Ihres Kindes wahrscheinlich nur verschoben wird, wenn Sie eine Ablenkung verwenden. Es muss noch zu einem anderen Zeitpunkt fertig weinen, wenn Sie (oder jemand anderes) mehr Geduld haben, um zuzuhören.

Wenn diese Situation mehr als ein- oder zweimal vorkommt, leiden Sie wahrscheinlich an einem nicht geheilten Kindheitstrauma. Sie werden davon profitieren, wenn Sie dafür sorgen, dass Sie mehr Zeit ohne Ihr Kind haben, und Sie nach Möglichkeiten suchen, Ihren eigenen Heilungsprozess zu beginnen (durch eine Therapie oder eine Selbsthilfegruppe). Sie können auch eine Liste von Personen erstellen, die Sie anrufen können, wenn das Weinen Ihres Kindes Ihre Wut auslöst. Je mehr Hilfe und Unterstützung Sie finden, desto unwahrscheinlicher ist es, dass Sie Ihrem Kind etwas antun, was Sie später bereuen werden.

1.12 Darf ich vor meinem Kind weinen?

Viele Eltern haben mich gefragt, ob es schädlich sei, ihren Kindern ihre Gefühle zu zeigen und in Hörweite zu weinen oder zu wüten. Wenn Sie vor Ihrem Kind weinen müssen, ist es wichtig zu wissen, wie Sie dies tun.

Es wäre eine emotionale Belastung für Ihr Kind, für Sie die Rolle eines Beraters oder Therapeuten zu übernehmen. Es ist unfair zu erwarten, dass Kinder dies tun. Wenn Sie also glauben, dass Ihr Kind sich für Sie verantwortlich fühlt, ist es am besten, sich von ihm fernzuhalten, vorzugsweise mit einem anderen Erwachsenen, der Sie unterstützt. Wenn Sie nicht vermeiden können, vor Ihrem Kind zu weinen, müssen Sie sich bewusst sein, dass es möglicherweise Angst bekommt und die Bestätigung benötigt, dass Sie nicht zusammenbrechen. Es muss wissen, dass Sie sich immer noch um es kümmern können. Es könnte sich auch schuldig fühlen und denken, dass es das Problem verursacht hat. Auch wenn das Verhalten Ihres Kindes Ihr Weinen ausgelöst hat, sollten Sie vermeiden, dass es sich für Ihre Gefühle verantwortlich fühlt.

Seien Sie sehr vorsichtig mit Wut, insbesondere mit verzerrten Äußerungen von Wut wie Gewalt und Destruktivität. Ihr Kind wird wahrscheinlich Angst bekommen, wenn Sie Obszönitäten schreien oder Türen zuschlagen. Ein Kind, das geschlagen oder verprügelt wurde, wird sich besonders verängstigt fühlen. Darüber hinaus ist ein solches Verhalten kein gutes Vorbild für Ihr Kind. Wenn Sie das Bedürfnis haben, zu schreien oder zu schlagen, können Sie dies in ein Kissen tun und gleichzeitig Ihrem Kind versichern, dass es nicht das Ziel Ihrer Wut ist.

Mit diesen Vorsichtsmaßnahmen kann es für Ihr Kind von Vorteil sein, Zeuge Ihrer Tränen zu werden, da es das Vorbild eines Erwachsenen hat, der Gefühle ausdrücken kann. Es wird lernen, dass Menschen jeden Alters gelegentlich weinen müssen. Vor allem kleine Jungen können davon profitieren, wenn sie gelegentlich ihre Väter weinen sehen.

Übungen Kapitel 1

Erforschen Sie Ihre Kindheit

» Was haben Ihre Eltern normalerweise gemacht, wenn Sie als Kind geweint haben? Haben sie geschrien, bestraft, abgelenkt, ignoriert oder getröstet? Welche Wörter haben sie benutzt? Wie haben sie reagiert, wenn Sie einen Wutanfall hatten?

» Haben Sie jemals gesehen, wie Ihre Eltern geweint haben? Was waren die Anlässe? Wie haben Sie sich dabei gefühlt?

» Erinnern Sie sich an ein traumatisches Ereignis aus Ihrer Kindheit, über das Sie noch immer weinen müssen?

Bringen Sie die Gefühle zum Ausdruck, die Ihr Kind bei Ihnen auslöst

» Wie fühlen Sie sich, wenn Ihr Kind weint? Was würden Sie gerne machen? (Dies ist nicht unbedingt das, was Sie tun sollten.)

» Wie fühlen Sie sich, wenn Ihr Kind einen Wutanfall hat?

» Unterdrückt Ihr Kind sein Weinen mit einem Kontrollmuster (spezielle Decke, Daumenlutschen, Flasche usw.)? Wie denken Sie über dieses Verhalten?

Geben Sie sich selbst Zuwendung

» Versuchen Sie sich Ihrer eigenen Kontrollmuster (Repressionsmechanismen) bewusst zu werden. Wenn Sie sich gestresst, ängstlich oder deprimiert fühlen, lenken Sie sich dann mit Social Media, Essen, Alkohol, Drogen oder anderen Gewohnheiten ab? Was brauchen Sie zu solchen Zeiten wirklich?

» Hören Sie Ihrem Ehepartner oder einem Freund abwechselnd fünf oder zehn Minuten lang zu, während Sie sich über die Probleme Ihres Tages austauschen. Finden Sie jemanden, der bereit ist, Ihnen bei emotionalen Problemen zuzuhören. Schließen Sie sich einer Selbsthilfegruppe an oder suchen Sie einen Therapeuten, der Sie zum Weinen ermutigt.

» Sehen Sie sich einen traurigen Film an und gönnen Sie sich die Freiheit der Tränen.

2

Ängste und Schrecken

Die meisten kleinen Kinder haben Ängste. Eltern sind darüber oft besorgt und fragen sich, was sie tun sollen. Dieses Kapitel beschreibt verschiedene Arten von Ängsten und die verschiedenen Faktoren, die sie verursachen können. Es enthält Empfehlungen, wie Kinder Ängstlichkeit und bestimmte Phobien überwinden können. Die letzten beiden Abschnitte behandeln die Themen Albträume und Trennungsangst.

2.1 Was verursacht kindliche Ängste?

Ängste sind von Geburt an offensichtlich. Laute Geräusche und plötzliche Bewegungen können Neugeborene leicht erschrecken. In der zweiten Hälfte des ersten Lebensjahres entwickeln die meisten Babys Trennungsangst und Angst vor Fremden („Fremdeln"), was normalerweise auf eine gesunde Bindung zu den Eltern hinweist. Diese Ängste nehmen normalerweise im Alter zwischen zwei und acht Jahren ab, aber in diesen Jahren treten häufig neue Ängste auf. Die Ängste der Kinder in der frühen Kindheit lassen sich in zwei Hauptkategorien einteilen: entwicklungsbedingte und traumatische. Entwicklungsbedingte Ängste resultieren aus Unreife, während traumatische Ängste aus belastenden Ereignissen hervorgehen.

2.1.1 Entwicklungsbedingte Ängste

Zu den entwicklungsbedingten Ängsten der Kinder tragen mehrere Faktoren bei. Die Angst, im Dunkeln allein zu sein, könnte in prähistorischen Zeiten einen Überlebenswert gehabt haben und durch den Prozess der natürlichen Selektion im Gehirn von Kindern verankert worden sein.

Kleine Kinder, die sich stark dagegen wehrten, nachts allein gelassen zu werden, erhielten wahrscheinlich mehr Schutz von ihren Müttern, und die Wahrscheinlichkeit, dass sie an der Kälte oder durch den Angriff eines Tieres starben, war daher geringer.

Ein weiterer Faktor ist der Mangel an Informationen. Viele Ängste in der Kindheit entstehen aufgrund von unzureichenden Informationen oder Missverständnissen. Ein Großteil der Welt erscheint kleinen Kindern mysteriös, verwirrend und unberechenbar. In der Vergangenheit fürchteten Menschen wahrscheinlich Donner, Blitzschlag, Sonnenfinsternisse und andere Naturereignisse, weil sie die physikalischen Gesetze, die diesen Phänomenen zugrunde liegen, noch nicht verstanden hatten. Auch heutige Kinder haben aus ähnlichen Gründen Ängste. Alles, was ein Kind nicht vollständig versteht, kann eine Quelle der Angst sein, zum Beispiel Toiletten, ein Aufziehspielzeug oder Donner. Kinder bilden ständig ihre eigenen Theorien darüber, wie die Welt funktioniert, aber ihre Vorstellungen sind manchmal falsch, weil sie nicht genügend Informationen haben. Ein Kind könnte denken: „Wenn all das Badewannenwasser durch diesen winzigen Abfluss verschwinden kann, könnte auch ich dort hindurchpassen."

Mit etwa drei Jahren werden Kinder sich des Todes und ihrer eigenen Sterblichkeit bewusst. Babys haben kein bewusstes Verständnis für den Tod, obwohl sie instinktiv wissen, was sie brauchen, um zu überleben. Aber dieser glückselige Zustand ändert sich im Alter von drei Jahren, wenn Kinder anfangen, Fragen zu stellen wie „Werde ich sterben?" und „Warum sterben Menschen?" Dieses wachsende Bewusstsein für die Sterblichkeit kann zu neuen Ängsten führen. Ihr Kind kann sich plötzlich einem Märchenbuch über Monster widersetzen, das früher sein Lieblingsbuch war, oder Angst vor Gespenstern zum Ausdruck bringen.

Die wachsende Vorstellungskraft eines Kindes kann weiter zu diesen Entwicklungsängsten beitragen. Die Fähigkeit, sich die Zukunft vorzustellen, nimmt in den frühen Kindheitsjahren zu. Diese kognitive Fähigkeit ist zwar entscheidend für die Vorausplanung und das effektive Funktionieren in der Welt, kann aber auch zu Ängsten führen. Kinder, deren Vorstellungskraft beängstigende Ereignisse heraufbeschwören kann, haben möglicherweise Schwierigkeiten, die Realität von ihren eigenen Fantasien zu unterscheiden.

Das folgende Beispiel meiner Tochter zeigt eine Entwicklungsangst, die auftrat, als sie fast drei Jahre alt war.

> Als Sarah klein war, hielt ich sie abends in meinen Armen, bis sie einschlief. Eines Abends, nur wenige Wochen vor ihrem dritten Geburtstag, hielt ich sie fest und sie sagte plötzlich: „Ich mag die Vorhänge nicht." Anscheinend hatte sie Angst vor den Schatten, die von den Büschen und der Straßenlaterne vor dem Fenster auf die Vorhänge geworfen wurden. Die Schatten sahen für sie wie riesige Tiere aus. Sie bat um eine Lampe im Raum, etwas, das sie noch nie gebraucht hatte, obwohl die Vorhänge und Schatten immer da gewesen waren. Ungefähr eine Woche später stellte sie ihre erste Frage zum Tod: „Was können Tote machen?"

2.1.2 Ängste aufgrund eines frühen Traumas

Wie in Kapitel 1 erwähnt, kann sich ein nicht geheiltes Trauma aus dem Säuglingsalter auf die Kindheit übertragen, wenn dem Baby die Möglichkeit fehlt, in den Armen eines liebevoll aufmerksamen Erwachsenen zu weinen. Einige der anhaltenden Auswirkungen eines frühen Traumas sind Ängste. Zum Beispiel könnte ein Kind, dessen Mutter im ersten Lebensjahr des Kindes einige Wochen im Krankenhaus war, große Angst vor einer Trennung haben, wenn es im Alter von drei Jahren in den Kindergarten kommt. Eine schwierige Geburt könnte das erste große Trauma eines Kindes sein und später zu Ängsten führen. Manche Psychologen glauben, dass Klaustrophobie (Angst vor geschlossenen Räumen) ihren Ursprung in einer langen Geburt haben kann, bei der das Kind im Geburtskanal steckte.

Neue beängstigende Erfahrungen wie ein Unfall oder ein Bienenstich können ebenfalls zu späteren Ängsten führen. Wenn Ihre Familie wegen eines Feuers evakuiert werden muss, könnte Ihr Kind eine Feuerphobie bekommen (und Sie auch!). Es ist unmöglich, Kinder vor allen belastenden Erfahrungen zu schützen, daher haben die meisten Kinder traumatische Ängste.

Kinder können auch durch assoziative Verknüpfungen Ängste bekommen, was konditionierte Ängste genannt wird. Alles, was ein Kind erschreckt, kann zu einer späteren Angst vor den beteiligten Objekten oder den gleichzeitig auftretenden Ereignissen führen. In einem berühmten Experiment aus dem Jahr 1920 spielte ein elf Monate alter Junge namens Albert fröhlich mit einer weißen Ratte. Plötzlich schlug der Experimentator mit einem Hammer auf eine hängende Stahlstange, um ein lautes, erschreckendes Geräusch zu erzeugen. Die Latte wurde insgesamt sieben Mal geschlagen, während Albert mit der Ratte spielte. Danach hatte Albert Angst vor der Ratte und mied sie ängstlich, wenn er sie sah, obwohl die Ratte selbst ihn nicht verletzt hatte. Die konditionierte Angst breitete sich auch auf andere, ähnliche Objekte aus, wie Kaninchen, Hund, Pelzmantel und Watte. Die Ausbreitung dieser Art von Ängsten auf andere Objekte wird als *Generalisierung einer konditionierten Angstreaktion* bezeichnet. Wenn Ihr Kind beispielsweise bei einem plötzlichen Donnerschlag fröhlich in einem Planschbecken spielt, kann es von da an Angst vor dem Planschbecken haben. Diese Angst vor dem Baden könnte sich auf Schwimmbäder, Seen oder Badewannen ausweiten.

Auch Ihre eigenen Ängste können Ihre Kinder beeinflussen, und diese Tatsache kann dazu führen, dass Ihre Kinder Ihre Ängste über den Prozess der Konditionierung übernehmen. Wenn Sie eine Spinne im Haus sehen und eine plötzliche Bewegung oder ein Geräusch machen, entwickelt Ihr Kind aufgrund dieses Vorfalls möglicherweise Angst vor Spinnen. Vielleicht hat es zunächst keine Angst vor der Spinne selbst, sondern vor *Ihrer Reaktion* auf die Spinne. Die plötzliche Angstreaktion eines Elternteils kann Kinder erschrecken. Diese Angst wird sich dann auf alles verallgemeinern, was mit der Situation zusammenhängt, genauso wie der kleine Albert in dem oben beschriebenen Experiment Ratten fürchtete. Dieser Mechanismus der Angstansteckung zwischen Eltern und Kind hatte während der menschlichen Evolution einen offensichtlichen Überlebenswert, da Kinder mit größerer Wahrscheinlichkeit überlebten, wenn sie die Ängste ihrer Eltern vor gefährlichen Orten oder Tieren wie Giftschlangen schnell übernahmen.

Leider hat dieser Mechanismus auch Nachteile, da Sie unnütze Ängste an Ihr Kind weitergeben können. Das folgende Beispiel zeigt die auf meinen Sohn übertragene Angstansteckung.

> Mit zwei Jahren bekam Nicky Angst vor Wind, weil ich einmal überreagiert hatte und plötzlich in Panik geraten war, als einige wichtige Papiere von mir in unserem

Garten wegwehten. Meine Reaktion muss ihn erschreckt haben, denn ich hatte mich plötzlich von einer ruhigen Mutter in eine hysterische verwandelt. Einige Monate lang geriet er in Panik, schrie und weinte, wenn ein plötzlicher Windstoß in unserem Garten auftrat und seine Spielzeuge herumwirbelte.

Wenn Sie sich übermäßig Sorgen um die Sicherheit Ihres Kindes machen, können Sie diese Angst unbewusst an es weitergeben. Es kann wegen Ihnen ängstlich werden und es vermeiden, neue Dinge auszuprobieren oder sich von Ihnen zu trennen. Es ist wichtig, Ihrem Kind ein gesundes Bewusstsein für Gefahren zu vermitteln, aber Sie wollen sicher nicht, dass es unter chronischen Angstzuständen leidet.

Faktoren, die zu den Ängsten der Kinder beitragen

Entwicklungsängste

- Evolution
- Informationsmangel
- Wachsendes Bewusstsein für den Tod
- Die Vorstellungskraft des Kindes

Traumatische Ängste

- Nicht geheiltes Trauma aus dem Kleinkindalter
- Neue traumatische oder beängstigende Ereignisse
- Konditionierung und Generalisierung

2.2 Welche Ängste sind am häufigsten?

Die meisten Kinder im Alter zwischen zwei und acht Jahren haben irgendwelche Ängste – welche genau, hängt von ihren Erfahrungen ab. Trotz individueller Unterschiede sind bestimmte Ängste häufiger als andere. Die häufigsten Ängste in der frühen Kindheit (in westlichen Kulturen) sind Dunkelheit, große Tiere, Schlangen, Trennung von den Eltern, Masken, Gewitter und imaginäre Wesen (Gespenster, Monster, Hexen usw.).

Sie fragen sich vielleicht, wie Sie feststellen können, ob die Ängste Ihres Kindes entwicklungsbedingten oder traumatischen Ursprungs sind. Diese Unterscheidung ist nicht immer offensichtlich, da einige Ängste beide Ursachen haben können. Zum Beispiel ist die Angst vor Hunden eine häufige Entwicklungsangst, kann aber auch aus einer beängstigenden Begegnung mit einem Hund resultieren. Traumatische Ängste kommen offensichtlich öfter vor, wenn Kinder traumatische Erfahrungen gemacht haben, insbesondere wenn die Kinder keine Möglichkeit zur emotionalen Heilung hatten. Traumatische Ängste sind in der Regel auch spezifischer, intensiver und anhaltender als Entwicklungsängste. Kinder überwinden traumatische Ängste nur schwer ohne therapeutische Intervention, während Entwicklungsängste normalerweise von selbst verschwinden, wenn das Kind reift.

Kinder unterscheiden sich in ihrem Grad an Ängstlichkeit. Mädchen neigen im Vergleich zu Jungen dazu, ein höheres Maß an Angst und Furcht zu haben. Dieser Unterschied zwischen den Geschlechtern kann durch die Art und Weise verursacht werden, wie Eltern Töchter im Vergleich zu Söhnen behandeln. Das ererbte Temperament von Kindern kann ebenfalls eine Rolle spielen. Zum Beispiel sind 15 bis 20 Prozent der Kinder (beiderlei Geschlechts) von Natur aus hochsensibel, und diese Kinder werden leicht überfordert und überstimuliert. Sie neigen auch dazu, mehr Ängste zu haben und reagieren in neuen Situationen normalerweise langsam. Anstatt sofort an einer unbekannten Gruppenaktivität teilzunehmen, ist Ihr hochsensibles Kind vielleicht zunächst schüchtern, zurückgezogen und ängstlich. Womöglich möchte es auf Ihrem Schoß sitzen und die Aktivität über eine längere Zeit beobachten, bevor es sich bereit fühlt, in der Gruppe mitzumachen.

In den meisten Fällen wissen Sie wahrscheinlich, wann Ihr Kind ängstlich oder verschreckt ist. Es sagt Ihnen, dass es Angst hat, und versucht, das gefürchtete Objekt oder die gefürchtete Situation zu vermeiden. Es zeigt seine Angst womöglich, indem es sich an Sie klammert oder weint. Beachten Sie auch weniger offensichtliche Anzeichen von Angstzuständen, etwa körperliche Symptome (Schwindel, Kopf- oder Magenschmerzen), Schlafstörungen und Daumenlutschen.

Ängste sind nicht logisch und sprechen nicht auf Vernunft an. Kleine Kinder haben in der Regel Angst vor harmlosen Dingen wie einer Toilettenspülung, aber keinerlei Angst vor echten potenziellen Sicherheitsbedrohungen wie einer belebten Straße. Es ist nur natürlich, dass dies frustrierend ist, insbesondere wenn Ihre Erklärungen keine Wirkung zeigen.

Es ist wichtig, sich der Ängste Ihres Kindes bewusst zu sein und alle möglichen Ursachen zu berücksichtigen. Auch wenn Sie möglicherweise wegen der Ängste Ihres Kindes besorgt oder frustriert sind, sollten Sie daran denken, dass Ängste in der frühen Kindheit nicht unbedingt bedeuten, dass Ihr Kind eine ernste Störung aufweist oder später im Leben an Angststörungen leiden wird. Entwicklungsängste bei Kindern zwischen zwei und acht Jahren spiegeln einen normalen Teil der Kindheit wider und weisen nicht auf eine Psychopathologie hin, obwohl Ängste von ähnlicher Intensität bei Erwachsenen als pathologisch angesehen werden könnten.

Manchmal beeinträchtigen die Ängste von Kindern ihre Fähigkeit zu essen, zu schlafen, auf die Toilette zu gehen, zu spielen oder zu lernen. Diese Situation tritt eher bei traumatischen Ängsten auf, kann sich aber auch bei Entwicklungsängsten ergeben, insbesondere bei einem hochsensiblen Kind. Wenn die Gesundheit und das Alltagsleben Ihres Kindes in diesem Ausmaß von seinen Ängsten in Mitleidenschaft gezogen sind, empfehle ich, die Informationen in diesem Kapitel durch den Rat eines kompetenten Fachmanns zu ergänzen.

2.3 Wie soll ich reagieren, wenn mein Kind Angst zum Ausdruck bringt?

Wenn Ihr Kind Angst ausdrückt, könnten Sie versucht sein, es zu beruhigen, indem Sie ihm sagen, dass es nichts gibt, wovor es Angst haben muss. Aber eine solche Aussage, obwohl sie gut gemeint ist, leugnet die Realität der Gefühle Ihres Kindes. Wenn Sie ihm sagen, es solle mutig sein, ohne ihm anzubieten, ihm bei seinen Gefühlen zu helfen, könnte es sich schlecht fühlen, weil es seine Angst nicht kontrollieren kann, und das ist sicher nicht Ihre Absicht.

Der erste hilfreiche Schritt besteht darin, die Angst Ihres Kindes anzuerkennen und gleichzeitig Empathie und Hoffnung anzubieten. Sie können zum Beispiel sagen: „Ich sehe, dass du Angst vor dem Meer hast. Ich werde einen Weg finden, dir bei deiner Angst zu helfen, damit wir wieder Spaß haben, an den Strand zu gehen." Wenn Sie dies sagen, lassen Sie Ihr Kind wissen, dass Sie verstehen, wie es sich fühlt, und bereit sind, ihm zu helfen.

Ärgern Sie Ihr Kind niemals, weil es Angst hat, und sagen Sie den Geschwistern und Freunden Ihres Kindes, dass sie dies auch nicht tun sollen. Necken ist respektlos und lässt die Angst nicht verschwinden. Im Gegenteil, es wird nur noch schmerzhaftere Gefühle bei Ihrem Kind hervorrufen, mit denen es fertig werden muss. Ein Kind, das gehänselt wurde, mag seine Ängste für sich behalten wollen, aber es wird dadurch nicht weniger ängstlich.

Möglicherweise halten Sie es für hilfreich, Ihr Kind vor den Gegenständen oder Ereignissen zu schützen, die es erschrecken. Vielleicht vermeiden Sie es, an den Strand zu gehen, wenn Ihr Kind Angst vor dem Meer hat, oder Sie halten sich vom Haus eines Freundes fern, wenn Ihr Kind Angst vor dem Hund hat. Obwohl dieser Schutz manchmal das Richtige ist, hilft er Ihrem Kind wahrscheinlich nicht, seine Ängste zu überwinden. Darüber hinaus ärgern Sie sich möglicherweise über Ihr Kind, wenn seine Ängste Sie daran hindern, das zu tun, was Ihnen Spaß macht (z. B. an den Strand zu gehen). Sie müssen Ihr Kind natürlich vor echten Bedrohungen für seine körperliche Sicherheit schützen, aber nicht vor imaginären Gefahren. Auf lange Sicht könnte dieser Ansatz seine Befürchtungen sogar verstärken, da es möglicherweise denkt, dass eine echte Gefahr vorliegen muss, wenn Sie diese Aktivitäten stets vermeiden.

Das andere Extrem ist nicht hilfreicher. Sie müssen Ihr Kind nicht zwingen, sich Situationen zu stellen, die ihm Angst machen. Ich habe wohlmeinende, aber falsch informierte Eltern gesehen, die ihre verängstigten Kinder trotz ihrer lauten Proteste ins Schwimmbecken schubsen oder sie zwingen, auf dem Schoß des Weihnachtsmanns zu sitzen. Dieser Ansatz kann die Angst Ihres Kindes vertiefen und zu Groll und Wut führen.

Beginnen Sie also damit, die Angst Ihres Kindes anzuerkennen und Empathie zu zeigen. Sie werden seine Angst dadurch nicht verstärken. Alle Kinder müssen sich verstanden und akzeptiert fühlen, egal wie sie sich fühlen. Der nächste Schritt besteht darin, auf spezifische unterstützende Weise einzugreifen, wie in den folgenden Abschnitten beschrieben.

2.4 Was sagt uns die Forschung über die Überwindung von Ängsten?

Therapeuten behandeln Entwicklungsängste von Kindern im Allgemeinen nicht, da Kinder normalerweise ohne Intervention aus ihnen herauswachsen. Es gibt jedoch wirksame Behandlungen für Ängste traumatischen Ursprungs. Der gemeinsame Nenner bei allen erfolgreichen Interventionsprogrammen ist eine Konfrontation mit dem gefürchteten Objekt oder der gefürchteten Erfahrung, damit das Kind dagegen desensibilisiert werden kann. Dieser als Expositionstherapie bezeichnete Ansatz basiert auf der Idee, dass das Kind durch wiederholte Exposition gegenüber dem gefürchteten Objekt (ohne dass es zu Angst einflößenden Konsequenzen kommt) lernen kann, dass es harmlos ist. Therapeuten setzen Kinder auf verschiedene Weise gefürchteten Objekten aus: schrittweise (systematische Desensibilisierung), direkt (Überflutungstherapie, „Flooding“) und symbolisch durch Spielen (Spieltherapie).

Zusätzlich zu den angstreduzierenden Wirkungen wiederholter Expositionen gibt es Hinweise darauf, dass Lachen dazu beiträgt, der Stressreaktion entgegenzuwirken und Angstzustände zu reduzieren. Die Lachtherapie ist nicht neu. Im Lauf der Jahrhunderte haben Schamanen, Clowns, Schauspieler und Hofnarren intuitiv Menschen zum Lachen gebracht, um ihnen dabei zu helfen, Ängstlichkeit und Depressionen zu überwinden.

Die Lachtherapie hat sich bei Kindern als wirksam erwiesen. Zum Beispiel haben Therapeuten erfolgreich Clowns eingesetzt, um Angstzustände und Schmerzen bei Kindern im Krankenhaus zu lindern. Andere Methoden zur Förderung des Lachens während der Therapie mit Kindern sind Übertreibung, Unsinn und allgemeine Albernheit oder Rollenspielszenen, in denen der Therapeut vorgibt, ungeschickt, dumm oder machtlos zu sein.

Der Expositionstherapie-Ansatz, der als „systematische Desensibilisierung" bezeichnet wird, erhebt nicht den Anspruch, eine Methode des Lachens zu sein, aber es ist möglich, dass spontan auftretendes Lachen zumindest einen Teil seiner Wirksamkeit ausmacht. Die ursprüngliche Idee einer systematischen Desensibilisierung bestand darin, dass sich der Patient schrittweise einen angsterzeugenden Reiz vorstellen sollte, während er einen Entspannungszustand beibehielt, bis der Reiz keine Angstreaktion mehr auslöste. Die Theorie behauptete, dass der Reiz mit Entspannung statt mit physischer Erregung (d. h. Angst) assoziiert werden würde.

Obwohl systematische Desensibilisierung in vielen Fällen funktioniert, ist es interessant, dass Entspannung kein notwendiger Faktor für ihren Erfolg ist. Einige Therapeuten haben herausgefunden, dass es noch effektiver ist, mit humorvollen visuellen Bildern Lachen zu erzeugen, als zu versuchen, den Patienten zum Entspannen zu bringen.

Auch Weinen kann hilfreich sein. In Kapitel 1 habe ich die positiven Auswirkungen von Weinen und Wut beschrieben. Diese Formen der emotionalen Befreiung, oft begleitet von Zittern, können Kindern helfen, Ängste zu überwinden. Tatsächlich beinhaltet der Expositionstherapie-Ansatz, der als Überflutungstherapie bezeichnet wird, häufig eine starke emotionale Reaktion des Kindes mit Weinen und Wutanfällen. Eine Überflutungstherapie kann besonders nützlich sein in Situationen, in denen schnelle Resultate für die Gesundheit des Kindes wichtig sind, beispielsweise wenn die Phobien eines Kindes es daran hindern, zu essen oder zu schlafen.

Zusammenfassend ist eine wiederholte Konfrontation mit dem gefürchteten Objekt oder der gefürchteten Situation erforderlich, damit Kinder ihre Ängste überwinden können. Die Konfrontation kann real oder symbolisch sein (zum Beispiel durch Bilder oder durch Spielen) und ermöglicht es Kindern, sich gegenüber dem gefürchteten Objekt zu desensibilisieren. Es scheint, dass die Heilung weiter verbessert werden kann, wenn humorvolle Elemente einbezogen werden, wodurch Kinder lachen können, während sie dem gefürchteten Reiz ausgesetzt sind. In einigen Fällen kann auch Weinen von Vorteil sein, vorausgesetzt, das Kind fühlt sich sicher und weiß, dass die Situation nicht wirklich bedrohlich ist.

2.5 Wie kann ich meinem Kind helfen, Ängste zu überwinden?

Wenn die Angst Ihres Kindes entwicklungsbedingt ist (nicht durch ein Trauma verursacht), kann es ausreichend sein, Informationen zu geben, da viele Entwicklungsängste auf einen Mangel an Informationen zurückzuführen sind. Es schadet nie, die Wissenslücken Ihres Kindes zu schließen und seine Missverständnisse zu korrigieren. Das folgende Beispiel (aus dem ersten Abschnitt dieses Kapitels) greift die Angst meiner Tochter vor den Vorhängen in der Nacht noch einmal auf und beschreibt, wie die Bereitstellung von Informationen das Problem löste.

> Im Alter von drei Jahren, als Sarah nachts Angst vor den Vorhängen bekam (wegen der großen, seltsam aussehenden Schatten darauf), zeigte ich ihr die Straßenlaterne (die Lichtquelle) und die Büsche am Fenster, die Schatten warfen. Wir sahen sie an und sprachen über sie, sowohl tagsüber als auch nach Einbruch der Dunkelheit. Mehrere Tage lang wies sie auf die Straßenlaterne hin und erwähnte sie anderen Familienmitgliedern gegenüber. Danach schien sie nachts keine Angst mehr vor den Vorhängen zu haben und sagte sogar: „Ich mag die Vorhänge jetzt."

Kinder bekommen falsche Vorstellungen über alle möglichen Dinge, und diese Missverständnisse führen oft zu Ängsten. Zum Beispiel kann Ihr Kind Angst haben, aufgrund eines Kratzers zu verbluten, aber sobald es die Blutgerinnung versteht, wird seine Angst wahrscheinlich nachlassen. Kinder benötigen Informationen über ihren eigenen Körper und über Haushaltsgeräte wie Toiletten und Staubsauger. Sie müssen korrekte Fakten über Tiere hören: welche Tiere manchmal Menschen angreifen und welche nicht. Sie müssen den Tod und den Unterschied zwischen Schlaf und Tod verstehen. Sie müssen auch wissen, dass Hexen, Gespenster und Monster nicht existieren und dass niemand Superkräfte hat, weder gute noch böse. Diese Informationen sind besonders wichtig, wenn das Kind Fantasy-Filme sieht oder Videospiele spielt. Kinder müssen auch etwas über erschreckende Naturphänomene wie Donner und Blitz lernen.

Manchmal helfen Informationen nicht weiter, besonders wenn Ihr Kind zu jung ist, um die Erklärungen zu verstehen oder zu glauben.

Kindergartenkinder verfügen noch nicht über die erforderlichen Denkfähigkeiten, um alle Ursache-Wirkung-Beziehungen und physikalischen Gesetze zu verstehen, die wir Erwachsenen für selbstverständlich halten. Die Angst, in den Abguss der Badewanne zu gelangen, kann so lange anhalten, bis Ihr Kind den Unterschied zwischen festem und flüssigem Zustand verstanden hat. Möglicherweise müssen Sie daher warten, bis sein Gehirn reif ist, bevor es bestimmte Ängste meistern kann.

Viele Ängste verschwinden einfach von selbst, ohne Behandlung, wie das folgende Beispiel meines Sohnes zeigt.

> Mit zwei Jahren hatte Nicky Angst, seinen Strandball in das Planschbecken in unserem Wohnviertel zu legen, aus Angst, er könnte im Filterablauf verschwinden, ein unmögliches Ereignis. Keine Erklärung schien dazu geeignet, um diese Angst zu verringern. Als er sieben Jahre alt war, kehrten wir in unser altes Wohnviertel zurück und besuchten das Planschbecken, nachdem wir mehrere Jahre nicht dort gewesen waren. Er sagte: „Erinnerst du dich, als ich Angst hatte, dass mein Ball im Abfluss verschwindet?" Er schien sehr amüsiert darüber zu sein, dass er einmal Angst vor so einer lächerlichen Sache gehabt hatte.

Wenn Informationen nicht helfen, können Sie versuchen, einen spielerischen Ansatz zu verwenden, bei dem das Kind dem gefürchteten Objekt ausgesetzt ist und gleichzeitig zum Lachen angeregt wird. Diese Konfrontation, in Kombination mit Lachen, kann sowohl bei entwicklungsbedingten als auch bei traumatischen Ängsten helfen. Sie können experimentieren, um den effektivsten Weg zu finden, die Angst Ihres Kindes auszulösen und gleichzeitig eine Atmosphäre des Spaßes und der Sicherheit aufrechtzuerhalten. Das folgende Beispiel zeigt, wie ich mittels Lachen meiner Tochter geholfen habe, die Angst vor Toiletten zu überwinden.

> Mit drei Jahren zögerte Sarah, die Toilette zu benutzen, weil sie befürchtete, hineinzufallen. Bei mehreren Gelegenheiten brachte ich ein Stofftier mit ins Badezimmer und ließ es spielerisch so tun, als hätte es Angst vor der Toilette. Das brachte meine Tochter immer zum Lachen. Nach diesen Spielen konnte sie sich normalerweise entspannen und auf die Toilette gehen, und ihre Angst verschwand schließlich.

Kinder setzen manchmal spontan das Spiel ein, um ihre Ängste zu überwinden, und sie tun dies, indem sie sich absichtlich den gefürchteten Objekten aussetzen, während sie lachen. Ich lebe in Südkalifornien und habe viele Möglichkeiten, kleine Kinder am Strand zu beobachten. Der Ozean muss einem kleinen Kind wie eine ungeheuer mächtige und beängstigende Kraft erscheinen. Kinder rennen oft ein Stück ins Wasser, aber wenn sich eine Welle nähert, laufen sie schnell wieder raus, um nicht von der Welle getroffen zu werden. Sie lachen normalerweise während dieser Aktivität. Wenn sie mutiger werden, wagen sie sich allmählich weiter ins Wasser hinein. Sie achten darauf, ein gutes Gleichgewicht zwischen Angst und Sicherheit zu halten, indem sie nicht zu weit hineingehen, aber auch nicht zu weit draußen bleiben. Ein zufälliger erwachsener Beobachter könnte denken, dass solche Spiele am Strand nur ein Kinderspiel von geringer Bedeutung sind, ohne zu bemerken, dass die Kinder damit beschäftigt sind, ihre Ängste vor dem Meer zu überwinden.

Kinder sind oft fasziniert von den Objekten, die sie am meisten fürchten. Diese Anziehungskraft beruht wahrscheinlich auf dem Drang, ihre Angst zu überwinden. Sie wissen intuitiv, dass ihre Angst ausgelöst werden muss, um sie zu überwinden, aber ihre Angst lässt sie auch in sicherer Entfernung bleiben. Diese beiden gegensätzlichen Tendenzen können zu einer interessanten Annäherungs-/Vermeidungstendenz führen. Zum Beispiel bemerken Sie vielleicht, dass Ihr Kind gegenüber Schlangen oder großen Spinnen in einem Zoo Faszination, aber auch Angst empfinden.

Wenn die Angst Ihres Kindes aus einem traumatischen Ereignis resultiert, ist Weinen möglicherweise der effektivste Weg, um es zu verarbeiten. Eine Mutter beschrieb, wie ihr achtjähriger Sohn die Angst vor tiefem Wasser überwand, indem er über ein Ereignis weinte, das drei Jahre zuvor stattgefunden hatte.

> Als Tomas fünf Jahre alt war, hatte er eine Schwimmstunde bei einer angehenden Schwimmlehrerin. Sie war sehr bemüht, ihm beizubringen, was man im Wasser alles machen kann. Nun, Tomas war entgeistert, als er den riesigen Pool sah und feststellte, dass das Wasser zu tief für ihn war, um darin stehen zu können. Die Lehrerin drängte ihn, reinzugehen, und als er es nicht tat, trug sie ihn gewaltsam ins Wasser. Als er sagte: „Ich möchte jetzt raus", sagte sie: „Oh nein, Tomas. Du kannst jetzt noch nicht rausgehen", und hielt ihn gegen seinen Willen im Wasser.

2

Er weinte damals nicht viel. Es war keine sichere Situation. Er weinte auch nicht, als wir nach Hause gekommen waren. Aber es war traumatisch genug, dass er sich seitdem weigerte, Schwimmunterricht zu nehmen. Jetzt ist er acht Jahre alt und wir gehen regelmäßig in ein Schwimmbad. Ich konnte seinen Aussagen entnehmen, dass er neue Dinge im Wasser ausprobieren wollte. Aber während wir im Wasser waren, wollte er nicht, dass ich ihm irgendetwas zeigte oder vorschlug. Immer wenn ich sagte: „Probier mal das", wurde er frustriert oder wütend auf mich. Vor kurzem sprach er eines Abends vor dem Schlafengehen darüber, dass er ins 1,20 m tiefe Wasser gehen könne, aber nicht ins 1,50 m tiefe, weil er nicht groß genug sei. Ich sagte: „Du weißt, wie man sich treiben lässt, also macht es keinen Unterschied, wie tief das Wasser ist." Er war sauer auf mich und antwortete: „Das macht es schon. Ich bin einfach nicht groß genug." Dann erklärte er: „Ich will nie wieder zum Schwimmunterricht gehen" und fing an zu weinen. Glücklicherweise war ich in einer Stimmung, in der ich relativ objektiv, aber dennoch unterstützend sein konnte, und ich sagte ihm, dass der Gedanke an Schwimmunterricht ihm aufgrund seiner Erfahrung im Alter von fünf Jahren Angst machen würde. Er redete und weinte darüber und sagte, dass er wirklich Angst gehabt habe und das nicht noch einmal erleben wolle. Er weinte insgesamt 15 oder 20 Minuten über dieses Ereignis. Am nächsten Tag gingen wir wieder schwimmen und er sagte: „Mama, kann ich dorthin gehen, wo es 1,50 m tief ist?" Zum ersten Mal wollte er ins tiefe Wasser, wo er nicht mehr stehen konnte, und das tat er auch! Tatsächlich hat es ihm so viel Spaß gemacht, dass er nicht mehr aus dem Wasser herauswollte! Dann, als wir das nächste Mal schwimmen gingen, fing er an reinzuspringen und nach Münzen zu tauchen und den Boden des Beckens zu küssen!

Dieses Beispiel zeigt, wie eine gewaltsame Methode nach hinten losgehen kann. Wir riskieren, die Ängste der Kinder zu verstärken, wenn wir sie in beängstigende Situationen zwingen, bevor sie dazu bereit sind, und ihre Gefühle missachten. Mit fünf Jahren hatte mein Sohn einen wunderbaren Schwimmlehrer, der die ersten Stunden damit verbrachte, ihn mit albernen, spielerischen Aktivitäten im Pool zum Lachen zu bringen. Der Lehrer hat ihn nie gezwungen, etwas gegen seinen Willen zu tun. Mein Sohn liebte seinen Schwimmunterricht und lernte schnell schwimmen.

Sie können verhindern, dass sich später traumatische Ängste entwickeln, wenn Sie Ihr Kind ermutigen, während oder unmittelbar nach einem beängstigenden Ereignis zu weinen. Es ist besonders wichtig, das spontane Weinen nach einem Unfall zu fördern. Traumatische Ängste entwickeln sich eher später, wenn die natürlichen physiologischen Prozesse der emotionalen Freisetzung (Weinen und Zittern) zum Zeitpunkt eines traumatischen Ereignisses blockiert werden.

Zusammenfassend lässt sich sagen, dass Kinder ihre Ängste nicht überwinden können, indem sie das vermeiden, was ihnen Angst macht. Sie müssen die Angst erfahren (teilweise, spielerisch oder indem sie darüber sprechen) und sich gleichzeitig sicher fühlen. Wenn dieses Gleichgewicht der Aufmerksamkeit erreicht ist, tritt spontan eine emotionale Befreiung in Form von Lachen (und manchmal Weinen und Zittern) auf, und die Kinder überwinden ihre Ängste. (Weitere Informationen zur Spieltherapie finden Sie in Kapitel 4 und auch in meinem Buch *Spielen schafft Nähe – Nähe löst Konflikte*.)

Wie man Kindern hilft, Ängste zu überwinden

- Erkennen Sie die Angst an und bieten Sie Empathie an.
- Geben Sie Informationen und korrigieren Sie falsche Vorstellungen.
- Lösen Sie die Angst sanft durch Spielen aus und ermutigen Sie Lachen.
- Akzeptieren Sie das Weinen des Kindes.

2.6 Was ist mit Ängsten unbekannter Herkunft?

Alle Beispiele im vorherigen Abschnitt beschreiben spezifische Ängste mit offensichtlichen (entwicklungsbedingten oder traumatischen) Ursachen. Für manche Ängste gibt es jedoch keine offensichtliche Ursache. Wenn Ihr Kind zum Beispiel Monster fürchtet, fragen Sie sich vielleicht, woher diese Angst kommt und was Sie dagegen tun können. Manche Ängste sind symbolisch und stehen anscheinend nicht in direktem Zusammenhang mit einem traumatischen Ereignis. Immer wenn es für ein Kind zu schwierig oder unsicher ist, an die eigentliche Bedrohung zu denken, können sich symbolische Ängste entwickeln. Angst vor Monstern setzt womöglich während der Scheidung, Depression oder Krankheit der Eltern oder nach einem schweren Trauma wie sexuellem Missbrauch ein.

Monster können auch ein Symbol für verletzendes Verhalten von Erwachsenen werden, wie z. B. Schlagen oder Anschreien. Aus der Sicht des Kindes verhalten sich Eltern, die auf diese Weise handeln, tatsächlich wie Monster. Kein Elternteil ist perfekt, und die meisten von uns verlieren gelegentlich die Geduld. Vielleicht sind die universellen bösen Charaktere, die in Märchen auf der ganzen Welt zu finden sind (Trolle, Monster, Hexen usw.), für Kinder von Bedeutung, weil sie das gelegentliche irrationale und verletzende Verhalten der Erwachsenen verkörpern, mit denen die Kinder leben. Kinder können auch aufgrund eines künftig zu erwartenden Ereignisses wie der Geburt eines Geschwisters oder des Umzugs in ein neues Zuhause symbolische Ängste entwickeln.

Wenn Sie eine tieferliegende Ursache vermuten, können Sie Ihr Kind ermutigen, über das Problem zu sprechen. Beachten Sie jedoch, dass es möglicherweise Schwierigkeiten hat, Gefühle über die tieferen Ursachen zu verbalisieren. Informationen über die symbolische Angst selbst werden wahrscheinlich nicht hilfreich sein. Sie können Ihrem Kind sagen, dass es keine Monster gibt, und ihm zeigen, dass unter dem Bett keine Monster sind, aber diese Informationen werden die Ängste wahrscheinlich nicht verschwinden lassen. In manchen Fällen können jedoch Informationen oder Beruhigungen über das zugrunde liegende Problem hilfreich sein. Im Fall einer Scheidung können Sie Ihrem Kind versichern, dass Sie es immer noch lieben und es nicht verlassen werden, obwohl Sie und Ihr Partner sich getrennt haben.

Symbolische Ängste können auch entwicklungsbedingt sein, verursacht durch das wachsende Bewusstsein Ihres Kindes für den Tod, selbst wenn nichts Traumatisches oder Belastendes aufgetreten ist. Tatsächlich wurzeln viele Ängste letztendlich in der Angst vor dem Tod. Wie bereits in diesem Kapitel erwähnt, kann die wachsende Vorstellungskraft Ihres Kindes weiter zu diesen symbolischen Ängsten beitragen.

Glücklicherweise müssen Sie die Ursache der Angst Ihres Kindes nicht kennen, um ihm zu helfen. Emotionale Befreiung kann bei jeder Angst wirksam sein, egal wie symbolisch sie ist und unabhängig davon, ob der Ursprung traumatisch oder entwicklungsbedingt ist. Wenn Ihr Kind nicht spontan über seine Angst spricht oder weint, suchen Sie nach einer spielerischen Möglichkeit, sie auszulösen und gleichzeitig zum Lachen anzuregen. Das folgende Beispiel zeigt, wie ich meiner Tochter geholfen habe, die Angst vor Krokodilen zu überwinden.

> Mit fünf Jahren bekam meine Tochter Angst vor Krokodilen in ihrem Zimmer. Ich zeigte ihr, dass es keine Krokodile gab, aber diese Information half überhaupt nicht. Sie sprach dies sogar aus, indem sie sagte: „Ich weiß, dass es in meinem Zimmer keine Krokodile gibt, weil sie im Wasser leben müssen, aber ich habe immer noch Angst." Ihre Angst wurde irgendwann so groß, dass sie Angst hatte, auch tagsüber allein in ihrem Zimmer zu sein. Ich erkannte, dass sie Hilfe brauchte, also zeigte ich ihr eines Abends eine Krokodilpuppe und sagte ihr, dass es ein Babykrokodil sei, um das man sich kümmern müsse. Ich spielte ein verängstigtes Babykrokodil und brachte sie für 15 Minuten zum Lachen. Später, nachdem ich die Puppe weggelegt hatte, weinte sie 20 Minuten lang spontan heftig, während sie über ihre Ängste sprach, während ich bei ihr blieb. Wir wiederholten dieses Krokodil-Puppenspiel mehrmals, und ihre Angst ließ allmählich nach.

In diesem Beispiel verstand ich den Grund für die Angst meiner Tochter nicht, aber das Puppenspiel brachte sie zum Lachen, was dazu beitrug, eine Schicht ihrer Angst abzutragen. Nachdem sie gelacht hatte, konnte sie weinen, was ihr half, tiefere Spannungen und Ängste abzubauen. Bis zu diesem Tag war sie vor Angst so gelähmt, dass sie weder durch Lachen noch durch Tränen Emotionen auslösen konnte. Mein spielerischer Ansatz bot ein Gleichgewicht zwischen ihrer Angst und einem Gefühl der Sicherheit, was es ihr ermöglichte, zu lachen und zu weinen. Ein anderer spielerischer Ansatz wäre gewesen, sie einzuladen, die Rolle eines gruseligen Krokodils zu spielen, während ich vorgab, Angst zu haben. Diese Art von Machtumkehrspiel kann sehr nützlich sein, um Kindern zu helfen, Ängste zu überwinden.

Aktive Spiele oder Lieder, bei denen es um Erstarren oder Umfallen geht, bringen kleine Kinder meistens zum Lachen. Wenn Sie diese Aktivitäten mit Ihrem Kind durchführen, können Sie ihm möglicherweise dabei helfen, die Angst vor dem Tod zu überwinden. Ein beliebtes englisches Gesangsspiel für kleine Kinder namens „Ring Around the Rosie" (Deutsch: „Ringel, Ringel, Reihe") entstand im Mittelalter nach einer Beulenpest-Epidemie in London. Es gibt viele Versionen davon, aber eine Version lautet wie folgt:

Ring around the rosie,
a pocketful of posies,
Tisha! Tisha!
We all fall down!

(Wörtliche dt. Übersetzung: Tanzt einen Reigen um den Rosenbusch, eine Tasche voller Sträußchen, Hatschi! Hatschi! Wir fallen alle um!)

Die dritte Zeile in diesem Lied kann eine Nachahmung des Niesens sein (eines der ersten Anzeichen einer Beulenpest), und die letzte Zeile bezieht sich wahrscheinlich auf das Sterben. Während dieser Zeile fallen normalerweise alle Sänger auf den Boden. Dieses Lied muss für Kinder therapeutisch gewesen sein, die die Pest überlebt haben, aber Hunderte ihrer Freunde und Verwandten sterben sahen. Es gab ihnen die Möglichkeit, durch Lachen Spannung zu lösen. Heute lachen Kinder, die nichts von der Pest wissen, am Ende des Liedes, wenn alle hinfallen. Könnte es sein, dass sie durch Lachen mit ihrer Angst vor dem Tod fertigwerden? Vielleicht erklärt dieses therapeutische Lachen, warum dieses Lied den Lauf der Jahrhunderte überdauert hat.

Die deutsche Version des Liedes lautet „Ringel Ringel Reihe, wir sind der Kinder dreie, sitzen unterm Hollerbusch, machen alle husch husch husch“, aber die ursprüngliche Bedeutung ist verloren gegangen.

Todesangst ist sowohl bei Kindern als auch bei Erwachsenen nahezu universell. Diese Tatsache erklärt, warum Vergnügungsparks mit furchterregenden dunklen Fahrgeschäften und Achterbahnen so beliebt sind. Wir lachen über diese Fahrten, weil wir Angst haben, aber wir wissen auch, dass wir in Sicherheit sind. Nach einem ganzen Tag solchen Lachens kehren wir entspannter nach Hause zurück und haben etwas weniger Angst vor unserer eigenen Sterblichkeit.

2.7 Was verursacht Albträume und Nachtschreck (Nachtterror)?

Jede Angst oder erschreckende Erfahrung kann einen Albtraum verursachen, und die meisten kleinen Kinder haben gelegentlich einen. Wiederkehrende Albträume können ihren Ursprung in sehr frühen Traumata haben, wie z. B. einer belastenden Geburtserfahrung oder sogar einem vorgeburtlichen Trauma. Albträume treten mit höherer Wahrscheinlichkeit auf, wenn Kinder nicht vollständig von belastenden Ereignissen geheilt sind.

Wenn Ihr Kind einen Albtraum hat, nehmen Sie es in den Arm und lassen Sie es so lange wie nötig weinen. Anschließend können Sie es ermutigen, über seinen Traum zu sprechen, wenn es dies wünscht. Wenn es zu ängstlich ist, um darüber zu sprechen oder zu weinen, können Sie einen spielerischen Ansatz mit dem Ziel versuchen, Lachen hervorzurufen. Nach dem Lachen ist es vielleicht bereit, Ihnen seinen Traum zu erzählen und vielleicht sogar darüber zu weinen. Sie sollten jedoch vermeiden, dass es das Gefühl hat, dass Sie sich über es lustig machen.

Manchmal wacht ein kleines Kind schreiend auf, ist sich aber seiner Umgebung überhaupt nicht bewusst. Dies nennt man Nachtterror. Das Kind kann auch Wörter oder Sätze aussprechen, die wenig Sinn ergeben und zittern oder seltsame Bewegungen ausführen. Es kann einige Minuten oder manchmal eine Stunde dauern, bis das Kind normal reagiert. Einige Kinder schlafen wieder ein, ohne sich ihrer Umgebung bewusst zu werden. In beiden Fällen hat das Kind normalerweise keine Erinnerung an die Episode am Morgen.

Normale Albträume treten während des REM-Schlafs (Rapid Eye Movement) auf, Nachtterror hingegen während des Tiefschlafs (auch Delta-Schlaf genannt). Nachtterror tritt oft innerhalb von ein oder zwei Stunden nach dem Einschlafen des Kindes auf. Er kann durch Harndrang oder durch plötzliche Geräusche oder Erschütterungen ausgelöst werden. Während dieser Schlafphase steigen auch einige Kinder aus dem Bett und betreten einen anderen Raum, ohne sich später an die Schlafwandel-Episode zu erinnern.

Nachtterror kann beängstigend sein, weil es so aussieht, als würde Ihr Kind verrückt. Vielleicht fühlen Sie sich ängstlich oder machtlos, wenn es Sie nicht erkennt oder Ihre Fragen nicht beantwortet. Sie können auf Nachtterror genauso reagieren wie auf normale Albträume. Halten Sie Ihr Kind fest, wenn es Sie lässt, schützen und beruhigen Sie es, auch wenn es nicht aufwacht oder normal reagiert. Erlauben Sie ihm, in Ihren Armen zu weinen und zu zittern.

Albträume, Nachtterror und Schlafwandeln gelten nicht als schädlich (es sei denn, ein Kind verletzt sich versehentlich beim Schlafwandeln). Sowohl Albträume als auch Nachtterror können unbewusste Versuche von Kindern sein, stressige oder traumatische Ereignisse zu bewältigen. Weinen und Zittern können einen gesunden Freisetzungs- und Heilungsprozess darstellen. Die Intensität dieses nächtlichen Weinens kann sich aus der Tatsache ergeben, dass das Kind heftige Gefühle freisetzt, ohne die Hemmungen, die normalerweise während seiner Wachstunden vorhanden sind.

Einige Kinder haben häufig Albträume und Nachtterror, während andere sie überhaupt nicht erleben. Dieses nächtliche Weinen kann häufiger auftreten, wenn im Leben Ihres Kindes neuer Stress oder Überstimulation auftritt oder wenn es in letzter Zeit nicht viel geweint hat. Wenn Ihr Kind häufig Albträume oder Nachtterror hat, suchen Sie nach potenziell schwerwiegenden Stressquellen wie Mobbing in der Schule oder sexuellem Missbrauch. Ich empfehle auch, mit Ihrem Kind einen Arzt aufzusuchen, um mögliche neurologische Ursachen auszuschließen.

2.8 Was ist mit Trennungsangst nach dem zweiten Lebensjahr?

Trennungsangst („Fremdeln") beginnt meist in der zweiten Hälfte des ersten Lebensjahres. Babys protestieren normalerweise lautstark, wenn ihre Mutter (oder eine andere primäre Bezugsperson) den Raum verlässt, selbst wenn das Baby mit einer anderen Person zurückgelassen wird. Babys in diesem Alter haben normalerweise eine starke Bindung an die Mutter und verfügen nicht über die sprachlichen oder kognitiven Fähigkeiten, um zu verstehen, dass sie zurückkehren wird. Sie wissen nur, dass sie weg ist. Dieser Widerstand gegen die Trennung ist ein normales Entwicklungsstadium, das normalerweise zwischen acht und achtzehn Monaten seine maximale Intensität erreicht. Forscher und Psychologen betrachten Trennungsangst in diesem Alter als einen Hinweis auf eine gesunde Bindung an die Mutter (oder eine andere primäre Bezugsperson).

Wenn die starke Trennungsangst nach dem Alter von zwei Jahren anhält, fragen sich manche Eltern, ob dieses Verhalten noch normal ist und wie lange es anhalten wird. Trennungsangst bei Zweijährigen ist immer noch sehr häufig und normal. Selbst von älteren Kindern kann nicht erwartet werden, dass sie in die Arme von Fremden springen oder sich allein in einem Raum sicher fühlen. Die starke Tendenz kleiner Kinder, vertraute Menschen zu bevorzugen und sich der Einsamkeit zu widersetzen, hatte möglicherweise in prähistorischen Zeiten, in denen Menschengruppen aus Sicherheitsgründen zusammenbleiben mussten, einen Überlebenswert. Es wäre für ein kleines Kind sehr riskant gewesen, die Gruppe zu verlassen und alleine wegzuwandern, ohne sich darum zu kümmern, ob seine Mutter es sehen kann.

Bei dem Zusammensein mit vertrauten und fürsorglichen Menschen nimmt die Trennungsangst jedoch nach zwei Jahren allmählich ab. Wenn ein Kind jenseits des zweiten Lebensjahres – selbst bei vertrauten Personen – immer noch starke Trennungsangst hat, kann dieses Verhalten auf etwas anderes als ein normales Entwicklungsstadium hinweisen. Kinder in diesem Alter verfügen im Gegensatz zu Säuglingen über genügend sprachliche und kognitive Fähigkeiten, um zu verstehen, dass ihre Eltern zurückkehren werden. Ihre Not wird daher nicht durch die Unfähigkeit verursacht, die vorübergehende Natur der Trennung zu verstehen.

Mehrere mögliche Gründe können für ungewöhnlich starke Trennungsangst nach dem zweiten Lebensjahr verantwortlich sein. So kann es sich einfach um ein Bedürfnis zu weinen handeln. Wenn ein Kind sich ständig an seine Mutter klammert und sich weigert, bei seinem Vater zu bleiben, hat es vielleicht das Gefühl, dass es nicht mit seiner Mutter weinen kann. Vielleicht hat seine Mutter es aus guten Absichten heraus häufig abgelenkt oder ihre Brust als Schnuller benutzt, um es als Kleinkind zu beruhigen, wenn es sich eigentlich ausweinen musste (in den Armen seiner Mutter). Solch ein Kind scheint die ständige Anwesenheit seiner Mutter zu brauchen, genauso wie einige Kinder an Stofftieren, Decken oder einem Schnuller hängen. Diese Gewohnheiten (Kontrollmuster genannt) dienen als Unterdrückungsmechanismen, um Gefühle zurückzuhalten. Wenn eine Trennung von der Mutter auftritt, kann es so aussehen, als würde das Kind über die Trennung selbst weinen, aber in Wirklichkeit kann es die Situation einfach nutzen, um akkumulierte schmerzhafte Emotionen freizusetzen. Kinder brauchen ihre Mütter, aber eine gesunde Bindung an die Mutter unterscheidet sich von dem verzweifelten Klammern eines Kindes, das sich weigert, bei jemand anderem zu bleiben, einschließlich seines eigenen Vaters.

Wenn Sie eine Mutter sind, die mit ihrem Kind auf diese Situation stößt, bedeutet dies nicht, dass es seinen Vater hasst oder Sie ständig braucht. Es kann einfach bedeuten, dass es mal weinen muss und sich freier fühlt, bei seinem Vater zu weinen. Viele Mütter haben sich mit mir über dieses Problem beraten, und ich empfehle normalerweise, das Kind für kurze Zeit beim Vater zu lassen, auch wenn das Kind weint und schreit. Die Eltern sind normalerweise erstaunt über die Ergebnisse. Das Kind genießt es schließlich, bei seinem Vater zu bleiben, und hört auf, sich an seine Mutter zu klammern. Die Mutter genießt mehr Freiheit, und die Bindung des Kindes an beide Elternteile wird stärker und gesünder. Ein weiterer Vorteil ist, dass das Kind normalerweise entspannter und kooperativer wird und nach dem Weinen mit seinem Vater besser schläft.

Ein zweiter Grund für ungewöhnlich starke Trennungsangst nach dem zweiten Lebensjahr ist die Möglichkeit, dass das Kind an einer früheren traumatischen Trennung leidet. Wenn Sie oder Ihr Kind im Säuglingsalter beispielsweise ins Krankenhaus eingeliefert wurden, kann eine spätere Trennung von Ihnen dieses ursprüngliche Trauma auslösen. Mit anderen Worten löst die Trennung von Ihnen eine konditionierte Angstreaktion aus. Ihr Kind wird jede neue Trennung nutzen, um das Weinen wegen der früheren Trennung zu Ende zu bringen. Wenn Sie ihm dies erlauben, wird es von dem früheren Trauma geheilt. Eine Trennung bei der Geburt könnte das ursprüngliche Trauma sein, das durch spätere Trennungen ausgelöst wird, selbst wenn es sich nur um ein oder zwei Tage handelte.

Wenn Sie glauben, dass Ihr Kind an einem früheren Trennungstrauma leidet, kann es davon profitieren, wenn es mit jemandem zurückgelassen wird, den es gut kennt und dem es vertraut und der sein Weinen akzeptiert. Ein schrittweiser Ansatz funktioniert am besten. Sie können beispielsweise damit beginnen, dass die Person Ihr Kind festhält, während Sie in der Nähe bleiben und es berühren. Dann können Sie sich über einen Zeitraum von mehreren Tagen allmählich weiter entfernen und schließlich den Raum verlassen, während die andere Person Ihr Kind festhält und sein Weinen akzeptiert.

Es ist auch wichtig, nach anderen möglichen Gründen für starke Trennungsangst nach dem zweiten Lebensjahr zu suchen. Wenn Ihr Kind sich plötzlich weigert, bei einer vertrauten Person zu bleiben, sollten Sie diese Reaktion ernst nehmen und die Möglichkeit in Betracht ziehen, dass die Person Ihr Kind auf irgendeine Weise erschreckt oder missbraucht hat. Aber nehmen Sie nicht sofort das Schlimmste an. Die Ursache könnte etwas so Harmloses sein wie ein neuer Hund in der Wohnung der Person. Unabhängig von der Ursache sollte ein plötzlicher Widerstand gegen eine vertraute Person ernst genommen werden.

Ihr Kind kann auch plötzlich eine Abneigung entwickeln, in den Kindergarten oder in die Schule zu gehen, nachdem es sich mehrere Monate lang morgens fröhlich von Ihnen getrennt hat. Auch diese Reaktion sollte ernst genommen und überprüft werden. Vielleicht wurde es von anderen Kindern in der Schule verletzt, gehänselt oder ausgeschlossen. Vielleicht gibt es einen Ersatzlehrer, der nicht so aufmerksam oder geduldig ist wie der reguläre Lehrer.

Stress zu Hause kann auch zu einem plötzlichen Widerstand gegen Trennung führen. Vielleicht haben Sie finanzielle oder gesundheitliche Probleme oder lassen sich scheiden. Jedes Mal, wenn Sie gestresst sind, sind Sie wahrscheinlich vorübergehend weniger geduldig oder aufmerksam. Die Änderung Ihres Verhaltens könnte Ihr Kind erschrecken und verwirren, und es wird befürchten, dass eine Trennung seine Verbindung zu Ihnen weiter schwächt.

Ein letzter Grund für starke Trennungsangst ist Ihre eigene Angst. Im ersten Abschnitt dieses Kapitels habe ich beschrieben, wie Kinder von den Ängsten ihrer Eltern angesteckt werden können. Wenn Sie sich ständig Sorgen um die Sicherheit Ihres Kindes machen, wenn es nicht bei Ihnen ist, kann es Ihre Angst spüren und sich weigern, Sie zu verlassen. Was also wie *seine* Trennungsangst aussieht, kann tatsächlich ein Spiegelbild Ihrer *eigenen* Trennungsangst sein. Wenn Sie glauben, dass Sie Ihre eigene Angst an Ihr Kind weitergeben, ist es hilfreich, die tieferen Gründe für Ihre Angst zu untersuchen. Es ist normal, sich um die Sicherheit und das Überleben Ihres Kindes zu sorgen. Wenn Sie sich jedoch ständig viele Gedanken machen und ängstlich sind, kann der Grund ein nicht geheiltes Trennungstrauma aus Ihrer Vergangenheit sein, z. B. der Tod eines geliebten Menschen.

Wenn Sie sich nicht sicher sind, warum Ihr Kind sich der Trennung widersetzt, oder nicht wissen, wie Sie damit umgehen sollen, vertrauen Sie Ihren eigenen Gefühlen und Neigungen, auch wenn andere Sie beschuldigen, Ihr Kind zu verwöhnen oder übervorsichtig zu sein. Ihre Vorgehensweise muss für Sie sinnvoll und eine Entscheidung sein, mit der Sie leben können. Wenn Sie später feststellen, dass Sie eine Situation mit Ihrem Kind falsch eingeschätzt haben, können Sie an einem anderen Tag immer noch einen anderen Ansatz ausprobieren.

Ich möchte noch einmal betonen, wie wichtig es ist, Kindern Zeit zu geben, sich mit neuen Menschen und Situationen vertraut zu machen, bevor Sie sie dort allein lassen. Es gibt große individuelle Unterschiede bezüglich der Zeit, die Kinder benötigen, um sich in neuen Situationen sicher zu fühlen, und alle Kinder verdienen unsere Geduld und unser Verständnis. Im folgenden Beispiel drückte eine Mutter aus, wie schwierig dies für sie war.

> Ich bin im Grunde der Meinung, dass eine Vierjährige unabhängig und kontaktfreudig sein sollte, aber das ist bei meiner Tochter nicht immer so. Ich fühle mich wirklich unwohl, wenn wir irgendwohin gehen und sie zurückbleibt und in meine Arme klettert oder sich hinter mir versteckt. Das macht mich verrückt. Ich habe das Gefühl, in eine Situation hineingezwungen zu werden, in der ich etwas tun soll, für das ich im Moment nicht in der Stimmung bin, wie sie zu trösten und in den Arm zu nehmen. Da dies nicht meinem Plan entspricht, habe ich sehr wenig Geduld damit. Ich möchte, dass sie sich trennt und weggeht und fröhlich ist. Aber an dem Tag, als sie sich in der Schule leicht von mir trennte, ging ich nach Hause und weinte!

Auch wenn Ihre Kinder mit kurzen Trennungen von Ihnen recht gut umgehen können, dürfen Sie nicht erwarten, dass sie mit langen Trennungen gut zurechtkommen. Die Anzahl der Tage der Trennung, die Kinder tolerieren können, hängt von ihrem Alter und ihrer Vertrautheit mit der Person ab, bei der Sie sie lassen.

Gründe für ungewöhnlich starke Trennungsangst nach dem zweiten Lebensjahr (wenn das Kind bei einer *vertrauten* Person zurückbleibt)

- Das Kind muss aus anderen Gründen weinen.
- Die aktuelle Trennung löst die Gefühle von einem früheren Trennungstrauma aus.
- Das Kind wurde von der Person verletzt, bei der es bleiben soll.
- Das Kind wurde dort von anderen Kindern verletzt.
- Die Eltern sind gestresst und weniger aufmerksam als gewöhnlich.
- Das Kind spürt die Trennungsangst der Eltern.

Übungen Kapitel 2

Erforschen Sie Ihre Kindheit

- Listen Sie die Ängste auf, die Sie als Kind hatten. Wie haben Ihre Eltern reagiert?
- Beschreiben Sie einen Albtraum, den Sie als Kind hatten. Wie haben Ihre Eltern reagiert?
- Wurden Sie jemals wegen Ihrer Angst gehänselt? Wie haben Sie sich dabei gefühlt?

Bringen Sie die Gefühle zum Ausdruck, die Ihr Kind bei Ihnen auslöst

- Machen Sie eine Liste der Ängste Ihres Kindes und versuchen Sie, die Ursachen herauszufinden. Was empfinden Sie davon?
- Wie fühlen Sie sich, wenn Ihr Kind sich an Sie klammert und sich weigert, an einer Gruppenaktivität teilzunehmen (falls dies auftritt)?
- Haben Sie chronische Angst um die Sicherheit oder das Überleben Ihres Kindes? Sprechen Sie mit einem unterstützenden Zuhörer darüber und versuchen Sie, die Ursache herauszufinden. Hängt Ihre Angst mit einem Verlust oder einer traumatischen Trennung aus Ihrer Vergangenheit zusammen?

Geben Sie sich selbst Zuwendung

- Machen Sie eine Liste Ihrer eigenen Ängste und Phobien. Konzentrieren Sie sich auf eine nach der anderen und erstellen Sie einen Plan zur Überwindung (allein oder mithilfe von Beratung oder Therapie).
- Bitten Sie eine Sie unterstützende Person, bei Ihnen zu sein, während Sie etwas tun, vor dem Sie Angst haben (z. B. ins tiefe Wasser springen, eine Spinne fangen oder in einem Aufzug fahren). Erlauben Sie sich zu lachen und zu weinen.
- Bringen Sie mehr Lachen in Ihr Leben. Sehen Sie sich einen lustigen Film oder eine komische Show an. Treffen Sie sich mit Freunden, die Sie zum Lachen bringen. Albern Sie mit Ihren Kindern herum.

3

Lernen und Erfahrungen

Kindergehirne sind zum Lernen geschaffen, und das tun sie spontan und kontinuierlich. In diesem Kapitel wird der Lernprozess erörtert: der Erwerb von Wissen, die angemessene Stimulation für kleine Kinder und wie der Lernprozess am besten gefördert wird. Eine grundlegende Richtschnur besteht darin, sich als Lernförderer und nicht als Lehrer zu verstehen und Ihrem Kind eine reichhaltige Umgebung zu bieten, so wie Sie Ihren Garten für das Setzen einer Pflanze vorbereiten würden. Das Spielen ist ein wichtiger Teil des Lernprozesses, und dieses Thema wird in Kapitel 4 behandelt.

3.1 Welche Erfahrungen sind wichtig für kleine Kinder?

Kleine Kinder sind neugierig auf die Welt und möchten sie unbedingt erkunden. Sie möchten lernen, wie die physische Welt funktioniert, wie Beziehungen und die Gedanken anderer Menschen funktionieren, was Erwachsene tun, woher die Dinge kommen und wie man Werkzeuge und Maschinen (wie z. B. Löffel, Telefone und Computer) benutzt. Je umfassender Kinder die Welt erleben können, desto besser werden sie sie verstehen und ihre Rolle darin herausfinden. Ihre Aufgabe ist es, Ihrem Kind die Art von Erfahrungen anzubieten, die dieses Lernen erleichtern.

In der frühen Kindheit lernen Kinder am besten durch Ausprobieren und reale Erfahrungen, anstatt durch formalen Unterricht oder bildschirmbasierte Aktivitäten. In der Tat können gezielte Unterweisungen die Neigung von Kindern verringern, Dinge für sich selbst zu erforschen und zu entdecken. Kinder nehmen Wissen mit allen Sinnen auf: durch Beobachten, Hören, Berühren, Schmecken und Riechen sowie durch das

Feedback ihrer Muskeln und des Gleichgewichtsorgans, wenn sie ihren Körper bewegen (propriozeptive und vestibuläre Sinne). Sie lernen auch, indem sie aktiv mit der Welt interagieren, insbesondere indem sie andere imitieren, Dinge ausprobieren (Versuch und Irrtum, „trial and error"), mit Gegenständen hantieren, erforschen und Fragen stellen.

Nach dem Beobachten, Zuhören und Interagieren entwickeln Kinder Theorien darüber, wie die Welt funktioniert, genau wie Wissenschaftler. Sie lernen zum Beispiel, dass ein runder Baustein nicht in ein quadratisches Loch passt, Mama nicht verfügbar ist, wenn sie am Computer sitzt, eine Katze kratzen kann, Schnee kalt ist und man mit Geld Dinge kaufen kann. Kindertheorien sind zunächst oft falsch. Ein kleines Kind könnte denken, dass zehn 1-Euro-Münzen mehr wert sind als ein 10-Euro-Schein, weil es mehr Münzen sind. Aber Kinder überarbeiten ständig ihre Theorien, wenn sie neue Informationen aufnehmen und ihr Gehirn reift. Wenn sie älter werden, können sie auch durch Bücher Wissen über Dinge erwerben, die sie nicht direkt erfahren können.

Zuerst lernt Ihr Kind hauptsächlich, indem es Sie beobachtet. Lassen Sie es an möglichst vielen Ihrer Alltagsaktivitäten wie Einkaufen, Kochen, Waschen und Putzen teilnehmen. Lassen Sie es an Ihren Familienritualen, Traditionen und persönlichen Hobbys teilhaben. Wenn Sie gerne im Garten arbeiten, geben Sie ihm Gelegenheit, Samen zu setzen oder Unkraut zu zupfen. Wenn Ihr Hobby Brotbacken ist, kann Ihr Kind helfen, indem es die Zutaten abmisst und mischt. Wenn Sie bestimmte Feiertage mit Kerzen feiern, lassen Sie Ihr Kind die richtige Anzahl von Kerzen auswählen. Sprechen Sie während dieser Aktivitäten mit Ihrem Kind und sagen Sie ihm, was Sie tun. Versuchen Sie, seine Fragen nach besten Kräften zu beantworten, selbst seine endlosen „Warum"-Fragen. Kinderfragen sind ein wichtiger Weg, um zu lernen.

Wenn Ihr Kind die Möglichkeit hat zu beobachten, wie Sie etwas Neues lernen oder ein Musikinstrument üben, erhält es wichtige Informationen über den Lernprozess. Es wird erkennen, dass Fehler auch für Erwachsene Teil des Lernens sind, und es wird erkennen, dass Ausdauer notwendig ist, um eine neue Fähigkeit zu erlernen. Beginnen Sie jedoch kein neues Hobby oder eine neue Aktivität mit dem alleinigen Zweck, Ihr Kind zu inspirieren. Es wird mehr davon profitieren, wenn Sie Ihre eigenen echten Interessen verfolgen, als von künstlich erfundenen Aktivitäten mit dem Ziel, es zu unterrichten. Das folgende Beispiel beschreibt, wie ich meine Kinder unbewusst inspirierte, als ich lernte, Akkordeon zu spielen.

> Ich hatte einmal Interesse daran bekundet, Akkordeon spielen zu lernen, daher war ich nicht allzu überrascht, als mein Mann mir ein gebrauchtes Instrument schenkte. Ich hatte noch nie gespielt, war aber fest entschlossen, es zu lernen. Mit Hilfe einer Anleitung brachte ich mir selbst das Spielen bei und war schließlich in der Lage, einfache Volkslieder zu begleiten. Meine Kinder sahen mir beim Üben zu, hörten meine Fehler und erlebten meine Ausdauer. Als mein Mann eine gebrauchte Trompete mit nach Hause brachte, beschloss Nicky (neun Jahre), dass er lernen würde, sie zu spielen, und setzte dies auch um (mit Hilfe von Unterricht nach der Schule). Sarah erhielt zu ihrem sechsten Geburtstag eine kleine Gitarre, und auch sie hatte keinen Zweifel daran, dass sie lernen könnte, sie zu spielen. Ich zeigte ihr ein paar Akkorde und sie begleitete sich bald beim Singen einfacher Lieder. Ich denke, dass das Selbstvertrauen meiner Kinder teilweise auf ihre Beobachtungen meiner Person zurückzuführen ist, als ich lernte, ein Musikinstrument zu spielen. Ich habe das Akkordeon ganz zu meinem eigenen Vergnügen geübt. Ich hatte nicht die Absicht, meinen Kindern etwas beizubringen oder ihnen ein Vorbild zu sein, das sie nachahmen sollten. (Tatsächlich fühlte ich mich manchmal schuldig, diese Zeit nicht mit ihnen verbracht zu haben!) Erst später wurde mir klar, welch positive Auswirkungen dies auf sie hatte.

Ihr Kind kann nicht nur indirekt von Ihnen zu Hause lernen, sondern Sie können es auch mit der Welt in Kontakt bringen. Die meisten Städte bieten Bildungseinrichtungen wie Zoos und Museen. Achten Sie auf die interaktiven Ausstellungen, die besonders kleine Kinder ansprechen. Vergessen Sie jedoch nicht den pädagogischen Wert anderer Aktivitäten wie den Besuch eines Bahnhofs oder Flughafens. Vielleicht können Sie die Entbindungsstation eines Krankenhauses besuchen, um die Neugeborenen zu sehen, oder ein Konzert oder ein Theater besuchen. Wie wäre es mit einem Besuch auf der Müllkippe, um zu sehen, was mit dem Müll passiert, oder einem Rundgang durch die Wasseraufbereitungsanlage? Bringen Sie Ihr Kind zu einer Bäckerei, Baustelle, Fabrik oder auf einen Bauernhof. Und vergessen Sie nicht Ihren eigenen Arbeitsplatz und den Ihrer Freunde.

Auch einfache Outdoor-Aktivitäten in der Natur können kleinen Kindern reichhaltige Lernerfahrungen bieten, z. B. Waten in einem Bach, Spazierengehen im Wald, Spielen im Sand oder Schneebälle machen. Wenn Sie die Möglichkeit haben zu reisen, bringen Sie Ihr Kind in die Berge, zu Flüssen und Seen, in Wälder, Wüsten und Städte. Lassen Sie es diese unterschiedlichen Umgebungen beobachten und erkunden.

Kleine Kinder müssen auch mit anderen Kindern interagieren, damit sie Freunde finden und soziale Fähigkeiten entwickeln können. Wenn Ihr Kind in einer Kindertagesstätte oder in der Schule ist oder Geschwister zu Hause hat, wird es diese Erfahrungen sammeln. Wenn es solche sozialen Möglichkeiten nicht hat, profitiert es von gelegentlichen Spielterminen mit anderen Kindern. Vielleicht können Sie eine Familie mit einem Kind im gleichen Alter finden und sich mit den anderen Eltern bei der Betreuung beider Kinder abwechseln. Dieses Arrangement bietet Ihrem Kind soziale Erfahrungen und gibt Ihnen gelegentlich Pausen von der Elternschaft.

Achten Sie darauf, Ihr Kind nicht zu stark zu stimulieren, wenn Sie es unterschiedlichen Erfahrungen aussetzen. Ermutigen Sie es außerdem, über seine Erfahrungen zu sprechen, Fragen zu stellen und sie spielerisch nachzustellen (wie in Kapitel 4 beschrieben). Diese Aktivitäten werden ihm helfen, die neuen Informationen besser zu verstehen und zu verarbeiten.

3.2 Sollten kleine Kinder Gewalt ausgesetzt sein?

Wir sollten alles tun, um Kinder vor Gewalt zu schützen. Dies ist leider nicht immer möglich. Gewalt ist eine Hauptursache für Stress bei Kindern, die mit häuslicher Gewalt oder in Gegenden mit hoher Kriminalitätsrate aufwachsen. Kinder in kriegsgeschüttelten Ländern erleben direkte Gewalt und sind Zeuge schrecklicher Szenen, die kein Kind jemals ertragen sollte. Massenerschießungen und Terroranschläge setzen Kinder weltweit einem furchterregenden und ungeahnten Trauma aus. Sogar Kinder, die von diesen Ereignissen nicht direkt betroffen sind, hören oft davon oder sehen sie in Fernsehnachrichten. Die Exposition gegenüber Mediengewalt durch Filme und Videospiele kann Kinder erschrecken und verwirren und zu einer Desensibilisierung gegenüber Gewalt führen. Darüber hinaus lehrt es Kinder, dass Gewalt ein akzeptabler Weg ist, um Konflikte zu lösen.

Ein weiterer Nachteil von Mediengewalt besteht darin, dass sie die Gründe für Gewalt zu stark vereinfacht. Filme und Videospiele zeigen oft bestimmte Charaktere als gut und andere als böse, und die Gewaltakte werden als notwendig dargestellt, um die bösen Charaktere zu töten, bevor sie die guten zerstören. Im wirklichen Leben ist jedoch niemand nur gut oder nur böse, und die Gründe für Gewalt sind zahlreich und komplex. Anstatt Kindern beizubringen, bestimmte Menschen als böse zu bezeichnen, müssen wir ihnen vermitteln, Empathie für alle zu zeigen und die zugrunde liegenden Ursachen für Gewalt zu erkennen. Wir können erklären, dass Menschen, die andere verletzen, sich meist machtlos fühlen und unter Kindheitserfahrungen von Missbrauch, Vernachlässigung, Demütigung oder Unterdrückung leiden.

In einer idealen Welt wären Kinder vor jeglicher Gewalt geschützt. Sie würden niemals Menschen sehen, die sich gegenseitig Schaden zufügen, weder im wirklichen Leben noch in den Medien, und sie würden nichts als Akzeptanz, Liebe, Sanftmut und Respekt kennen. Aber diese abgeschirmte Existenz kann und sollte nicht ewig dauern. Nachdem Kinder Vertrauen in die Güte der Menschheit aufgebaut und eine Grundlage für Liebe und Vertrauen geschaffen haben, können wir ihnen nach und nach von Gewalt und Krieg erzählen. Um zu verhindern, dass sie sich überfordert, verängstigt oder entmutigt fühlen, können wir diese Informationen mit Erklärungen darüber ergänzen, warum Menschen sich gegenseitig verletzen, und sie auch über Friedensbemühungen informieren, einschließlich unserer eigenen.

3.3 Wie kann ich die Fragen meines Kindes zum Tod beantworten?

Wie in Kapitel 2 erwähnt, werden Kinder im Alter von etwa drei Jahren auf den Tod aufmerksam und beginnen, Fragen zu stellen. Möglicherweise fühlen Sie sich unwohl, wenn Sie die Fragen Ihrer Kinder beantworten, und fragen sich, wie Sie dies tun sollen. Vielleicht wünschen Sie sich, dass Ihre Kinder überhaupt nichts über solche Dinge erfahren müssen. Das Wort „Tod" selbst ist in unserer Kultur fast tabu. Stattdessen sprechen wir über „den Hund einschläfern lassen" oder über die Großmutter, die „von uns gegangen" ist.

Kinder haben diese Hemmungen gegenüber dem Tod nicht und ihre Fragen spiegeln die Bereitschaft wider, etwas darüber zu lernen. Die Direktheit der Fragen Ihrer Kinder schockiert Sie vielleicht: Wann wirst du sterben? Werde ich sterben? Warum sterben Menschen? Was können Tote tun? Werden Tote von Würmern gefressen?

Obwohl ich empfehle, Kinder vor Gewalttaten (sowohl im wirklichen Leben als auch in den Medien) zu schützen, müssen wir sie nicht davor schützen, etwas über den natürlichen Tod zu lernen, der ein normaler Aspekt aller biologischen Systeme ist. Kinder brauchen genaue und konkrete Informationen über den Tod, und sie verdienen es, dass ihre Fragen so direkt und vollständig wie möglich beantwortet werden, auch wenn wir uns dabei unwohl fühlen. Das folgende Beispiel zeigt die Erfahrung einer Mutter mit den Fragen ihres Sohnes zum Tod.

> Sobald Gary im Alter von zweieinhalb Jahren sprechen und Fragen stellen konnte, begann er, Fragen zum Tod zu stellen. Er war fasziniert von toten Tieren, toten Vögeln usw. Ich wusste nicht, wie viele Informationen ich ihm geben sollte, und ich war wirklich beunruhigt und ratlos deswegen. Ich wollte nicht, dass er von all diesen Dingen weiß, und ich versuchte ihn davor zu schützen. Meine Sorge war, dass seine Faszination makaber war, also versuchte ich, das Thema zu wechseln, weil seine Fragen so spezifisch waren. Dann wurde mir klar, dass es mein Problem war, nicht seins. Danach wurde es für mich einfacher. Mir wurde klar, dass ich seine Fragen so direkt wie möglich beantworten und ihm so viele Informationen wie möglich geben musste. Ich kam zu einem Punkt, an dem ich es wirklich genießen konnte, ihm von den Maden zu erzählen, die den Körper der Vögel fressen, und auch den von Toten, und wofür Friedhöfe waren. Er wollte alle technischen Details über zerfallende Körper wissen, wie lange es dauert und so weiter. Es war eine seiner frühesten Sorgen. Er musste einfach all diese Informationen bekommen. Jetzt ist er fünf Jahre alt und stellt solche Fragen nicht mehr, weil er diese Informationen hat.

Eine gute Möglichkeit für Kinder, etwas über den Tod zu lernen, besteht darin, tote Pflanzen und Tiere zu sehen. Sie können beiläufig auf tote Insekten, Schnecken und Pflanzen hinweisen oder warten, bis Ihr Kind sie bemerkt. Kleine Haustiere wie Fische oder Mäuse bieten hervorragende Möglichkeiten, etwas über den Tod zu lernen, da sie normalerweise nicht lange leben. Wenn Sie ein Haustier begraben haben, wundern Sie sich nicht, wenn Ihr Kind den Wunsch äußert, das Tier später auszugraben und anzusehen! Auf diese Weise erhält es Informationen über Tod und Zersetzung.

Manche Kinder entwickeln falsche Vorstellungen über den Tod, und diese müssen geklärt werden. Eine verbreitete Vorstellung ist, dass es weh tut, tot zu sein. Kinder müssen wissen, dass Tote keine Schmerzen mehr haben. Ein weiteres Missverständnis betrifft Tod und Schlaf. Daher ist es wichtig, klar zwischen beiden zu unterscheiden. Anstatt Ihrem Kind zu erzählen, dass ein Hund eingeschläfert wurde, ist es besser zu sagen, dass der Tierarzt dem Hund beim Sterben geholfen hat, damit er nicht leiden muss, und zu erklären, wie es gemacht wurde. Andernfalls kann Ihr Kind Angst vor dem Einschlafen entwickeln und denken, dass es nie wieder aufwachen wird, genau wie der Hund.

Wenn ein Familienmitglied oder ein Freund gestorben ist, können Sie einfache, konkrete Informationen geben. Wenn Sie Ihrem Kind sagen, dass sein Großvater in den Himmel gekommen ist, hilft ihm dies nicht zu verstehen, was wirklich passiert ist. Es muss wissen, dass der Großvater tot ist und nichts mehr tun kann. Wenn Sie Ihre religiösen Überzeugungen mit Ihrem Kind teilen möchten, stellen Sie sicher, dass Sie dies altersgemäß tun, da kleine Kinder religiöse Ideen leicht falsch interpretieren können.

Wenn Ihr Kind fragt, ob Sie sterben werden, kann diese Frage die Angst vor dem Verlassenwerden widerspiegeln. Sie könnten folgendermaßen antworten: „Jeder stirbt irgendwann, aber ich erwarte, lange, lange Zeit nicht zu sterben.“ Wenn sich Ihr Kind offensichtlich stark mit dem Gedanken an Ihren Tod beschäftigt, wäre es hilfreich, seine Angst anzuerkennen und es wissen zu lassen, wer sich um es kümmern würde, wenn Sie sterben sollten.

3.4 Wie kann ich meinem Kind Informationen über Sexualität geben?

Kinder beginnen normalerweise im Alter von etwa drei Jahren, Fragen zu Genitalunterschieden und Fortpflanzung zu stellen. Der beste Weg, Informationen über Sexualität zu geben, besteht darin, einfach ihre Fragen zu beantworten. Aber finden Sie zuerst von Ihrem Kind heraus, wie viel es bereits weiß.

Es ist wichtig, bei der Beschreibung von Genitalien und Fortpflanzungsorganen das richtige Vokabular zu verwenden und genaue Informationen zu geben. Altersgerechte Bücher können helfen, aber vermeiden Sie es, Pflanzen und Tiere als Ersatz für die Diskussion der menschlichen Fortpflanzung zu verwenden. Kleine Kinder können Schwierigkeiten haben, das Wissen über Pflanzen und Tiere auf Menschen zu übertragen. Eine gute Möglichkeit für Kinder, etwas über Genitalunterschiede zu lernen, besteht darin, ihnen natürliche Möglichkeiten zu bieten, ihre Geschwister und ihre Eltern beim Baden oder Duschen nackt zu sehen.

Wenn Ihr Kind eine Frage stellt, vermeiden Sie es, mehr Informationen zu geben, als es benötigt. Wenn Ihre Tochter den Penis ihres kleinen Bruders bemerkt und sich fragt, was es ist, können Sie einfach sagen: „Das ist ein Penis. Alle Jungen haben Penisse.“ Es ist nicht erforderlich, eine ausführliche Erklärung über Sexualität und Fortpflanzung abzugeben, da sie derzeit möglicherweise nur an genitalen Unterschieden interessiert ist.

Sie können Ihrem Kind helfen, herauszufinden, woher Babys kommen, indem Sie Gelegenheit bieten, eine schwangere Frau zu treffen. Wenn Sie sich mit der Anwesenheit Ihres Kindes bei der Geburt eines Geschwisters wohlfühlen, kann diese Erfahrung auch eine wunderbare Lernmöglichkeit sein. Es ist nicht von Natur aus traumatisch, Zeuge einer Geburt zu werden, aber Sie müssen Ihr Kind sorgfältig auf ein solches Ereignis vorbereiten (wie in Kapitel 6 beschrieben).

Viele Eltern fragen sich, ob es für Kinder traumatisch ist, wenn sie beobachten, dass ihre Eltern Geschlechtsverkehr haben. Dies ist besonders für Eltern ein Problem, die ihre Kinder im selben Raum schlafen lassen. Die meisten Familien in westlichen Kulturen sind der Meinung, dass der Geschlechtsverkehr privat sein sollte, obwohl es Kulturen gibt, in denen die Sexualität nicht vor Kindern verborgen ist und keine erkennbaren negativen Auswirkungen hat.

Die psychoanalytische Literatur beschreibt Beispiele für Kinder, die traumatisiert sind, weil sie unbeabsichtigterweise beobachteten, wie ihre Eltern Geschlechtsverkehr hatten. Es ist jedoch wahrscheinlich, dass das Trauma nicht auf die Beobachtung der Handlung selbst zurückzuführen ist, sondern auf die *Reaktion* der Eltern auf den plötzlichen und unerwarteten Eintritt des Kindes in ihr Zimmer. Jede Wut, die auf das Kind gerichtet ist (obwohl sie aus der Sicht des Erwachsenen verständlich ist), kann zu Angst und Schuldgefühlen beim Kind führen, das diese schmerzhaften Gefühle möglicherweise mit der Sexualität selbst in Verbindung bringt.

Wenn Ihr Kind Sie beim sexuellen Kontakt sehen sollte, besteht kein Grund zur Sorge. Bemühen Sie sich, ruhig zu bleiben und seine Fragen auf einfache, altersgerechte Weise zu beantworten. Es ist nicht nötig, lange Erklärungen abzugeben. Obwohl Sie möglicherweise irritiert sind, versuchen Sie zu vermeiden, dass sich Ihr Kind schuldig fühlt, wenn es Ihr Liebesspiel unterbricht.

3.5 Wie kann ich die Auswirkungen von Sexismus und Geschlechterstereotypen minimieren?

In der Vergangenheit betrachteten viele Eltern es als ihre Aufgabe, ihre Kinder zu ermutigen, sich entsprechend ihrem biologischen Geschlecht in traditionelle männliche und weibliche Stereotype einzufügen. Der traditionelle kulturelle Glaube war, dass Jungen klüger und fähiger als Mädchen seien und dass die Hauptaufgabe von Mädchen im Leben darin bestehe, Mutter zu werden. Wie Eltern und Lehrer Kinder in der Vergangenheit behandelten, basierte oftmals letztendlich auf diesen beiden zugrunde liegenden sexistischen Annahmen. Geschlechterstereotype wie diese sind jedoch schädlich, da sie verhindern, dass Kinder ihr volles Potenzial entfalten.

Es besteht kein Zweifel, dass Jungen normalerweise anders handeln als Mädchen. Jungen sind im Allgemeinen aggressiver als Mädchen und genießen eher Spiele wie Raufen oder Spielen mit Spielzeugautos und Bausteinen. Mädchen hingegen beschäftigen sich normalerweise mehr mit Puppen- und Hausspielen, künstlerischen Aktivitäten, Anziehsachen und Tanzen. Es gibt viele Kinder, die diesen Stereotypen nicht entsprechen, aber der durchschnittliche Trend geht in diese Richtungen.

Sie fragen sich vielleicht, ob die genetischen Unterschiede zwischen Jungen und Mädchen diese geschlechtsspezifischen Verhaltensweisen bestimmen und ob Sie einen Einfluss darauf ausüben können oder nicht. Entwicklung ist immer das Ergebnis komplexer Wechselwirkungen zwischen Genen und Umwelt. Bei geschlechtsspezifischem Verhalten haben Forschungsstudien gezeigt, dass der Einfluss genetischer und hormoneller Faktoren im Vergleich zu Umweltfaktoren tatsächlich recht gering ist. Die Art und Weise, wie Sie Ihre Kinder behandeln, kann also definitiv Einfluss darauf haben, inwieweit ihr Verhalten den kulturellen Geschlechterstereotypen entspricht.

Ich empfehle einen geschlechtsneutralen Ansatz, der bedeutet, Kindern beider Geschlechter gleiche Anregungen und Chancen zu bieten, ohne Annahmen über ihre Interessen oder Fähigkeiten zu treffen. Einen guten Anfang können Sie mit der Art von Spielzeug machen, das Sie Ihrem Kind geben. Geben Sie Kindern beiderlei Geschlechts unbedingt Puppen, Spielzeuglastwagen und Sportgeräte. Wenn Ihre Tochter hauptsächlich Puppen von anderen Personen erhält, könnten Sie ihr vielleicht zum Geburtstag ein Werkzeugset schenken. Sie können auch versuchen, sich Ihrer Einstellung bewusst zu werden. Obwohl Ihr Sohn Puppen hat, neigen Sie dazu, ihn zu ignorieren, wenn er mit ihnen spielt? Ermutigen Sie Ihre Tochter, Schuhe und Kleidung zu tragen, die dem Laufen und aktiven Sport förderlich sind?

Versuchen Sie, sich der geschlechtsspezifischen Vorurteile in der Kinderliteratur und in Filmen bewusst zu werden. Viele Kinderbücher fördern Geschlechterstereotype. In traditionellen Bilderbüchern sind die Tierfiguren typischerweise alle männlich, mit Ausnahme von weiblichen Tieren, die offensichtlich Mütter sind. Die männlichen Charaktere in Büchern und Filmen haben normalerweise die meisten Abenteuer und gehen die meisten Risiken ein, während die Frauen oft passiv und häuslich sind. Sie können bewusst darauf hinarbeiten, diesen kulturellen Einflüssen entgegenzuwirken, indem Sie nach nicht-sexistischer Literatur und Filmen suchen und Ihr Kind auf Geschlechterstereotype hinweisen, wenn Sie ihnen begegnen.

Der wichtigste Faktor kann Ihr eigenes Verhalten sein, das Ihr Kind bemerken und nachahmen wird. Kinder, deren Eltern traditionelle Geschlechterrollen in der Familie haben, handeln eher geschlechtsstereotypisch. Als meine Tochter drei Jahre alt war, hatte sie diese traditionellen Geschlechterrollen in unserer Familie bereits bemerkt, wie das folgende Beispiel zeigt.

> Als Sarah drei Jahre alt war, ging einer ihrer Spielzeuglastwagen kaputt. Sie zeigte ihn mir und sagte: „Papa wird ihn reparieren." Ich war beleidigt, weil sie nicht einmal daran gedacht hatte, dass ich ihn vielleicht reparieren könnte. Dann wurde mir klar, dass ich die Reparaturen in der Regel meinem Mann überließ, obwohl ich absolut in der Lage war zu lernen, Dinge selbst zu reparieren. Also nahm ich den Lastwagen meiner Tochter und reparierte ihn!

Geschlechtsneutrale Erziehung ist schwer umzusetzen, weil Geschlechterstereotypen in unserer Kultur so tief verwurzelt sind. Möglicherweise haben Sie das Verhalten Ihres Kindes seit seiner Geburt so geformt, wie Sie es nicht möchten, ohne es überhaupt zu bemerken. Studien haben gezeigt, dass sowohl Mütter als auch Väter ihre Söhne vom Tag der Geburt an anders behandeln als ihre Töchter. Zum Beispiel verbringen Eltern normalerweise mehr Zeit damit, mit ihren neugeborenen Töchtern als mit ihren Söhnen zu sprechen, und sie behandeln ihre Söhne gröber als ihre Töchter. Sie kaufen auch mehr Puppen und Haushaltsspielzeug für ihre Töchter und mehr Spielzeugautos und Sportausrüstung für ihre Söhne. Mädchen werden ermutigt, in der Nähe ihrer Mütter zu bleiben und hübsch und sauber zu sein. Eltern erwarten auch, dass ihre Töchter ängstlicher sind als ihre Söhne. Von Jungen hingegen wird erwartet, dass sie unabhängig und robust sind und Emotionen (wie Angst und Traurigkeit) für sich behalten. Sie werden auch häufiger als Mädchen verprügelt und stärker vom Weinen abgehalten. Wenn Kinder eine Therapie benötigen, ist es nicht verwunderlich, dass Jungen normalerweise wegen Problemen mit Wut und Aggression überwiesen werden, während Mädchen eher unter Ängsten, Schüchternheit und mangelndem Selbstvertrauen leiden.

Jungen und Mädchen, die diesen kulturellen Normen ausgesetzt sind, lernen schnell, welche Spielzeuge für das jeweilige Geschlecht kulturell akzeptabel sind und welche Kleidung, Werkzeuge und Aktivitäten zu Männern oder Frauen passen. Kinder werden bereits im Alter von zwei Jahren auf diese Geschlechterstereotype aufmerksam. Ihre persönliche Geschlechtsidentität bildet sich im Alter von zwei bis drei Jahren heraus, aber sie erkennen die Geschlechtskonstanz erst mit sechs oder sieben Jahren an. Als mein Sohn drei Jahre alt war, fragte er: „War ich als Baby ein Junge oder ein Mädchen?“ Interessanterweise haben Studien gezeigt, dass das Geschlechterbewusstsein und die Geschlechtsidentität bei Kindern, deren Eltern eine geschlechtsneutrale Haltung und Herangehensweise haben, später auftreten.

Viele Eltern fühlen sich unwohl, wenn das Verhalten ihres Kindes zu stark von den kulturellen Stereotypen abweicht. Studien haben gezeigt, dass Eltern diese Abweichungen bei Mädchen im Allgemeinen toleranter sehen als bei Jungen. Hochsensible Jungen und solche mit älteren Schwestern weichen eher von der kulturellen Norm ab. Wenn Ihr Sohn Puppen mag oder wenig Interesse an Spielzeugautos, Raufen oder Ballspielen zeigt, müssen Sie möglicherweise Ihre Fantasien aufgeben, einen Sohn zu haben, der sich im Sport auszeichnet. Versuchen Sie, die Kommentare anderer zu ignorieren, und lassen Sie Ihren Sohn wissen, dass es für Jungen in Ordnung ist, an typisch weiblichen Aktivitäten wie Tanzen und Puppenspielen Gefallen zu finden.

Mehrere Klienten haben mich gefragt, ob ein geschlechtsneutraler Ansatz in der Erziehung die sexuelle Orientierung ihres Kindes beeinflusst. Es gibt keine Hinweise darauf, dass dies der Fall ist. Tatsächlich kann nichts, was Eltern tun, die sexuelle Orientierung eines Kindes beeinflussen, die bei der Geburt festgelegt zu sein scheint. Kinder müssen wissen, dass ihre Eltern sie lieben und akzeptieren, egal wie geschlechtsspezifisch ihr Verhalten ist und welche sexuelle Orientierung sich bei ihnen herausstellt.

Wenn Sie ein Kind des anderen Geschlechts bevorzugt hätten, könnten Sie subtilen Druck auf es ausüben, auf eine bestimmte Weise zu handeln. Ich ermutige Sie, die zugrunde liegenden Ursachen zu untersuchen, warum das Geschlecht Ihres Kindes für Sie so wichtig ist. Ihr Kind wird davon profitieren, wenn Sie sein Geschlecht und seine Interessen ohne Vorbehalte akzeptieren können.

Zusammenfassend bedeutet geschlechtsneutrale Erziehung, dass wir Kindern beiderlei Geschlechts gleiche Chancen bieten und jedes Kind als ein einzigartiges Individuum behandeln. Dieser Ansatz ist der beste Weg, um allen Kindern zu helfen, ihr volles Potenzial auszuschöpfen, ungehindert von Geschlechterstereotypen und Einschränkungen.

3.6 Was kann ich zu Hause tun, um meinem Kind zu helfen, gut zu lernen?

Es besteht kein Zweifel, dass der schulische Erfolg zu Hause beginnt. Untersuchungen haben gezeigt, dass Eltern einen erheblichen Einfluss auf die intellektuelle Entwicklung ihrer Kinder haben und dass die häusliche Umgebung eine entscheidende Rolle dabei spielt, Kindern zu helfen, ihr höchstes Potenzial zu erreichen. Zu diesem Effekt tragen mehrere Faktoren bei.

Die Wärme und das Einfühlungsvermögen der Eltern kann die intellektuelle Kompetenz der Kinder erhöhen. Es ist nicht überraschend, warum dies so ist. Kinder, die sich sicher und geliebt fühlen, müssen ihre Aufmerksamkeit und Energie nicht darauf konzentrieren, ihre emotionalen Grundbedürfnisse zu befriedigen. Sie können ihre Umgebung erkunden und ihre Aufmerksamkeit mehr auf das Denken und Lernen richten.

Viele Menschen glauben, dass Loben ein guter Weg sei, um Kinder zu ermutigen, zu lernen und ein gutes Gefühl bezüglich ihrer Leistungen zu haben. Eltern und Lehrer verwenden häufig Ausdrücke wie „gute Arbeit“, „das ist ein schönes Bild“ oder „du bist ein großartiger Schwimmer“. Überraschenderweise ist diese Art von Lob jedoch möglicherweise nicht der beste Weg, um die Motivation, Leistung oder das Selbstwertgefühl eines Kindes zu steigern. Studien haben gezeigt, dass auf Werturteilen aufbauendes Lob Kinder nicht unbedingt zum Lernen motiviert. Tatsächlich kann dies die Eigenmotivation von Kindern untergraben. Kinder werden mit dem Wunsch und der Fähigkeit zu lernen geboren und sind ganz von selbst stolz auf ihren Fortschritt. Es ist ihnen egal, ob ihre Leistungen „gut“ sind oder nicht, bis wir anfangen, sie zu loben oder zu belohnen. Wenn wir Kinder für ihre Leistungen loben oder belohnen, können sie auf externe Zustimmung angewiesen sein und den Kontakt zu ihrem inneren Lernwillen und ihrem natürlichen Stolz auf ihre Fähigkeiten verlieren.

Ein weiteres Problem ist, dass auf Werturteilen gründendes Lob zu Angst, Unsicherheit und geringem Selbstwertgefühl führen kann. Diese Tatsache mag zunächst überraschend erscheinen, ist aber eigentlich ziemlich logisch. Wenn wir einem Kind sagen, „du bist echt schlau", wenn es ein mathematisches Problem richtig löst, kann es sich beim nächsten Fehler dumm fühlen. Tatsächlich kann es beim Rechnen ängstlich oder unsicher werden, weil es befürchtet, unsere Erwartungen an seine Intelligenz nicht zu erfüllen.

Anstatt Werturteile über die Leistung oder Fähigkeit Ihres Kindes zu fällen („das war sehr gut"), kann es hilfreicher sein, wenn Sie andere Arten der Ermutigung geben. Wenn Ihr Kind beispielsweise ein Puzzle erfolgreich gelöst hat, spiegeln Sie seinen Stolz wider und sagen Sie begeistert: „Du hast es geschafft!" oder „Wow! Das ist das schwierigste Rätsel, das du jemals gemacht hast." Wenn Ihr Kind Ihnen eine Zeichnung zeigt, bitten Sie es, Ihnen davon zu erzählen. Sie können auch die verschiedenen Farben kommentieren, die es verwendet hat, oder beschreiben, wie Sie sich dabei fühlen. Kinder profitieren davon, dass ihre Leistungen anerkannt, aber nicht beurteilt werden.

Elterliche Disziplinierungstechniken haben einen großen Einfluss auf die intellektuelle Entwicklung der Kinder. Eine strenge autoritäre Disziplin kann die Denk- und Lernfähigkeit von Kindern beeinträchtigen. Umgekehrt wird die Denkfähigkeit von Kindern verbessert, wenn Eltern die Anwendung von Bestrafung vermeiden, Erklärungen für Einschränkungen anbieten und Kinder auffordern, bei der Lösung von Konflikten mitzuhelfen. Das Vorhandensein anregender Materialien und Aktivitäten im Haushalt ist ein weiterer wichtiger Faktor. Kinder, die aus einer stimulierenden häuslichen Umgebung stammen, erzielen bei Tests der geistigen Fähigkeiten eine höhere Punktzahl als Kinder, deren Zuhause keine Stimulation aufweist. Zum Beispiel korreliert die Anzahl der Bücher in der Wohnung mit späteren schulischen Leistungen. (Weitere Tipps zum Lesenlernen finden Sie im nächsten Abschnitt.) Stellen Sie Ihrem Kind Spiele und Spielzeug zur Verfügung, die es zum Fantasieren,

Bauen, Gestalten und Denken anregen. Musik und Unterhaltung sind ebenfalls wichtig. Ermutigen Sie Ihr Kind, zu sprechen, Fragen zu stellen und nachzudenken.

Wenn Ihr Kind eine „Warum"-Frage stellt, versuchen Sie herauszufinden, was es denkt, bevor Sie eine Antwort geben. Ermutigen Sie es, über hypothetische Situationen nachzudenken, beispielsweise darüber, was passieren würde, wenn es nie wieder regnen würde.

Ihre Erwartungen können die Kompetenz Ihres Kindes beeinflussen. Sind sie zu hoch, kann es sich wie ein Versager fühlen, wenn es sie nicht erfüllen kann. Versuchen Sie also, altersgerechte Erwartungen zu haben und Situationen herzustellen, die eher maximalen Erfolg als Misserfolg ermöglichen. Wenn Ihr Kind mit einem offensichtlich zu schwierigen Puzzle zu kämpfen hat, können Sie ihm ein einfacheres anbieten. Umgekehrt sollten Sie keine zu niedrigen Erwartungen haben. Wenn Sie Ihrem Kind noch monatelang beim Anziehen helfen, nachdem es sich bereits selbst anziehen kann, fühlt es sich womöglich inkompetent.

Selbst mit realistischen Erwartungen wird Ihr Kind dennoch gelegentlich frustriert sein. Sie können die Kompetenz und das Selbstvertrauen Ihres Kindes verbessern, indem Sie ihm helfen, mit diesen unvermeidlichen Frustrationen umzugehen, die ein wesentlicher Bestandteil des Lernprozesses sind. Wenn es frustriert ist, während es darum kämpft, etwas zu erreichen, zeigen Sie Empathie und ermutigen Sie es, seine Gefühle auszudrücken. Möglicherweise muss es Frustrationen durch Weinen oder Wut ablassen (wie in Kapitel 1 beschrieben). Akkumulierte, unausgesprochene Frustrationen können Kindern das Denken erschweren und ihr Selbstvertrauen verringern.

Im folgenden Beispiel berichtete mir eine Mutter, wie das Weinen ihrem Kind half, eine frustrierende Lernsituation zu meistern.

> Meine sechseinhalbjährige Tochter hatte Schwierigkeiten, zwei Klavierstücke auswendig zu spielen und sie auseinander zu halten. Schließlich fing sie einfach an zu weinen und sagte, sie könne es nicht. Ich ließ sie weinen, während ich sie in meinen Armen hielt (vielleicht fünf Minuten lang), und wir sprachen kaum miteinander. Nachdem sie geweint hatte, wollte sie es noch einmal versuchen, und sie konnte sich an die beiden Stücke erinnern und sie auseinanderhalten! Sie hatte von diesem Zeitpunkt an nie mehr ein Problem damit.

Das folgende Beispiel beschreibt die Abneigung eines dreijährigen Jungen, sich anzuziehen, möglicherweise weil seine Eltern ihm immer geholfen hatten. Sein Vater beschrieb mir, wie er seinem Sohn bei der Überwindung seiner Gefühle der Inkompetenz half, indem er den Jungen ermutigte, sich selbst anzuziehen, und indem er seine Gefühle akzeptierte.

> Er behauptete, er könne sein T-Shirt nicht allein anziehen und fing an zu weinen. Ich bemerkte, dass er das Shirt über den Kopf hielt, ohne wirklich zu versuchen, es anzuziehen. Ich war mir sicher, dass er es alleine schaffen konnte, also verzichtete ich darauf, ihm zu helfen, ermutigte ihn aber, es zu versuchen. Er weinte ungefähr 15 Minuten lang und zog dann leicht sein Shirt an! Er war sehr stolz auf sich selbst und zog es erfreut immer wieder an und aus, um seine neuen Fähigkeiten zu demonstrieren und zu üben.

Wenn Ihr Kind älter wird und auf strukturierte Lernsituationen in der Schule sowie auf Hausaufgaben stößt, wird es neue Quellen der Frustration und Entmutigung erfahren. Sie können es weiterhin unterstützen, indem Sie mit Empathie auf seine Gefühle hören.

Faktoren, die Kindern helfen, kompetente Lernende zu werden

- Wärme und Einfühlungsvermögen der Eltern
- Ermutigung statt Lob oder Belohnung
- Nichtstrafende Disziplin
- Stimulierende Umgebung
- Altersgerechte Erwartungen
- Akzeptanz des Weinens, wenn Frustrationen auftreten

3.7 Wie kann ich meinem Kind helfen, lesen zu lernen?

Die meisten Kinder lernen mühelos und ohne Anleitung zu sprechen. Alles, was wir tun müssen, ist mit ihnen zu sprechen, und sie finden selbst heraus, wie man Wörter ausspricht und sie zu grammatikalisch korrekten Sätzen kombiniert, um zu kommunizieren. Lesen lernen erfordert jedoch mehr Aufwand und manchmal gezielteren Unterricht. Denken Sie daran, dass unsere Spezies das Lesen und Schreiben erst vor relativ kurzer Zeit erfunden hat, lange nachdem sich die gesprochene Sprache entwickelt hat. Daher ist die Fähigkeit zum Lesen wahrscheinlich nicht auf die gleiche Weise im Gehirn von Kindern programmiert wie die zum Sprechen.

Studien haben gezeigt, dass Eltern eine wichtige Rolle dabei spielen können, Kindern beim Lesenlernen zu helfen. Zusätzlich zu den Vorschlägen im vorhergehenden Abschnitt ist eines der wichtigsten Dinge, die Sie tun können, Ihrem Kind vorzulesen. Je mehr Sie ihm vorlesen, desto mehr lernt es, Bücher zu genießen und sich der Verbindung zwischen gedruckten Wörtern und ihrer Bedeutung bewusst zu werden. Das Vorlesen hilft auch dabei, seinen Wortschatz, seine Vorstellungskraft und sein Gedächtnis zu entwickeln, während die Nähe und der gemeinsame Genuss von Büchern Ihre Verbindung zu ihm stärken.

Die meisten Kinder mögen Bücher über vertraute Themen. Wenn Sie Ihr Kind auf eine Bootsfahrt mitnehmen, wird es wahrscheinlich Bücher über Boote mögen. Wählen Sie nach einem Zoobesuch Geschichten über Tiere aus. Beachten Sie, dass manche Geschichten oder Illustrationen in Kinderbüchern ein hochsensibles oder sehr kleines Kind erschrecken können. Einige der traditionellen Märchen können besonders furchterregend sein. Vielleicht sollten Sie diese Bücher aufbewahren, bis Ihr Kind ein oder zwei Jahre älter ist.

Sie können Bücher verwenden, um den Horizont Ihres Kindes zu erweitern, und Sie müssen Ihre Auswahl nicht auf Geschichtenbücher beschränken. Suchen Sie nach Büchern über Kunst, Wissenschaft, Witze, Biografien, Geschichte und nach Sachbüchern, die das Interesse Ihres Kindes wecken könnten. Wenn Sie und Ihr Kind gerne gemeinsam die Welt der Bücher erkunden, möchte es natürlich lesen lernen.

Sie können Ihrem Kind dabei helfen, andere Verwendungszwecke für die schriftliche Sprache zu erkennen, z. B. Kochrezepte, Kataloge, Spiele, Laden- und Verkehrszeichen, das Internet und persönliche Kommunikation (Briefe, Postkarten, E-Mails und SMS). Einige Eltern bringen schriftliche Etiketten auf Schubladen und Spielzeugbehältern an, um die Worterkennungsfähigkeiten ihrer Kinder zu fördern. Lassen Sie Ihr Kind zuschauen, wie Sie sich selbst vorlesen. Es wird Sie natürlich nachahmen wollen.

Das Singen von Liedern und das Spielen von Wortspielen können ebenfalls die Lesefähigkeit von Kindern verbessern. Wenn das Kind mit Reimwörtern in Liedern, Gedichten und Geschichten konfrontiert wird, lernt es, Sprachlaute (phonologisches Bewusstsein) zu identifizieren, was eine wichtige Vorstufe zum Lesen ist. Alliterationsspiele können bei dieser Fähigkeit ebenfalls hilfreich sein, z. B. das Erstellen von Sätzen, in denen die meisten Wörter mit demselben Laut beginnen („Fischers Fritze fischt frische Fische"). Ein weiteres Alliterationsspiel besteht darin, alle sichtbaren Objekte zu benennen, die mit demselben Laut beginnen. Bitten Sie Ihr Kind beispielsweise während des Badens, Gegenstände im Badezimmer zu finden, die mit dem Buchstaben W beginnen (Wasser, Wanne, Waschbecken, Wasserhahn, Waage, Waschlappen). Vermeiden Sie es, diese Aktivitäten in strukturierte Unterrichtssituationen umzuwandeln. Kinder lernen am besten spielerisch, daher sollte das Ziel aller Aktivitäten, die auf das Lesenlernen vorbereiten, darin bestehen, Spaß zu haben.

Mit diesem Ausmaß an Kontakt mit geschriebener Sprache und Sprachlauten lernen einige Kinder das Lesen ohne Anleitung. Sie beginnen normalerweise damit, Verkehrszeichen oder einfache Geschichtenbücher zu lesen, die sie auswendig können. Wenn Ihr Kind zum ersten Mal versucht zu lesen, helfen Sie ihm, wenn es Sie um Hilfe bittet, aber drängen Sie es nicht dazu.

Die meisten Kinder lernen das Lesen jedoch nicht so leicht von allein und benötigen mehr Hilfe. Wenn Ihr Kind Schwierigkeiten beim Lesenlernen hat, wird bei ihm möglicherweise Legasthenie diagnostiziert. Dieser Begriff gilt auch für Kinder, die die Lesemechanismen beherrschen, aber Schwierigkeiten haben, die Bedeutung zu erfassen. Manchmal brauchen späte Leser einfach mehr Zeit, um die notwendigen kognitiven Fähigkeiten zu entwickeln, und diese Kinder können problemlos lesen, wenn sie älter sind. Wenn Legasthenie in Familien gehäuft auftritt, scheint der erbliche neurologische Faktor mit Schwierigkeiten bei der schnellen auditorischen Verarbeitung und dem phonologischen Bewusstsein in Zusammenhang zu stehen.

Manchmal rührt das Problem von einem Lernstil her, der mit dem traditionellen Unterricht nicht vereinbar ist. Kinder, die nicht mit den herkömmlichen Unterrichtsmethoden lernen, können von Interventionsprogrammen profitieren, die auf ihrem jeweiligen Lernstil basieren. Ein Kind mit starken visuellen/räumlichen Fähigkeiten kann mithilfe von Bildern und Visualisierungen lesen lernen, während ein Kind, das am besten durch Berührung oder Bewegung lernt, davon profitieren kann, Sandpapierbuchstaben mit dem Finger nachzufahren.

Die folgenden Symptome können darauf hinweisen, dass Ihr Kind in der Schule Probleme hat: Kopfschmerzen, nervöse Tics, Angstzustände, störendes Verhalten, Aggressivität, Sturheit und mehr Wutanfälle als gewöhnlich. Es sagt womöglich, dass es die Schule oder seinen Lehrer nicht mag. Idealerweise sollten Lehrer wissen, wie sie die Bedürfnisse aller Kinder erfüllen können, aber einigen Schulen fehlen die Ressourcen, um Kindern zu helfen, die besondere Aufmerksamkeit benötigen. Wenn Ihr Kind in der Schule Probleme hat und nicht die Unterstützung erhält, die es benötigt, suchen Sie nach einem Privatlehrer oder einer Methode, die Sie zu Hause anwenden können. Versuchen Sie zu verhindern, dass es sich dumm fühlt. Seine Leseschwierigkeiten haben wahrscheinlich nichts mit seiner Intelligenz zu tun. Tatsächlich hatten viele berühmte und erfolgreiche Menschen Probleme, das Lesen zu lernen. Mit angemessener Intervention und Unterstützung können die meisten Kinder fließend lesen lernen.

3.8 Welche Art von Schule ist am besten für kleine Kinder?

Bei der Auswahl einer Schule für Ihr Kind sind verschiedene Lernprinzipien zu beachten. Der Lernstil von Kindern unter acht Jahren unterscheidet sich erheblich von älteren Kindern und Erwachsenen. Zuallererst lernen kleine Kinder am besten, wenn die Lernaktivitäten aus ihrer eigenen Neugier und ihren eigenen Interessen entstehen. Sie benötigen auch praktische Erfahrungen mit konkreten Materialien, bevor sie abstrakteres Wissen erwerben können. Konzeptbildung entsteht auf natürlichem Weg aus konkreten Erfahrungen. Dies gilt insbesondere für logische, mathematische und wissenschaftliche Konzepte. Darüber hinaus ist das Spielen in den ersten acht bis zehn Jahren die primäre Lernmethode. Zu guter Letzt ist eine angemessene Stimulation wichtig.

Die beste Art von Schule für kleine Kinder ist eine, in der Kinder durch selbstinitiierte, spielerische Aktivitäten in einem anregenden Umfeld lernen können. Kleine Kinder sind noch nicht reif für formellen, strukturierten Unterricht oder für lange Sitzphasen. Versuche, ihnen dies aufzuzwingen, können zu Groll, Frustration, Langeweile, Motivationsverlust oder Inkompetenzgefühlen führen. Hausaufgaben sind nicht notwendig. Tatsächlich haben Studien gezeigt, dass Hausaufgaben für Kinder unter zehn Jahren keinen Bildungsnutzen haben.

Anstatt zu versuchen, Kinder mit Wissen zu füllen, bieten gute Lehrer ein anregendes Umfeld und ermutigen Kinder, Fragen zu stellen, und geben ihnen eine sanfte Anleitung, damit sie durch Entdeckung lernen können. Dieser Ansatz wird als geführtes Spiel oder geführtes entdeckendes Lernen bezeichnet. Die Lehrer überwachen den Fortschritt der Kinder anhand von Beobachtungen und führen keine Tests durch. Direkter, bewusster Unterricht ist angebracht, wenn Lehrer Sicherheitsanweisungen übermitteln müssen (z. B. was im Brandfall zu tun ist). Ansonsten ist es am besten, wenn die Lehrer eher als Vermittelnde und Anleitende statt als Unterweisende fungieren.

Ein weiteres Problem des strukturierten Unterrichts besteht darin, dass Wissen normalerweise in Einheiten aufgeteilt wird, die für junge Kinder bedeutungslos sind. In traditionellen Schulen unterrichten die Lehrer in der Regel Lesen, Schreiben und Rechnen als isolierte Themen ohne Bezug zu den Interessen der Kinder oder der realen Welt. Kinder lernen effektiver, wenn sie diese grundlegenden schulischen Fähigkeiten im Rahmen sinnvoller, realer Projekte erwerben können.

Mit sieben oder acht Jahren sind Kinder reif genug, um sich Kenntnisse und Fähigkeiten auf strukturiertere und systematischere Weise anzueignen, mit Hilfe von gezielter Unterrichtung, respektvollem Feedback und regelmäßiger Praxis. Tatsächlich streben Kinder in der mittleren Kindheit danach, Fähigkeiten zu beherrschen, und verfolgen gerne ihre Fortschritte, egal ob es sich um die Beherrschung des Einmaleins, des Klavierspiels, oder einer Sportart handelt.

Die meisten Schulen für Kleinkinder bis fünf Jahre enthalten diese Grundprinzipien. Leider denken viele Pädagogen, dass ein praktischer, spielerischer Ansatz für Kinder über fünf oder sechs Jahren nicht mehr erforderlich sei. Das ist auch das Alter, in dem in vielen Ländern das öffentliche Schulwesen beginnt. Die Philosophie typischer öffentlicher Schulen ist, dass Kindern über fünf oder sechs Jahren gesagt werden muss, was und wie sie lernen sollen. Spielperioden werden nicht mehr als wesentlich für den Lernprozess angesehen und oft auf kurze Pausen reduziert. Diese Erzieher betrachten Kinder als leere, passive Gefäße, die mit Wissen gefüllt werden sollen.

Basierend auf den neuesten Untersuchungen darüber, wie Kinder lernen, hat die US-amerikanische *National Association for the Education of Young Children* Richtlinien für die Art der Schulbildung veröffentlicht, die für Kinder bis zu acht Jahren am vorteilhaftesten wäre. Sie empfehlen, ein integriertes Curriculum mit Projekten und Lernzentren aufzustellen, die die Interessen der Kinder widerspiegeln, und Kinder im Rahmen dieser Aktivitäten mit dem Lesen, Schreiben und Rechnen in Berührung zu bringen (und nicht als isolierte Fächer). Dieser Ansatz wird als projektbasiertes Lernen bezeichnet. Kunst, Musik, Bewegung, Holzbearbeitung, Tanz und Theater werden als wichtige Bestandteile des Lehrplans angesehen. Kinder sollten sich in diesen Medien frei ausdrücken dürfen, anstatt bestimmten Anweisungen zu folgen.

Sie empfehlen auch viele Möglichkeiten zum Spielen, zur sozialen Interaktion, zu praktischen Aktivitäten und zum entdeckenden Lernen. In einer idealen Schule finden Lehrer Wege, Grenzen zu setzen und die Zusammenarbeit zu fördern, ohne Belohnungen oder Strafen anzuwenden. Die Beurteilung des Lernens und Arbeitens von Kindern anhand von Noten wird als unangemessen angesehen. In den Leitlinien wird auch betont, wie wichtig es ist, den individuellen Lernstil und die Lerngeschwindigkeit jedes Kindes zu berücksichtigen.

Einige öffentliche Schulen integrieren diese Richtlinien in Klassen für Kinder bis zu acht Jahren, viele jedoch nicht. Immer mehr Eltern in den USA und anderen Ländern haben beschlossen, ihre Kinder zu Hause zu unterrichten, anstatt sie zur Schule zu schicken. Diese Eltern, die mit den Bildungspraktiken öffentlicher Schulen nicht zufrieden sind, bieten ihren Kindern zu Hause bereichernde Erfahrungen. Homeschooling ist in vielen Regionen legal, und es gibt Hinweise darauf, dass eine anregende häusliche Umgebung, die auf die Bedürfnisse von

Kindern eingeht, hochqualifizierte und kompetente Kinder hervorbringen kann.

3.9 Welche Auswirkungen haben bildschirmbasierte Aktivitäten auf kleine Kinder?

In der Vergangenheit war das einzige Bildschirmgerät in den meisten Haushalten ein Fernseher. Jetzt haben wir Zugriff auf eine Vielzahl elektronischer Geräte und bildschirmbasierter Aktivitäten. Einige bieten Unterhaltung, während andere als pädagogisch wertvoll vermarktet werden.

Basierend auf dem, was wir über das Lernen kleiner Kinder wissen, empfehle ich, alle bildschirmbasierten Aktivitäten für Kinder unter sieben oder acht Jahren zu Unterhaltungs- und Bildungszwecken zu vermeiden. Wie bereits in diesem Kapitel erwähnt, lernen kleine Kinder am besten durch Bewegung, praktische Erfahrungen mit konkreten Objekten und direkte Interaktionen mit anderen Menschen. Bildschirmbasierte Aktivitäten in der frühen Kindheit reduzieren die Zeit, die Kinder für entwicklungsgerechtere Aktivitäten wie Laufen, Springen, Klettern, Bauen, Zeichnen, Sprechen, Fragenstellen, Nachahmen, Spielen mit anderen und Fantasie-Spiele aufwenden. Ihr Kind könnte sogar mehr von einem Streit mit einem Geschwisterkind profitieren als von einer bildschirmbasierten Aktivität, egal wie lehrreich sie sein soll!

Anstatt Ihrem Kind eine elektronische Lernaktivität für Mathematik anzubieten, bitten Sie es, das Geld zu zählen, das für einen Einkauf benötigt wird. Geben Sie Ihrem Kind als bessere Alternative zu einem Computermalprogramm echte Stifte und Papier. Statt elektronischer Spiele, die den Wortschatz Ihres Kindes verbessern sollen, sollten Sie mehr Zeit damit verbringen, mit ihm zu sprechen und ihm vorzulesen. Unterschätzen Sie nicht Ihre Wichtigkeit. Möglicherweise haben Sie das Gefühl, dass Sie im Vergleich zu den hoch entwickelten elektronischen Aktivitäten wenig zu bieten haben. Ein einfaches Kochprojekt mit Ihrem Kind bietet ihm jedoch eine viel umfassendere Bildungserfahrung als jedes elektronische Spiel, das Sie kaufen können. Nach dem achten

Lebensjahr profitiert Ihr Kind mehr von den Bildungsaktivitäten in elektronischer Form.

Niemand kennt die lebenslangen Auswirkungen bildschirmbasierter Aktivitäten, die früh im Leben beginnen. Wir wissen, dass neuronale Bahnen und Verbindungen im Gehirn je nach Verwendungsweise erzeugt und verstärkt werden. Frühzeitige Erfahrungen verändern die spätere Funktionsweise des Gehirns. Kinder, die früh im Leben viele bildschirmbasierte Aktivitäten ausführen, haben als Erwachsene ein Gehirn, das anders funktioniert als das von Menschen, die diese frühen Erfahrungen nicht gemacht haben.

Forschungsstudien haben einige mögliche Nachteile der Bildschirmnutzung von Kindern aufgezeigt. Je mehr Zeit Kinder für bildschirmbasierte Aktivitäten aufwenden, desto geringer sind ihre Aufmerksamkeitsspanne und ihre schulische Leistung. Es gibt auch Hinweise darauf, dass das tägliche und längere Spielen von Videospielen über einen Zeitraum von drei Jahren während der mittleren Kindheit und Jugend das Gehirn von Kindern auf eine Weise verändern kann, die sich negativ auf einige kognitive Fähigkeiten auswirkt, insbesondere auf verbale Fähigkeiten.

Ein weiterer Nachteil ist, dass viele Filme und Videospiele Gewalt enthalten. Forscher wissen seit Jahrzehnten, dass das Betrachten eines gewalttätigen Films das aggressive Verhalten von Kindern verstärken kann. Videospiele haben einen ähnlichen Effekt. Studien haben gezeigt, dass die Exposition gegenüber gewalttätigen Videospielen zu aggressiverem Verhalten, stärkerer Desensibilisierung gegenüber Gewalt und weniger Empathie für andere führt. Anstatt Kinder mit einem Fingerdruck oder einem verbalen Befehl gewalttätige Szenen produzieren zu lassen, müssen wir ihnen helfen, ihre natürliche Empörung und Abneigung beim Anblick von Gewalt aufrechtzuerhalten.

Die einzigen Vorteile von bildschirmbasierten Aktivitäten scheinen eine leichte Verbesserung mancher visuell-räumlicher Fähigkeiten beim Spielen von Videospielen sowie einige Vorteile beim Anschauen von Bildungsshows oder -videos (jedoch nicht von Unterhaltungsshows oder -videos) zu sein, insbesondere bei Familien mit niedrigem Einkommen. Abgesehen von diesen Ergebnissen gibt es jedoch keine Hinweise darauf, dass bildschirmbasierte Aktivitäten für Kinder unter acht Jahren einen pädagogischen Wert haben.

Mir ist klar, dass meine Empfehlung für viele Eltern unrealistisch sein wird. Sie könnten versucht sein, Ihr Kind mit elektronischen Geräten zu beschäftigen, um ungestört Zeit für sich zu haben. Sie müssen sich nicht schuldig fühlen, wenn Sie dies getan haben. Wenn Ihr Kind jedoch zu stark von diesen Geräten abhängig wird, kann seine Entwicklung darunter leiden. Sie könnten davon profitieren, nach anderen Wegen zu suchen, um Ihre eigenen Bedürfnisse zu erfüllen und Zeit für sich selbst zu haben. Wäre Ihr Kind mit Knete eine halbe Stunde lang glücklich beschäftigt? Können Sie sich mit einem Nachbarn in der Kinderbetreuung abwechseln?

Ab einem Alter von fünf oder sechs Jahren verspürt Ihr Kind möglicherweise den Druck von Freunden, Videospiele zu spielen oder bestimmte Shows anzusehen. Dieser soziale Druck tritt eher bei Jungen als bei Mädchen auf und kann dazu führen, dass sich Ihr Kind ausgeschlossen fühlt. Er und seine Freunde verstehen möglicherweise nicht, warum Sie elektronische Geräte nicht zulassen. Ein strenges Verbot aller Bildschirmaktivitäten ist in diesem Fall möglicherweise nicht die beste Lösung. Wenn Sie der Meinung sind, dass Ihr Kind durch eine gewisse Bildschirmzeit sozial profitieren würde, sollten Sie auch viele aktive Spielzeiten abseits vom Bildschirm sowie interaktive und kreative Projekte fördern. Wenn die Schule Ihres Kindes elektronische Lerngeräte verwendet, haben Sie keine Kontrolle über diese Exposition, aber Sie können sich bemühen, zu Hause ein Gegengewicht mit aktiven Spielzeiten herzustellen, wie oben beschrieben.

Möglicherweise ist es hilfreich, sich Ihrer eigenen Bildschirmnutzung bewusst zu werden. Wenn Sie selbst alle paar Minuten ein elektronisches Gerät in die Hand nehmen, um Ihren Freunden eine Nachricht zu senden, Ihre E-Mails zu lesen, soziale Medien zu durchsuchen, Spiele zu spielen oder Videos anzusehen, denken Ihre Kinder natürlich, dass die Verwendung des Bildschirms eine akzeptable Möglichkeit sei, Zeit zu verbringen. Besprechen Sie mit Ihrem Kind die Bildschirmnutzung und legen Sie möglicherweise einen oder zwei Tage in der Woche fest, an denen für niemanden in der Familie Bildschirmzeit zur Verfügung steht (mit Ausnahme der notwendigen Kommunikation). Sie können spezielle Familienaktivitäten für diese Tage ohne Bildschirm planen.

Übungen Kapitel 3

Erforschen Sie Ihre Kindheit

» Wurden Sie dazu gedrängt, sich schulisch oder musikalisch hervorzuheben? Wie haben Sie sich dabei gefühlt?

» Haben Ihre Eltern Ihnen interessante Lernerfahrungen geboten? Was haben sie getan, das hilfreich oder nicht hilfreich war?

» Beschreiben Sie eine oder zwei der angenehmsten Lernerfahrungen, die Sie als Kind gemacht haben (in oder außerhalb der Schule).

Bringen Sie die Gefühle zum Ausdruck, die Ihr Kind bei Ihnen auslöst

» Erforschen Sie Ihre Gefühle über die aktuellen intellektuellen Fähigkeiten oder schulischen Leistungen Ihres Kindes.

» Fühlen Sie sich versucht, Ihr Kind schulisch oder musikalisch voranzutreiben? Haben Sie eine Vorliebe für die zukünftige Karriere Ihres Kindes? Wie würden Sie sich fühlen, wenn Ihr Kind einen völlig anderen Karriereweg einschlägt, als Sie im Kopf haben?

» Erforschen Sie Ihre Gefühle über den Einfluss von Geschlechterstereotypen auf Ihr Kind. Entspricht das Verhalten Ihres Kindes kulturellen Geschlechterstereotypen oder weicht es von diesen ab? Wie denken Sie darüber ?

» Wie stehen Sie zu den bildschirmbasierten Aktivitäten Ihres Kindes? Wünschen Sie sich, Ihr Kind würde mehr Zeit mit anderen Dingen verbringen? Profitieren Sie von der freien Zeit, die Ihnen der Bildschirm Ihres Kindes bietet? Gibt es eine andere Möglichkeit, freie Zeit zu gewinnen?

Geben Sie sich selbst Zuwendung

» Beginnen Sie ein Hobby oder lernen Sie eine neue Fähigkeit.

» Haben die Erwachsenen in Ihrer Familie traditionelle Geschlechterrollen? Wenn ja, gibt es eine Aktivität, mit der Sie diese Stereotype überwinden können (z. B. lernen, etwas zu reparieren, wenn Sie eine Frau sind, oder lernen, einen Kuchen zu backen, wenn Sie ein Mann sind)?

» Wie denken Sie über Ihre eigene Bildschirmnutzung? Sind Sie ein gutes Vorbild für Ihr Kind? Wenn nicht, versuchen Sie, die Bildschirmnutzung einzuschränken, wenn Sie mit Ihrem Kind zusammen sind. Finden Sie Aktivitäten abseits vom Bildschirm, die Sie stärken und die auch als besseres Vorbild für Ihr Kind dienen (z. B. Malen, Yoga machen, im Garten arbeiten oder ein Musikinstrument spielen).

4

Spiele und Rollenspiele

Dieses Kapitel behandelt das Spielen, eine der wichtigsten Aktivitäten in der frühen Kindheit. Der Lernprozess wäre ohne Spiel unvollständig, denn es ermöglicht den Kindern, neue Fähigkeiten und Kenntnisse zu entwickeln und ihre Erfahrungen zu verinnerlichen und zu integrieren. Dieses Kapitel beschreibt auch die therapeutische Funktion des Spielens mit Empfehlungen für bestimmte Arten des Eltern-Kind-Spiels.

4.1 Was und wie lernen Kinder spielerisch?

Die meisten Menschen erkennen das Spielen als eine wichtige kindliche Aktivität an, aber nicht jeder weiß, dass Spielen viel mehr ist, als nur Spaß zu haben. Das Spiel hat verschiedene pädagogische und therapeutische Funktionen. Eine wichtige Funktion des Spiels ist, dass es Kindern beim Lernen hilft. In der Tat ist das Spielen das wichtigste Lerninstrument in der frühen Kindheit. Die verschiedenen Arten des Spielens können die körperlichen, kognitiven und sozialen Fähigkeiten der Kinder sowie ihre Vorstellungskraft, Kreativität und Informationsaufnahme verbessern.

Die Entwicklung der körperlichen Fähigkeiten erfolgt durch aktives Spielen. Wenn gesunde Kinder den Raum und die Freiheit zum Spielen erhalten, rennen, springen und klettern sie spontan. Diese Aktivitäten tragen dazu bei, ihre Koordination, Geschicklichkeit, Stärke, Balance und Ausdauer zu verbessern. Gut gestaltete Spielgeräte auf Spielplätzen können diese motorischen Fähigkeiten weiter verbessern. Spielerisches Raufen hat auch eine wichtige Funktion. Menschliche Kinder und die Jungen mehrerer anderer Säugetiere spielen normalerweise mit ihren Geschwistern auf diese Weise. Zusätzlich zu den körperlichen Vorteilen ist dieses spielerische Ringen später mit einer besseren sozialen Kompetenz bei Kindern verbunden.

Kinder können spielerisch auch kognitive Fähigkeiten erwerben. Tatsächlich haben viele mathematische und logische Konzepte ihren Ursprung in den von Kindern selbst initiierten Aktionen wie z. B. Gruppieren, Sortieren, Ordnen, Stapeln und Verschachteln von Objekten verschiedener Größen und Formen. Das Spielen mit Puzzles, Bausteinen und anderen Baumaterialien hilft Kindern, vergleichen und kategorisieren zu lernen, und verbessert dabei die räumlichen Fähigkeiten und das Verständnis der Prinzipien des Maschinenbaus. Brett- und Kartenspiele können das Denken, Gedächtnis, Zählen, Lesen und die räumlichen Fähigkeiten von Kindern fördern. Diese Spiele bieten auch Erfahrungen mit Kooperation, Regeln, sich Abwechseln, Entscheidungsfindung, Wahrscheinlichkeiten und logischen Konzepten wie „Wenn-Dann". Kinder trainieren gerne ihre logischen Denkfähigkeiten und erfinden oft ihre eigenen Spiele und Regeln.

Freies Spiel kann die Problemlösungsfähigkeit von Kindern verbessern. In einem berühmten Experiment aus den 1970er-Jahren haben Forscher gezeigt, wie wichtig es ist für Kinder, frei zu spielen. Sie stellten drei- bis fünfjährigen Kindern das praktische Problem, ein Spielzeug aus einer nicht erreichbaren Kiste herauszufischen. Um das Problem zu lösen, mussten die Kinder zwei Stöcke zusammenklemmen, um eine Stange zu schaffen, die lang genug war, um das Spielzeug zu erreichen. Zuvor erhielten einige der Kinder verschiedenartige Unterweisungen. Einer Gruppe wurde gezeigt, wie man zwei Stöcke zusammenklemmt, einer anderen Gruppe wurde das Befestigen von Klammern an einzelnen Stöcken gezeigt, und eine dritte Gruppe beobachtete, wie der Experimentator die Aufgabe erfolgreich ausführte. Eine vierte Gruppe erhielt überhaupt kein Training, sondern durfte einfach frei mit den Materialien spielen, bevor sie mit der Aufgabe konfrontiert wurde.

Die Ergebnisse waren sehr interessant. Die Kinder, die frei mit den Materialien spielten, lösten die Aufgabe ebenso gut wie die Kinder, die dem Experimentator beim Ausführen der Aufgabe zuschauten, und sie machten es besser als jede der Gruppen, die eine Unterweisung erhalten hatten. Die Forscher stellten außerdem fest, dass die Kinder, die frei mit den Materialien spielen durften, Frustrationen besser aushalten konnten als Kinder in den anderen Gruppen. Sie gaben nicht auf, auch wenn ihre ersten Versuche fehlschlugen, sondern machten weiter, bis sie das Problem gelöst und das Spielzeug erreicht hatten. Dieses Experiment zeigt, dass Kinder beim Spielen ohne jegliche Anleitung lernen können.

Kleine Kinder spielen normalerweise gerne Als-ob-Spiele und erschaffen imaginäre Szenarien. Dieses Fantasiespiel scheint eine einzigartig menschliche Aktivität zu sein. Ab einem Alter von etwa achtzehn Monaten können sich Kinder vorstellen, dass ein Objekt für ein anderes steht. Möglicherweise stellen Sie eines Tages fest, dass Ihr Kind einen Baustein über den Boden bewegt und so tut, als wäre es eine Katze, während es „Miau" sagt. Dies ist der Beginn einer wichtigen Entwicklungsstufe, die der Schweizer Psychologe Piaget als Stufe des symbolischen Denkens bezeichnete. Mit zunehmendem Alter der Kinder wird ihr symbolisches Fantasiespiel immer komplexer. Diese Art des Spielens bereitet das Gehirn auf späteres abstraktes symbolisches Denken vor und fördert gleichzeitig die Kreativität. Untersuchungen haben auch gezeigt, dass das Fantasiespiel mit anderen Kindern (sozio-dramatisches Spiel) die Sprache und die sozialen Fähigkeiten verbessert, da Kinder lernen, Vereinbarungen zu treffen, und herausfinden müssen, wie sie mit anderen als ihren eigenen Ideen umgehen sollen.

Das Fantasiespiel der Kinder hat eine weitere wichtige Funktion. Es kann Kindern helfen, Informationen zu verstehen und zu verarbeiten. Kapitel 3 beschreibt Stimulations- und Informationsquellen, aber das Empfangen von Input für die Sinne ist nur ein Teil des Lernprozesses, der mit Essen und Verdauung vergleichbar ist. Wenn wir essen, kauen und schlucken wir zuerst, aber unser Körper muss dann die Nahrung verdauen und Abfallprodukte beseitigen. Während des Lernprozesses nehmen wir zuerst Informationen auf, müssen sie dann aber verarbeiten, kategorisieren und relevante Teile in einer sinnvollen Form für die spätere Verwendung speichern.

Erwachsene „verdauen" neue Informationen hauptsächlich durch Sprechen und Schreiben. Eine hilfreiche Möglichkeit, neue Informationen zu verstehen und sich daran zu erinnern, besteht darin, sie jemand anderem zu erklären. Auf diese Weise ordnen wir die Informationen, extrahieren, was sinnvoll ist, und beziehen sie auf das, was wir bereits wissen. Kinder profitieren auch davon, über ihre Erfahrungen zu sprechen. Die primäre Methode zur Aufnahme neuer Informationen in der frühen Kindheit besteht jedoch darin, ihre Erfahrungen mit ihrem Körper aktiv zu rekonstruieren oder symbolische Materialien zu verwenden.

Ein Kind, das in einem Flugzeug fliegt, kann später so tun, als ob es ein Flugzeug wäre, ein Bild von einem Flugzeug zeichnen oder eines aus Papier basteln. Ein Kind, das an einer Hochzeit teilnimmt, wird wahrscheinlich eine fiktive Hochzeit zu Hause nachstellen und sich als Braut oder Bräutigam verkleiden. Wenn Kinder einen Kaufladen einrichten, versuchen sie aktiv, die Funktion des Geldes zu verstehen. Ein Kind, das eine Stadt aus Bausteinen baut, nimmt Informationen über städtisches Leben, Stadtplanung und Architektur auf. Wenn Kinder ihre Erfahrungen durch diese Art von Fantasiespiel aktiv reproduzieren, denken sie, erinnern sich, treffen Entscheidungen darüber, was sinnvoll ist, setzen miteinander verknüpfte Fakten zusammen, passen alles in ihre mentalen Realitätsmodelle ein und speichern relevante Fakten zur späteren Verwendung im Gedächtnis. Dies ist die Essenz des Lernens.

Kinder bevorzugen unterschiedliche Modalitäten für ihr Fantasiespiel. Einige neigen dazu, ihren ganzen Körper zu benutzen, während andere es vorziehen, zu bauen, zu zeichnen oder Spielzeug als Requisiten zu benutzen. Die bevorzugte Methode meines Sohnes zur Aufnahme von Informationen bestand darin, dreidimensionale Modelle zu erstellen. Nach einer Bootsfahrt zu einer Insel im Alter von fünf Jahren baute er ein Modell des Bootes und der Insel aus Pappe und klebte sie auf einen blauen Hintergrund, der den Ozean darstellen sollte. Meine Tochter nahm Informationen eher auf, durch Bewegungen mit ihrem ganzen Körper. Nach einem Besuch in Sea World (im Alter von vier Jahren), wo sie Wale und Delfine im Wasser tauchen sah, tat sie mehrere Tage lang so, als wäre sie ein Wal, und tauchte in jedes verfügbare Bett.

Manche Spiele sind stärker imitierend und realistischer, wenn Kinder versuchen, Aktivitäten von Erwachsenen zu reproduzieren. Wenn Kinder anfangen, Erwachsene zu imitieren, ist ihr Spiel oft grob und ohne Details. Ein Zweijähriger kann so tun, als würde er (genau wie seine Eltern) eine Einkaufsliste erstellen, indem er auf ein Stück Papier kritzelt. Dieser Grad an Nachahmung wird ihm zu diesem Zeitpunkt ausreichen, und er kann sogar darauf bestehen, seine eigene Einkaufsliste zum Lebensmittelgeschäft mitzunehmen. Ein Kind, das beobachtet hat, wie Menschen aus einem Notenbuch am Klavier spielen und singen, kann von Zeit zu Zeit am Klavier sitzen, die Tasten schlagen, singen und die Seiten des Notenbuchs umblättern. Diese vorbereitenden Phasen des nachahmenden Spiels sind wichtig, weil die Kinder Rahmenbedingungen schaffen, in die späteres Lernen und Details hineinpassen. Kinder müssen nicht dazu gedrängt werden, ihre Imitationen zu verbessern, da sie nicht alles auf einmal verarbeiten können.

Obwohl Fantasie- und Nachahmungsspiele bei Kindern über acht Jahren nicht mehr so häufig vorkommen, verschwinden diese Aktivitäten nicht vollständig. Das Spiel wird so transformiert, dass es weniger wie ein Spiel aussieht, sondern eher wie das wirkliche Leben oder das, was wir „Arbeit" nennen, wie das folgende Beispiel zeigt.

> Mein Sohn besuchte im Alter von fünf bis zehn Jahren eine alternative spielbasierte Schule. Kinder aller Altersgruppen teilten sich das gleiche Klassenzimmer und spielten die meiste Zeit frei. Im Lauf der Jahre erschufen Nicky und seine Freunde gerne imaginäre Restaurants. Als häufiger Helfer in der Schule konnte ich beobachten, wie sich die Aktivität entwickelte, als er und seine Freunde älter wurden. Zuerst gründeten die Kinder ein einfaches Restaurant und verkauften imaginäres Essen aus Papier gegen Spielgeld. Sie machten sich keine Gedanken um den genauen Betrag: Sie tauschten ein Stück Essen gegen ein Stück Papiergeld. Später fingen sie an, eine geschriebene Speisekarte mit einer Liste von Lebensmitteln und Preisen anzubieten. Sie schufen aufwendigeres Geld aus Geldscheinen mit verschiedenen Werten und gaben bei Bedarf sogar Wechselgeld heraus. Als mein Sohn zehn Jahre alt war, vereinbarten er und seine Freunde mit dem Lehrer das Betreiben eines Restaurants für die jüngeren Kinder, das echtes Essen anbot. Sie erstellten eine Einkaufsliste, kauften auf einer Exkursion zu einem Lebensmittelgeschäft das Essen und kochten und servierten eine echte Mahlzeit im Klassenzimmer. Auf ihrer Speisekarte standen die Lebensmittel und Preise, und sie bereiteten Rechnungen vor, aus denen hervorging, wie viel jedes Kind ihnen schuldig war. Das einzige Spielelement war, dass sie immer noch Spielgeld verwendeten (aufgrund einer Schulregel, die die Verwendung von echtem Geld im Klassenzimmer verbot).

In diesem Beispiel übten die Kinder Rechen- und Schreibfähigkeiten, während sie gleichzeitig etwas über Geld, Restaurantmanagement, Essensplanung und Kochen lernten. Sie lernten auch, zusammen auf ein gemeinsames Ziel hinzuarbeiten. Es zeigt, dass es keine eindeutige Trennlinie zwischen Kinderspiel und Erwachsenenrealität gibt. Wenn Kinder älter werden, verschmilzt ihr Fantasiespiel allmählich mit der Realität, bis es zu dieser Realität wird. Bei Naturvölkern, in denen die Kinder Erwachsenenaktivitäten wie Jagen oder Graben nach essbaren Wurzeln nachspielen, ist dieser allmähliche Übergang vom Spiel zum wirklichen Leben die natürliche Abfolge von Ereignissen.

4.2 Welche Arten von Spiel haben therapeutischen Nutzen?

Spielen kann Kindern nicht nur beim Lernen und Verarbeiten von Informationen helfen, sondern auch von therapeutischem Nutzen sein. Wie in Kapitel 2 erläutert, setzen Kinder manchmal spontan mit Lachen verknüpfte Spiele ein, um ihre Ängste zu überwinden. Wenn ein Kind verletzt wurde oder einen Verlust, eine Frustration oder ein beängstigendes Ereignis erlebt hat, enthält sein Fantasiespiel Elemente dieser Erfahrung. Dieses symbolische Spiel wird ihm helfen, herauszufinden, was passiert ist, und ein gewisses Maß an Kontrolle zu erlangen, indem es das Ergebnis ändert. Es kann Verluste, Fehler und Misserfolge im wirklichen Leben symbolisch kompensieren. Das Spiel kann ihm auch Gelegenheit zum Reden und Lachen bieten, insbesondere wenn ein aufmerksamer Beobachter anwesend ist. Alleine Spielen ist nicht so effektiv wie das Spielen in Gegenwart eines unterstützenden Beobachters.

Untersuchungen haben gezeigt, dass Eltern für ihre Kinder effektive Spieltherapeuten sein können. Wenn Ihr Kind ein traumatisches Ereignis erlebt hat, stellen Sie Spielzeug oder Requisiten im Zusammenhang mit dem Trauma zur Verfügung und ermutigen Sie Ihr Kind, mit ihnen zu spielen, während Sie Wärme und Unterstützung anbieten. Dieses symbolische Spiel ist besonders hilfreich, wenn Ihr Kind nicht über das Ereignis sprechen oder weinen kann. Wenn es mit den Requisiten spielt, kann Ihr Kind erkennen, was passiert ist, während es sich sicher fühlt, und kann die Gefühle verarbeiten. Das folgende Beispiel meines Sohnes zeigt die Wirksamkeit des symbolischen Spiels nach einem traumatischen Ereignis.

Wir machten einen Familienausflug an den Strand und ich kündigte an, dass ich auf die Toilette gehen würde. Ich nahm an, dass Nicky, damals zweieinhalb Jahre alt, bei den anderen bleiben würde. Sie waren damit beschäftigt zu reden, und weder sie noch ich bemerkten, dass er mir folgte. Als ich aus der Toilette kam und zurückging, um mich den anderen anzuschließen, fand ich meinen sehr verängstigten und weinenden kleinen Jungen, der mich suchte, während einige Fremde versuchten, ihm zu helfen. Er hatte mich nicht eingeholt und konnte den Weg zurück zu den anderen nicht finden. Ich hielt ihn fest und ließ ihn weinen. Ich konnte ihm jedoch nicht meine volle Aufmerksamkeit schenken, weil ich wütend auf meine Familie war, weil sie ihn nicht richtig beaufsichtigt hatte. Ein paar Tage später schlug ich vor, wieder zum selben Strand zu gehen, aber er lehnte dies unerbittlich ab. Mir wurde klar, dass er aufgrund der Erfahrung immer noch einige nicht geheilte schmerzhafte Gefühle hatte. Ich hielt ihn auf meinem Schoß und fragte ihn, ob er darüber sprechen wolle, was passiert war, aber er wollte nicht darüber reden. Ich hatte gehofft, dass er über den traumatischen Vorfall sprechen und vielleicht noch mehr weinen würde, aber er tat es nicht. Ich beschloss dann, ein symbolisches Spiel zu versuchen. Ich sammelte ein paar Spielsachen (kleine Figuren und ein kleines Haus) und schlug vor, dass wir so tun, als wäre der Teppich im Wohnzimmer der Strand. Er schloss sich mir sofort eifrig an, und wir spielten das ganze traumatische Ereignis gemeinsam durch. Er wollte es immer und immer wieder spielen. Dann änderte er es so, wie er es ursprünglich beabsichtigt hatte. In seiner veränderten Version ging er nicht verloren, sondern holte mich ein und wir gingen zusammen auf die Toilette. Er genoss es, Requisiten und mehr Variationen und Details (Bäume, Boote, mehr Figuren) hinzuzufügen, und er redete und lachte, während er die Szene nachstellte. Er spielte mehrere Tage lang das „Strandspiel", bis es langweilig für ihn wurde. Ein paar Wochen später schlug ich vor, wieder an denselben Strand zu gehen, und er wollte unbedingt hingehen.

Die drei Hauptfunktionen des Spiels

- Erwerb körperlicher, kognitiver und sozialer Fähigkeiten
- Aufnahme und Verarbeitung von Informationen
- Heilung von traumatischen Erlebnissen

Das folgende Beispiel zeigt, wie Kinder alle drei Spielfunktionen in einer einzigen Spielepisode kombinieren können.

> Als meine Tochter vier Jahre alt war und mein Sohn neun Jahre alt, wurde ich plötzlich wegen einer Blinddarmentzündung ins Krankenhaus eingeliefert. Sie durften mich im Krankenhaus besuchen, aber die Erfahrung war für sie trotzdem beängstigend. Für ungefähr eine Woche nach meiner Rückkehr nach Hause verwandelten sie unser gesamtes Haus in ein Pseudo-Krankenhaus mit einem Aufnahmebüro, einem Operationssaal, einem Aufwachraum, einem regulären Krankenzimmer und einer Krankenhausküche. Jeder willige Besucher oder jedes Familienmitglied wurde eifrig als Patient ins „Krankenhaus" eingeliefert. Die Kinder nahmen ihre Krankengeschichte auf, führten Operationen durch, bereiteten imaginäre Mahlzeiten zu und servierten sie, verabreichten Medikamente und schrieben Rezepte. Dieses Spiel wurde von viel lebhaftem Reden und Lachen begleitet.

Während dieses Spiels übten meine Kinder ihre Schreib-, Denk-, Planungs-, Sprach- und Sozialfähigkeiten. Sie verinnerlichten auch Informationen über Krankenhäuser, Krankheit, Gesundheit und medizinische Intervention. Und schließlich half ihnen ihr Spiel, die beängstigende Erfahrung meines Krankenhausaufenthaltes zu verarbeiten and zu überwinden. Wenn wir um die Bedeutung des Spielens wissen und seine verschiedenen Funktionen erkennen, wird klar, dass Kinder ihre Zeit gut nutzen!

4.3 Was bedeuten imaginäre Spielkameraden und Superhelden-Fantasien?

Mehr als die Hälfte aller kleinen Kinder denkt sich imaginäre Spielkameraden aus, mit denen sie sprechen und interagieren. Diese erfundenen Begleiter tauchen normalerweise im Alter von zwei bis drei Jahren auf und können mehrere Jahre bleiben. Einige Kinder gründen ganze Familien oder Populationen unsichtbarer Wesen. Dies ist eine normale Entwicklungsstufe und kein Grund zur Sorge. Kinder mit imaginären Spielkameraden sind normalerweise ausgeglichen und geistig gesund.

Tatsächlich gibt es Hinweise darauf, dass sie besser verstehen, wie die Gedanken anderer Menschen funktionieren, als Kinder, die keine imaginären Spielkameraden haben. Manche Kinder nutzen ihre Vorstellungskraft nicht auf diese Weise, aber das ist auch kein Grund zur Sorge. Wenn Ihr Kind im Allgemeinen fröhlich, gesund und aktiv zu sein scheint und gerne mit anderen Kindern spielt, müssen Sie sich keine Gedanken über die An- oder Abwesenheit imaginärer Spielkameraden machen.

Genau wie das symbolische Spielen mit echten Requisiten können unsichtbare Spielkameraden Kindern helfen, die Welt zu verstehen, die Kontrolle darüber zu erlangen und ihre Ängste zu überwinden, wie das folgende Beispiel zeigt.

> Mit vier Jahren hatte meine Tochter Sarah zwei unsichtbare Babys, einen Jungen und ein Mädchen. Sie fütterte sie, legte sie ins Bett und richtete Geburtstagsfeiern für sie aus. Manchmal waren sie ein oder zwei Jahre alt, manchmal drei oder vier und manchmal „Teenager". Wann immer wir irgendwohin gingen, kam eines oder beide ihrer Babys mit und Sarah hielt ihre Hand. Manchmal war Sarah zu beschäftigt, um auf ihre Babys aufzupassen, also bat sie jemanden, dies zu tun. Eines Tages gab sie bekannt, dass ihr kleines Mädchen erwachsen und tot sei. Sarah sagte: „Sie liegt auf dem Boden und kann sich nicht bewegen, und ihr Herz schlägt nicht, also muss sie tot sein. Jetzt habe ich nur noch ein Baby." Am nächsten Tag hatte sie wieder zwei Babys.

In diesem Beispiel schuf meine Tochter imaginäre Wesen, die ihr halfen, Konzepte von Wachstum, Abhängigkeit, Leben und Tod zu verinnerlichen. Da ihre Babys nicht real waren, konnte sie selbst die beängstigendsten Themen (Tod) erforschen und gleichzeitig die Kontrolle über die Situation behalten.

Superhelden-Fantasiespiele sind ebenfalls in der frühen Kindheit üblich. Das Kind gibt vor, ein bekannter, mächtiger Held wie Superman zu sein, oder es erschafft seinen eigenen magischen Charakter. Diese Aktivität ermöglicht es ihm, Konzepte von Macht und übermenschlichen Fähigkeiten wie Röntgenblick, mentale Telepathie, überlegene Kraft oder Fliegen zu erforschen. Kinder haben wenig Kraft und sind sich der überlegenen Stärke und des Wissens von Erwachsenen sehr bewusst. Sie sind sich auch ihrer eigenen Fehler bewusst, während sie versuchen, neue

Fähigkeiten zu erlernen. Es ist nicht überraschend, dass sie gerne die Rolle eines mächtigen Wesens spielen, das mutig, stark und gut ist und jedes Problem fehlerlos löst. Wenn Kinder auf diese Weise spielen, können sie einige ihrer eigenen Gefühle von Angst, Ohnmacht oder Inkompetenz überwinden.

Manchmal haben die Lieblingsfiguren böse Kräfte, und das Kind gibt vor, zu töten und zu zerstören, anstatt andere in Notsituationen zu retten. Diese Art des Spielens kann ein Weg sein, um Ängste zu überwinden. Die Rolle eines furchterregenden Monsters zu übernehmen, könnte ein Mittel des Kindes sein, für therapeutisches Lachen über genau die Dinge zu sorgen, die es am meisten ängstigen (wie in Kapitel 2 beschrieben).

Superhelden-Spiel kann Kindern auch helfen, Konzepte von Gut und Böse zu erforschen. Die Charaktere sind entweder alle gut oder alle schlecht, und diese Vereinfachung hilft Kindern, die wichtigen Werte einzugrenzen, die unsere Kultur unterstützt oder ablehnt. Echte Menschen sind immer eine Mischung aus guten und schlechten Eigenschaften, aber oft aus Gründen, die für Kinder zu komplex sind, um sie zu verstehen.

4.4 Was ist mit Spielen, das sinnlos und dumm zu sein scheint?

Manchmal handeln Kinder auf sinnlose Weise, die keinen Zweck zu haben scheint. Eltern empfinden diese Art von Verhalten oft als irritierend. Im folgenden Beispiel beschrieb eine Mutter ihre Gefühle bezüglich des albernen Verhaltens ihrer vierjährigen Tochter.

> Es ist normalerweise kurz vor dem Schlafengehen, wenn sie lustig und albern wird und all diese kreativen Dinge tut, wie ihren Schlafanzug auf den Kopf oder ihre Hausschuhe auf die Nase zu legen. Ich neige dazu, das als außer Kontrolle zu betrachten, und gebe ihr auf vielfältige Weise zu verstehen, dass es Zeit ist, ernst zu sein und aufzuhören, herumzuspielen, und sich fürs Bett fertig zu machen. Ich höre mich all diese Dinge sagen und wünschte, ich könnte aufhören. Es fällt mir schwer, lustig und spielerisch mit ihr umzugehen.

Wie bei der Mutter in diesem Beispiel fällt es Ihnen möglicherweise schwer, diese Art von Verhalten zu tolerieren. Vielleicht haben Sie das Gefühl, dass es Zeitverschwendung ist. Aber diese Art von Spiel (das ich Nonsensspiel nenne) kann für Ihr Kind tatsächlich von therapeutischem Nutzen sein, besonders wenn es lacht. Kleine Kinder müssen Hunderte von Haushaltsregeln und angemessene Verhaltensweisen lernen, z. B. wie man sich anzieht, richtig spricht, sich die Zähne putzt und mit Besteck isst. Sie müssen lernen, dass es nicht in Ordnung ist, Menschen zu unterbrechen, anderen Kindern Spielzeug wegzunehmen, an die Wände zu malen oder mit vollem Mund zu sprechen. Die Liste ist endlos, und Kinder können nicht alle diese Regeln gleichzeitig befolgen. Sie wissen, dass ihr Verhalten nicht immer auf die Zustimmung ihrer Eltern trifft, selbst wenn die Eltern liebevoll sind und sie nicht bestrafen. Deshalb kann sich die Option, spielerisch Fehler zu machen und absichtlich etwas falsch zu machen, sehr befreiend anfühlen. Indem Kinder auf diese Weise herumalbern, können sie durch therapeutisches Lachen schmerzhafte Gefühle von Unzulänglichkeit, Frustration, Angst oder Ohnmacht auflösen. Sie spielen mit dem Stress, der sich aus den Erwartungen der Menschen ergibt, dass sie die Regeln befolgen.

Nonsensspiele können Kindern auch helfen, die Frustrationen zu überwinden, die beim Erlernen neuer Fähigkeiten auftreten, selbst wenn kein Erwartungsdruck von Seiten der Eltern besteht. Nach dem Kampf um die Beherrschung einer Fertigkeit sind Kinder natürlich stolz auf sich selbst, aber sie haben möglicherweise noch einige verbleibende Frustrationen, die gelöst werden müssen. Deshalb greifen Kinder oftmals auf Nonsensspiele zurück, nachdem sie etwas Neues erreicht haben. Ein Kind, das kürzlich gelernt hat, ein Lottospiel zu spielen, legt möglicherweise alle Karten falsch und lacht dabei. Ein Kind, das sich einen Kinderreim gemerkt hat, mag es lustig finden, ihn falsch zu rezitieren. Kinder, die die Regeln in einer Situation ändern können, in der sie die totale Kontrolle haben, schaffen eine therapeutische Situation für sich selbst. Für kleine Kinder ist Nonsensspiel nicht nur lustig, sondern auch therapeutisch.

Versuchen Sie, geduldig mit dem Nonsensspiel Ihres Kindes umzugehen, auch wenn es zu ungünstigen Zeiten auftritt. Ihr Kind wird es wahrscheinlich lieben, wenn Sie sich ein paar Minuten Zeit nehmen, um herumzualbern und mit ihm zu lachen. Ihre Teilnahme stärkt Ihre emotionale Verbindung untereinander. Darüber hinaus können Sie feststellen, dass es nach diesen gemeinsamen Sitzungen des Nonsensspiels kooperativer ist.

4.5 Welche Arten von Spielzeug sind am besten?

Die besten Spielzeuge für kleine Kinder sind diejenigen, die sie dazu inspirieren, sich etwas vorzustellen, zu bauen, zu kreieren, sich zu bewegen und zu denken. Um das Denken und andere kognitive Fähigkeiten zu fördern, sollte eine anregende Umgebung Puzzles, Behälter unterschiedlicher Größe (für Wasser- oder Sandspiele), Zuordnungs-, Gedächtnis-, Zähl- und Sortierspiele (basierend auf Farbe, Größe oder Form) umfassen. Wie bereits in diesem Kapitel erwähnt, können Karten- und Brettspiele das Gedächtnis, Rechenfähigkeiten und das logische Denken weiter anregen. Kinder profitieren auch vom Spielen mit Musik- und Rhythmusinstrumenten. Ein Satz stabiler Holzbausteine in verschiedenen Größen und Formen ist wahrscheinlich eine der besten Bildungsinvestitionen, die Sie tätigen können.

Geben Sie Ihrem Kind Puppen, ein Puppenhaus, kleine Figuren, Spielzeugautos, Spielzeuggeschirr, kleine Tiere, Anziehsachen und ein Arztset, um das Fantasiespiel zu fördern. Bastelmaterialien sind ebenfalls wichtig, insbesondere Knete, Buntstifte und Farben (einschließlich Fingerfarben). Mit diesen Materialien können Kinder sich auf ein symbolisches Spiel einlassen, das für ihre emotionale und intellektuelle Entwicklung wichtig ist. Wenn Ihr Kind älter wird, können Sie ihm, um Kreativität und Innovation zu fördern, zusätzliches Bastelmaterial wie Pappe, Holz- und Stoffreste, gebrauchte Garnrollen, Gummibänder, Pfeifenputzer, Schnur, Kleber, Klebeband und eine Schere zur Verfügung stellen. Vielleicht überrascht es Sie mit seinen Konstruktionen oder Erfindungen. Wie in Kapitel 3 erwähnt, können Sie die Auswirkungen von Geschlechterstereotypen minimieren, wenn Sie Kindern beiderlei Geschlechts ähnliches Spielzeug geben.

Manche Eltern fragen sich, ob sie ihren Kindern realistisch aussehende Spielzeuge geben sollen, die echten Objekten ähneln, wie Puppen mit detaillierten Gesichtszügen und realistisch aussehende Spielzeughäuser oder Scheunen. Oder ob es besser sei, bei unstrukturierten, offenen Spielzeugen wie Bausteinen und Stoffresten zu bleiben und die Kinder ihre Fantasie nutzen zu lassen, um ihre eigenen Fantasieszenen zu kreieren. Es gibt keine Hinweise darauf, dass realistisch aussehendes Spielzeug die Vorstellungskraft von Kindern beeinträchtigt. Tatsächlich stimulieren realistische Spielzeuge für sehr kleine Kinder (unter vier Jahren) mehr Fantasiespiele als weniger realistische. Vielleicht liegt dies daran, dass sich die Symbolisierungsfähigkeit sehr kleiner Kinder noch entwickelt. Wenn Kinder älter werden, können sie allmählich auf realistische Requisiten verzichten und sich mehr auf ihre eigene Vorstellungskraft verlassen. Eine gute Richtlinie für kleine Kinder ist es jedoch, automatisiertes Spielzeug, das sich von selbst bewegen kann, oder elektronisches Spielzeug, das alles auf Knopfdruck erledigt, zu vermeiden. Kinder werden mehr davon profitieren, ihre eigenen Bewegungen zu produzieren.

Sie können sich von Ihrem Kind bei der Auswahl der Spielzeuge leiten lassen. Das Bedürfnis der Kinder nach Fantasie ist so groß, dass sie keine unnötigen, störenden Requisiten zulassen, wie das folgende Beispiel meiner Tochter zeigt.

> Eines Tages im Alter von drei Jahren tat Sarah so, als ob sie eine Wanderung und ein Picknick machen würde. Sie füllte sorgfältig einen imaginären Rucksack mit unsichtbarem Proviant und Essen. Da ich dachte, sie würde gerne einen echten Rucksack in Kindergröße bei ihrem Spiel verwenden, bot ich ihr einen an, den ich im Schrank hatte. Als sie ihn sah, wurde sie wütend, stampfte mit den Füßen und sagte sehr energisch: „Ich brauche keinen Rucksack. Ich habe einen erfundenen Rucksack." Ich erkannte ihr großes Bedürfnis zu fantasieren und stellte den echten Rucksack wieder in den Schrank. Ich hatte eine Lektion gelernt!

Kinder profitieren auch von echten Werkzeugen. Suchen Sie nach einem Besen, Wischmopp, Hammer und Schraubenzieher in Kindergröße (kein Plastikspielzeug, sondern Werkzeuge, die wirklich funktionieren). Mit dieser Ausrüstung (und unter angemessener Aufsicht) können Kinder bei echten Arbeiten rund ums Haus mitmachen. Ihr Kind wird Ihnen natürlich helfen und Sie nachahmen wollen, so können Sie diese Tendenz fördern, sobald sie auftritt. Kleine Kinder unterscheiden Arbeit nicht von Spiel.

Die meisten Kinder haben auch Spaß an anderen Arten von Gegenständen aus der Erwachsenenwelt. Wenn Sie Ihrem Kind alte Kreditkarten, Kataloge und leere Lebensmittelbehälter geben, wird es diese wahrscheinlich in sein Spiel aufnehmen. Diese Objekte sind wie magische Fenster, durch die Kinder Zugang zu einem kleinen Teil der mysteriösen und komplexen Erwachsenenwelt erhalten.

4.6 Soll ich mein Kind mit Waffen und anderen Kriegsspielzeugen spielen lassen?

Manche Eltern empfinden Kriegsspiel als aggressiv und lassen ihre Kinder nicht mit Waffen spielen, während andere der Meinung sind, dass ein solches Spiel keinen Schaden anrichtet. Selbst wenn Sie Ihr Kind nicht mit Waffen spielen lassen, kann es seine eigenen aus Stöcken oder Pappe machen oder einfach seine Finger benutzen. Möglicherweise fällt es Ihnen schwer, Ihrem Kind zuzusehen, wie es sich auf solch gewalttätige Spielformen einlässt, wie mir die Mutter eines fünfjährigen Jungen im folgenden Beispiel sagte.

> Ich habe keine Waffen für ihn, aber er benutzt seine Hand oder einen Stock. Wenn er bei seinem Freund zu Hause ist, haben sie Spielzeuggewehre, die sie ständig herumtragen. Ich mag keine Waffen und habe ihm das erklärt. Jedes Mal, wenn er über Waffen spricht, sagt er: „Du magst sie nicht, oder Mama? Aber ich!" Mein Mann sagt, dass er als Kind mit Waffen gespielt hat und keine gewalttätige Person ist. Tatsächlich ist er Pazifist und Kriegsdienstverweigerer. Er sieht keinen Schaden im Waffenspiel. Ich denke, es schadet nichts, aber ich ärgere mich nur über all die Spielsachen in den Läden. Ich finde es schrecklich. All diese gewalttätigen, schrecklichen Monster und Kriegsspielzeuge! Ich hasse es!

In Kapitel 3 wird erklärt, warum kleine Kinder sowohl im wirklichen Leben als auch in den Medien vor Gewalt geschützt werden sollten. Diese

Abschirmung ist jedoch schwer zu erreichen, und die meisten kleinen Kinder lernen durch das wirkliche Leben und Bücher sowie durch Nachrichten- und Unterhaltungsmedien etwas über Kriege, Morde und Massenerschießungen. Diese Exposition gegenüber Gewalt macht es für Kinder erforderlich, die Informationen zu verstehen und aufzunehmen und ihre Gefühle der Angst und Verwirrung zu verarbeiten. Kinder können diese Informationsaufnahme und emotionale Verarbeitung durch ihr Kriegsspiel erreichen. Entgegen der Befürchtung mancher Eltern gibt es keine Hinweise darauf, dass selbstinitiierte Kriegsspiele der Kinder sie später gewalttätiger macht. Viele Pazifisten geben zu, als Kinder mit Spielzeugwaffen gespielt zu haben.

Wie weiter oben in diesem Kapitel erläutert, spielen Kinder in ihrer Fantasie alles nach, was sie lernen, um die Informationen aufzunehmen und zu verarbeiten. Es ist nicht verwunderlich, dass Kinder Tötungsspiele spielen wollen, sobald sie etwas über diese Art von Gewalt erfahren. Das Waffenspiel zeigt an, dass das Kind versucht, Informationen über das Töten zu verstehen und zu verarbeiten: Was ist das? Wie funktioniert es? Warum wohl tötet eine Person eine andere? Wie würde es sich anfühlen, zu töten oder getötet zu werden? Auf welche unterschiedliche Weise kann eine Person getötet werden?

Jungen zeigen eher als Mädchen Interesse an Waffen. Diese Geschlechtsunterschiede mögen teilweise biologisch sein, aber es gibt auch einen starken kulturellen Einfluss. Viele Eltern fördern das Interesse ihrer Söhne an Waffen, indem sie ihnen Spielzeugwaffen, Schwerter oder Pfeil und Bogen geben. Kleine Jungen lernen auch über die Medien, Waffen mit Männern in Verbindung zu bringen. Kleine Mädchen hingegen lernen, dass Frauen normalerweise nicht in Kriege oder andere Formen von Gewalt verwickelt sind.

Anstatt das Kriegsspiel Ihres Kindes zu verbieten, können Sie ihm helfen, mit seiner Angst und Verwirrung hinsichtlich Gewalt umzugehen, indem Sie zum Lachen ermutigen, wie in Kapitel 2 beschrieben. Wenn es mit dem Finger auf Sie zeigt und sagt: „Bumm, bumm, du bist tot", ist eine hilfreiche Reaktion, so zu tun, als würde man so dramatisch wie möglich sterben. In diesem Machtumkehrspiel bewirken Sie, dass sich Ihr Kind mächtig fühlt, während Sie die Rolle eines schwachen und verängstigten Opfers spielen. Wenn Sie Ihre Rolle effektiv spielen, wird es lachen und die Aktivität wiederholen wollen. Sie werden es nicht lehren, gewalttätig zu sein. Im Gegenteil, Sie werden ihm helfen, seine Angst vor Tod und Gewalt durch Lachen (zur Lösung von Spannungen) zu überwinden.

Kinder verwenden auch Waffenspiele, um ihre Gefühle von Wut und Frustration zu verarbeiten. Wenn Ihr Kind wegen eines neuen Geschwisters eifersüchtig und wütend ist, kann es etwas von diesem Ärger loslassen, indem es symbolisch eine Puppe oder ein Stofftier tötet, das das Baby darstellt. Wenn es wütend auf Sie ist, kann es dieses Gefühl ausdrücken, indem es vorgibt, Sie zu töten. Das Lachen in diesen Situationen ist therapeutisch. Je mehr Ihr Kind lacht, desto schneller löst sich sein Ärger auf. Sie können helfen, indem Sie die Gefühle Ihres Kindes anerkennen und akzeptieren und zum Lachen anregen.

Obwohl Kinder von dieser Art von interaktivem Spiel mit dem Thema Gewalt profitieren können, besteht keine Notwendigkeit, die Kriegsspielzeugindustrie durch den Kauf von Kriegsspielzeug zu unterstützen. Spielzeugunternehmen erzielen enorme Gewinne, indem sie die Ängste der Kinder und ihr zwingendes Bedürfnis, Gewalt zu verstehen, ausnutzen. Kinder sind durchaus in der Lage, ihre eigenen Waffen aus Papier, Pappe oder anderen Gegenständen im Haushalt herzustellen. Wenn Sie Ihrem Kind eine kommerziell hergestellte, realistisch aussehende Spielzeugpistole geben, hat es möglicherweise das Gefühl, dass Sie Waffen und Töten billigen.

Das spontane Kriegsspiel Ihres Kindes zu akzeptieren, ist etwas ganz anderes. Ihr Kind weiß, dass seine eigenen, selbstgemachten Imitationen nicht die Realität sind und dass die Waffen aus seiner eigenen Fantasie stammen. Aus diesem Grund kann es leicht zu anderen Spielformen wechseln, wenn es genug vom Kriegsspiel hat. Zum Beispiel kann es sein selbstgemachtes Schwert in einen Zauberstab verwandeln. Kommerzielles Kriegsspielzeug ist zu genau definiert, um eine solche Flexibilität zu ermöglichen. Eine Plastikspielzeugpistole ist nichts anderes als eine Pistole.

Eine weitere Gefahr realistischer Spielzeugwaffen besteht darin, dass Kinder sie möglicherweise nicht von echten Waffen unterscheiden können. Wenn Kinder in ihren Häusern Zugang zu echten Waffen haben, können sie mit ihnen spielen und den Abzug betätigen, weil sie denken, dass sie Spielzeug sind. Wenn Sie echte Waffen in Ihrem Haus haben, sollten Sie diese jederzeit sicher verschlossen und außer Sichtweite halten.

Trotz Ihrer Bemühungen, kommerzielles Kriegsspielzeug einzuschränken, kann Ihr Kind es als Geschenk von anderen erhalten oder beschließen, sein eigenes Geld dafür auszugeben. Es ist nicht einfach, diese Gegenstände von zu Hause fernzuhalten. Als mein Sohn erstmals Kriegsspielzeug als Geburtstagsgeschenk von seinen Freunden erhielt, fühlte ich mich mit diesen Spielzeugen sehr unwohl, aber ich beschloss, dass der respektvollste Ansatz darin bestand, ihn entscheiden zu lassen, welches Spielzeug er besitzen wollte. Das folgende Beispiel beschreibt, wie sich sein Kriegsspiel im Lauf der Jahre entwickelt hat.

> Als Nicky fünf Jahre alt war, hörte er zum ersten Mal von Kriegen. Bald begann er, aus Papier und Pappe Waffen, Schwerter und Bomben herzustellen und sie an verschiedenen Familienmitgliedern auszuprobieren. Seine Freunde in der Schule machten ihn mit etwa sechs Jahren mit beliebten, kleinen kriegerischen Figuren bekannt, und es dauerte nicht lange, bis er anfing, sie selbst zu sammeln. Er erhielt sie als Geburtstagsgeschenke von seinen Freunden und gab sein eigenes Geld dafür aus. Bald hatte er eine ganze Reihe von „Guten" und „Bösen", die zwei Teams darstellten, die sich im Krieg gegeneinander befanden. Er und seine Freunde spielten stundenlang mit den Figuren und stellten alle möglichen Kriegsszenen nach, die mit zunehmendem Alter komplexer wurden. Dann, eines Tages, als er acht Jahre alt war, war das gesamte Wohnzimmer Schauplatz einer aufwendigen Aufstellung mit seinen Figuren und anderen Geräten. Eine ungewöhnliche Szene zog meine Aufmerksamkeit auf sich: Alle seine Figuren saßen zusammen im Kreis, sowohl die „Guten" als auch die „Bösen". Ich fragte ihn, was los sei, und er antwortete: „Sie haben beschlossen, sich zusammenzuschließen, also teilen sie sich jetzt eine große Festung und halten eine Konferenz ab." Anscheinend lauerten immer noch böse Mächte irgendwo im Universum, aber zumindest die beiden gegnerischen Armeen auf der Erde hatten ihre Feindseligkeit überwunden! Wenn ich das Kriegsspiel meines Sohnes verboten hätte, hätte er jemals die Gelegenheit gehabt, die Details einer Friedenskonferenz auszuarbeiten?

4.7 Wie kann ich ein hilfreicher Teilnehmer am Spiel meines Kindes sein?

Unterschätzen Sie nicht, wie wichtig es ist, sich Ihrem Kind bei spielerischen Aktivitäten anzuschließen. Indem Sie auf bestimmte Weise mit ihm spielen, können Sie Ihre Verbindung stärken, ihm bei der Bewältigung von Angst und Trauma helfen und auch Verhaltensprobleme lösen. Ich nenne diese speziellen Arten von Spiel *Bindungsspiele*. Einige dieser Aktivitäten sind in den vorherigen Abschnitten dieses Buches beschrieben. Dieser Abschnitt fasst sie zusammen und enthält einige weitere. (Weitere Informationen finden Sie in meinem Buch *Spielen schafft Nähe – Nähe löst Konflikte.*)

Eine der hilfreichsten Möglichkeiten, mit Ihrem Kind zu spielen, ist das nicht-direktive, kindzentrierte Spielen. Stellen Sie Materialien für Fantasiespiele bereit und lassen Sie Ihr Kind entscheiden, was zu tun ist, während Sie ihm Ihre volle Aufmerksamkeit schenken. Diese Aktivität ermöglicht es ihm, sich geliebt und akzeptiert zu fühlen. Sie müssen nicht viel anderes tun, als Ihrem Kind zuzusehen, zuzuhören und ihm zu antworten. Wenn es eine aktivere Beteiligung von Ihnen verlangt, wird es sich unterstützt fühlen, wenn Sie bereitwillig in seine Fantasiewelt eintreten und tun, was es will. Zum Beispiel kann es Sie bitten, Lebensmittel in seinem Geschäft zu kaufen oder die Rolle der Mama in einer Puppenszene zu übernehmen. Um diese fokussierten Spielzeiten von anderen Arten von Spielen zu unterscheiden, könnten Sie sie als „besondere Zeit" bezeichnen oder als „Mama-(Papa-)Zeit."

Forscher haben herausgefunden, dass nicht-direktives, kindzentriertes Spielen überraschende Vorteile hat. Bereits einmal pro Woche eine halbe Stunde dieser Aktivität kann Verhaltensprobleme bei Kindern reduzieren und ihre Bereitschaft zur Zusammenarbeit erhöhen. Diese Aktivität schafft ein gesundes Gleichgewicht für Kinder. Meistens erwarten wir Erwachsenen, dass sie sich unserer Welt anpassen und unsere Regeln einhalten. Wenn wir zur Abwechslung in ihre Fantasiewelt eintreten und ein gehorsamer Spielkamerad werden, der an der von ihnen geschaffenen Struktur teilnimmt, haben sie die Chance, die Kontrolle zu behalten, ihre eigenen Regeln zu erstellen und ein Gefühl von Stärke und Macht zu entwickeln. Das Spielen mit anderen Kindern hat nicht die gleichen Vorteile wie das Spielen mit einem Elternteil.

Zwei Arten von Eltern/Kind-Spielen wurden weiter oben in diesem Kapitel erwähnt. Sie können das symbolische Spielen fördern, wenn Ihr Kind ein traumatisches Ereignis erlebt hat, und zusammen ein albernes Nonsensspiel machen, um Ihre Verbindung zu Ihrem Kind zu stärken. Eine weitere nützliche Aktivität, die als Kontingenzspiel bezeichnet wird, besteht darin, den Befehlen Ihres Kindes zu gehorchen oder es nachzuahmen. Dadurch kann es sich mächtig und kontrollierend fühlen. Ein gutes Nachahmungsspiel ist „Folge dem Anführer", bei dem Sie alles nachahmen, was Ihr Kind tut.

Trennungsspiele wie Verstecken können von therapeutischem Nutzen sein, insbesondere wenn Ihr Kind von Ihnen getrennt wurde. Seien Sie sich bewusst, dass sich Ihre Wut oder Ungeduld für Ihr Kind wie eine körperliche Trennung anfühlen und zu Trennungsangst führen kann. Glücklicherweise gibt es Möglichkeiten, Ihre Verbindung zu reparieren. Das Verstecken schafft eine nicht bedrohliche Trennung zwischen Ihnen und Ihrem Kind. Wenn Sie sich finden, bringt das freudige Wiedersehen Beruhigung und Ihr Kind lernt, dass es kurze Trennungen von Ihnen überleben kann. Darüber hinaus hilft ihm jedes Lachen während des Spiels dabei, Angst abzubauen. Wenn sich Ihr Kind also versteckt und möchte, dass Sie es finden, zögern Sie nicht, am Spiel teilzunehmen. Diese Aktivität ermöglicht es ihm, sich sicher zu fühlen und wieder mit Ihnen verbunden zu sein.

Eine andere hilfreiche Möglichkeit, mit Ihrem Kind zu spielen, besteht darin, vorzugeben, ängstlich, inkompetent oder machtlos zu sein, wie im Abschnitt über das Waffenspiel beschrieben. Dieses Machtumkehrspiel muss nicht immer ein Kriegsspiel sein. Wenn Ihr Kind vorgibt, ein Löwe zu sein, spielen Sie Ihre Rolle, indem Sie so tun, als wären Sie verängstigt, und rennen weg, aber lassen Sie sich dann von Ihrem Kind fangen. Das Hauptziel ist Lachen, durch das Ärger und Angst aufgelöst werden können und das dazu beiträgt, die Bindung zu Ihrem Kind zu stärken.

Regressionsspiele sind Aktivitäten, bei denen Ihr Kind vorgibt, ein Baby zu sein. Viele kleine Kinder lieben es, sich jünger zu verhalten, als sie sind, besonders wenn sie ein jüngeres Geschwister haben. Haben Sie keine Angst, diese Art von Spiel zu fördern und Ihr Kind wie ein

Baby zu wiegen, ein Schlaflied zu singen, es aus einer Flasche zu füttern oder ihm imaginäre Windeln anzulegen. Es wird erwachsener handeln, wenn es dazu bereit ist. Schließlich gibt es zwei weitere Arten von hilfreichem Spiel: alle unterhaltsamen Aktivitäten mit Körperkontakt (z.B. ein Handstapelspiel) und kooperative Spiele, bei denen niemand gewinnt oder verliert.

Sie können die Effektivität Ihrer Eltern/Kind-Spielzeiten erhöhen, indem Sie einige grundlegende Richtlinien befolgen. Versuchen Sie, flexibel zu bleiben und vermeiden Sie gleichzeitig die Versuchung, die Aktivität zu lenken oder in eine Unterrichtssituation zu verwandeln. Finden Sie Möglichkeiten, *mit* Ihrem Kind zu lachen, aber nicht über es, und vermeiden Sie es, Ihr Kind zu kitzeln oder zu ärgern. Es ist unnötig, das Spiel Ihres Kindes zu interpretieren oder zu analysieren, obwohl Sie dies möglicherweise mit einer anderen Person im Privaten tun möchten. Eine letzte Richtlinie ist, das Spielen zu vermeiden, um Ihr Kind vom Weinen abzulenken. Wenn Ihr Kind weint, ist es am hilfreichsten, die Tränen zu akzeptieren und mit Empathie zuzuhören, wie in Kapitel 1 beschrieben.

Empfohlene Formen des Eltern/Kind-Spiels (Bindungsspiele)

- Nicht-direktive, kindzentrierte Spiele
- Symbolspiele mit bestimmten Requisiten oder Themen
- Kontingenzspiele (einschließlich Nachahmungsspiele)
- Nonsensspiele
- Trennungsspiele
- Machtumkehrspiele
- Regressionsspiele
- Aktivitäten mit Körperkontakt
- Kooperative Spiele und Aktivitäten

4.8 Was ist, wenn mir beim Spielen mit meinem Kind langweilig wird?

Viele Eltern erkennen, wie wichtig es ist, mit ihren Kindern zu spielen, sind dabei aber gelangweilt oder werden ungeduldig. Die Mutter einer Vierjährigen drückte diese Gefühle im folgenden Beispiel aus.

> Sie ist montags, mittwochs und freitags im Kindergarten und ich denke immer, dass wir dienstags und donnerstags den ganzen Tag zusammen haben. Nun, es endet damit, dass ich immer andere Dinge tun möchte, wie meinen Schreibtisch aufzuräumen und etwas aus dem Internet zu bestellen, was ich seit Monaten aufgeschoben habe. Ich bin nicht gut genug organisiert, um diese Dinge zu erledigen, wenn sie im Kindergarten ist. Wenn sie sagt: „Mama, spiel mit mir", setze ich mich hin, um mit ihr zu spielen, aber dann bin ich frustriert. Ich habe nicht die Geduld, Spiele auf ihre Weise zu spielen, und ich frage mich, warum ich kein anderes Kind eingeladen habe, mit ihr zu spielen! Die gemeinsame Zeit, von der wir träumen, ergibt sich nicht so oft.

Warum ist es für uns so schwierig, Kindern die Menge und Qualität der Aufmerksamkeit zu schenken, die sie zu brauchen scheinen? Für diese Schwierigkeit sind wahrscheinlich mehrere Gründe verantwortlich. Wir Erwachsenen finden das Spiel unserer Kinder nicht immer sehr anregend, weil wir bereits gelernt haben, was sie üben. Darüber hinaus erfordert das Spielen mit einem Kind eine enorme Menge an entspannter Aufmerksamkeit. Möglicherweise fühlen Sie sich mit so vielen anderen Aufgaben überfordert, dass Sie nur noch wenig Zeit oder Aufmerksamkeit für Ihr Kind haben. Oder vielleicht haben Ihre eigenen Eltern nie mit Ihnen gespielt, weshalb Sie keine Vorbilder für diese Art von Interaktion haben. Vielleicht sehnen Sie sich immer noch nach dieser Art von Aufmerksamkeit. Dieses unerfüllte Bedürfnis kann zu der Zurückhaltung beitragen, die Sie beim Spielen mit Ihrem eigenen Kind empfinden. Es kann hilfreich sein, Ihre Kindheitserinnerungen bezüglich des Spielens zu erkunden.

Manche Eltern finden Spielstunden erträglicher, wenn sie einen Wecker für zehn bis zwanzig Minuten einstellen und ihr Kind wissen lassen, dass sie verfügbar sind, bis er klingelt. An Tagen, an denen Sie einfach nicht die Energie oder Motivation aufbringen können, mit Ihrem Kind zu spielen, können Sie Ihren eigenen Hobbys, Interessen oder Hausarbeiten nachgehen, während Sie Ihr Kind auf irgendeine Weise teilnehmen lassen. Für Ihr eigenes Wohlbefinden und das Ihres Kindes ist es wichtig, ein Gleichgewicht zwischen Aktivitäten für Erwachsene und Aktivitäten für Kinder zu schaffen. Ohne dieses Gleichgewicht könnten Sie anfangen, Ihrem Kind zu grollen. Die Zeit, die Sie zu Hause für Ihre eigene Arbeit und Ihre Interessen aufwenden, hängt natürlich vom Alter, den individuellen Bedürfnissen und der Persönlichkeit Ihres Kindes ab.

Achten Sie auf Ihre eigenen Bedürfnisse nach Ruhe, Arbeit, Bewegung, Zeit allein und Zeit mit anderen Erwachsenen. Die meisten Eltern haben das Bedürfnis, einige Zeit von ihren Kindern entfernt zu sein, und sie stellen fest, dass sie mehr Aufmerksamkeit für ihre Kinder haben, wenn sie nicht ständig bei ihnen sind. Andere Menschen zu finden, die sich um Ihr Kind kümmern, ist eine Möglichkeit, dieses Gleichgewicht herzustellen. Wenn Sie ein Vollzeitelternteil sind, aber eine außerhäusige Arbeit suchen oder brauchen, wird Ihre Beziehung zu Ihrem Kind wahrscheinlich besser, wenn Sie einen Job finden. Wenn Sie aus Pflichtgefühl ganztägig mit Ihrem Kind zu Hause bleiben, kann es sein, dass Ihr Kind aufgrund Ihrer Frustration und Ihres Grolls ängstlich oder unsicher wird.

Sobald Sie ein Gleichgewicht in Ihrem eigenen Leben erreicht und sich um Ihre eigenen Bedürfnisse gekümmert haben, haben Sie in den Zeiten, in denen Sie zusammen sind, eine bessere Aufmerksamkeit für Ihr Kind. Wenn Sie Ihre Langeweile und Frustration (gegenüber einem anderen Erwachsenen, ohne dass Ihr Kind dabei ist) zum Ausdruck bringen, kann dies auch dazu beitragen, einige dieser Gefühle zu zerstreuen und Ihnen eine größere Aufmerksamkeit für Ihr Kind zu ermöglichen. Je mehr Sie mit Ihrem Kind spielen, desto einfacher und angenehmer wird es wahrscheinlich.

Im folgenden Beispiel berichtete mir eine Mutter, wie angenehm es war, als sie beschloss, ihre Aufmerksamkeit auf ihre dreijährige Tochter zu richten, obwohl dies für sie manchmal schwierig war.

> Mir ist aufgefallen, dass es immer eine wunderbare Erfahrung ist, wenn ich mich wirklich entscheide, ihr Aufmerksamkeit zu schenken. Sie malt und singt gleichzeitig über alle Farben, die sie verwendet. Es ist einfach zauberhaft. Ich liebe es,

sie zu beobachten. Wenn ich sie so spielen lasse, wie sie will, hilft es mir, meine eigenen Kindheitserinnerungen und meine Kreativität zurückzugewinnen.

4.9 Wie kann ich die Wichtigkeit des Gewinnens minimieren und was ist mit Kindern, die schummeln?

Die meisten westlichen Kulturen legen großen Wert auf Wettbewerb. In diesen Kulturen ist es schwierig, ein Spiel für Kinder zu finden, bei dem niemand gewinnt oder verliert. Viele Leute betrachten alle Spiele automatisch als Wettbewerbe und können sich nicht vorstellen, Spaß zu haben, ohne zu versuchen, jemand anderen zu schlagen. Wettbewerbsfähigkeit durchdringt auch unser Bildungssystem so stark, dass es schwierig wird, sich ein nicht wettbewerbsorientiertes Lernumfeld vorzustellen.

Eine starke Betonung des Wettbewerbs hat mehrere Nachteile. Forscher haben herausgefunden, dass Menschen jeden Alters in kooperativen und nicht in wettbewerbsorientierten Umgebungen viel besser lernen und bessere Leistungen erbringen. Darüber hinaus aktiviert das Spielen eines kooperativen Spiels (bei dem niemand gewinnt oder verliert) einen anderen Teil des Gehirns als das Spielen eines wettbewerbsorientierten Spiels. Der Teil des Gehirns, der während des kooperativen Spiels aktiviert wird (der orbitofrontale Kortex), ist der Ort, an dem Entscheidungen getroffen werden und Impulskontrolle erfolgt, beispielsweise die Kontrolle über aggressives Verhalten.

Studien haben gezeigt, dass aktive kooperative Gruppenspiele mit aggressiven Kindern im Alter zwischen drei und fünf Jahren dazu beitrugen, aggressives Verhalten zu reduzieren und die Zusammenarbeit mit Gleichaltrigen zu verbessern. Andere Studien ergaben, dass die Bereitstellung kooperativer Lernerfahrungen für ältere Kinder zu ähnlichen Ergebnissen führte.

Kinder haben normalerweise nicht die Konzepte von Gewinnen oder Verlieren, bis wir ihnen diese beibringen. Tatsächlich genießen die meisten kleinen Kinder kooperative Spiele genauso wie wettbewerbsorientierte. Während des freien Spiels steigt die Fähigkeit von Kindern zu einer erfolgreichen Zusammenarbeit mit Gleichaltrigen nach dem zweiten Lebensjahr. Kinder, die viel mit anderen Kindern spielen, arbeiten in der Regel besser zusammen. Es ist möglich, dass diese Fähigkeit zur Zusammenarbeit auch teilweise genetisch bedingt ist und sich beim Menschen aufgrund ihres Überlebensvorteils entwickelt hat.

Die Kultur, in der Kinder leben, kann ihre Tendenz zur Zusammenarbeit beeinflussen. Als Forscher Kindern die Wahl zwischen kooperativem oder wettbewerbsorientiertem Spielen gaben, stellten die Forscher fest, dass die Wahl des Wettbewerbs nach dem fünften Lebensjahr zunimmt, jedoch nur für Kinder, die in wettbewerbsintensiven Kulturen wie den USA leben.

Wenn Sie ein nicht wettbewerbsorientiertes häusliches Umfeld schaffen möchten, besteht ein erster Schritt darin, einen nicht-autoritären Ansatz bezüglich Disziplin zu verwenden. Die Verwendung von Strafen oder Belohnungen schafft unweigerlich eine Atmosphäre des Wettbewerbs und ein Gefühl bei Kindern, Konflikte zu gewinnen oder zu verlieren. Sie können auch Wettbewerbe vermeiden und davon absehen, Ihre Kinder miteinander zu vergleichen. Wenn Sie ein Rennen vorschlagen, um zu sehen, wer zuerst bettfertig sein kann, schaffen Sie eine Situation, in der eine Person gewinnt und die andere verliert. Wenn Sie Ihre Kinder motivieren möchten, sich zu beeilen und gleichzeitig den Wettbewerb zu vermeiden, können Sie vorschlagen: „Lasst uns den Wecker auf zehn Minuten stellen und schauen, ob wir *alle* bettfertig sind, bevor er klingelt."

Kooperative Spiele können ebenfalls hilfreich sein. Suchen Sie nach Spielen und Sportarten, bei denen niemand gewinnt oder verliert, oder erfinden Sie kooperative Versionen traditioneller Spiele. Sie können die Zusammenarbeit auch fördern, indem Sie Ihr Kind in familiäre Aktivitäten wie Musizieren oder gemeinsames Kochen einbeziehen.

So minimieren Sie den Wettbewerb zu Hause

- Vermeiden Sie die Verwendung von Strafen und Belohnungen.
- Vermeiden Sie es, Ihre Kinder miteinander zu vergleichen.
- Vermeiden Sie Wettbewerbe, um Ihre Kinder zu motivieren.
- Machen Sie kooperative Spiele und Sportarten.
- Unternehmen Sie kooperative Aktivitäten (Musik, Kochen usw.).

Wenn Kinder das Konzept des Gewinnens erwerben, kann es mit ihrem Selbstwertgefühl in Verbindung gebracht werden. Dies tritt jedoch eher bei Kindern auf, die bereits ein geringes Selbstwertgefühl haben. Kinder, die sich geliebt, sicher und selbstbewusst fühlen, sind weniger verärgert, wenn sie ein Spiel verlieren. Tatsächlich können sie sogar ihrem Gegner gratulieren und kommentieren, wie gut er gespielt hat. Solche Kinder können die Herausforderungen von Wettbewerbsspielen genießen, ohne dem Ergebnis zu viel Bedeutung beizumessen. Kinder mit geringem Selbstwertgefühl sind vielleicht so besorgt über die Möglichkeit, ein Spiel zu verlieren, dass sie auf Schummeln zurückgreifen. Es ist ihnen so wichtig, das Spiel zu gewinnen, dass sie gegen die Spielregeln verstoßen, obwohl sie Gefahr laufen, „erwischt" und kritisiert zu werden.

Ich betrachte Schummeln als eine Bitte um Hilfe bei Gefühlen wie Angst und Unsicherheit. Wenn Ihr Kind beim Spiel schummelt, wird es wahrscheinlich nicht sehr nützen, es zu korrigieren oder zu kritisieren oder die Tugenden der Einhaltung von Regeln zu erklären. Dieser Ansatz motiviert Ihr Kind nicht, seine Spielstrategie oder seine Ehrlichkeit zu verbessern. Stattdessen können Sie die Gelegenheit für ein therapeutisches Spiel nutzen.

Sie müssen die Idee aufgeben, dass Spielregeln befolgt und das Spiel ernsthaft gespielt werden muss. Verwandeln Sie die Aktivität stattdessen in ein Machtumkehrspiel, bei dem Sie so tun, als wären Sie sehr verärgert über die Tatsache, dass Sie verlieren. Ziel ist es, Ihr Kind zum Lachen zu ermutigen, damit es Angstgefühle loslässt. Das folgende Beispiel zeigt, wie ich aus einer Betrugssituation ein Machtumkehrspiel mit therapeutischem Lachen gemacht habe.

> Ich habe mit einem sechsjährigen Jungen Dame gespielt, aber jedes Mal, wenn ich einige seiner Steine fangen wollte, behauptete er, die Regeln erlaubten mir das nicht. Er hat sich auch Damen geschaffen, als er dachte, ich würde nicht hinsehen. Als er die Regeln immer wieder änderte, habe ich nicht mit ihm gestritten, sondern ihn tun lassen, was er wollte. Ich habe auch die Schwierigkeiten, die ich hatte, übertrieben und gesagt: „Das ist aber ein schwieriges Spiel. Ich glaube nicht, dass ich gewinnen kann." Er fing an zu kichern. Immer wenn eine neue Dame auf dem Brett erschien, sagte ich mit gespielter Überraschung: „Was? Noch eine Dame? Woher kommt die denn? Wie hast du das gemacht?" Er lachte herzlich und begann,

offener zu schummeln. Ich habe ihn das ganze Spiel über zum Lachen gebracht und ihn gewinnen lassen.

Wenn Sie eine Betrugssituation in ein therapeutisches Machtumkehrspiel verwandeln, werden Sie Ihr Kind nicht dazu ermutigen, noch unehrlicher zu werden. Im Gegenteil, es wird die Gelegenheit nutzen, um Angst durch Lachen loszulassen, und es wird wahrscheinlich in Zukunft *weniger* schummeln.

Sogar Kinder, die sich sicher und geborgen fühlen, genießen es gelegentlich, die Spielregeln zu ändern. Sehr kleine Kinder, die gerade das Konzept von Regeln lernen, möchten vielleicht experimentieren und die Regeln zu ihren Gunsten ändern. Dieses Verhalten unterscheidet sich jedoch von der Art des Betrugs, den ältere Kinder begehen. Unabhängig vom Alter Ihres Kindes ist es am hilfreichsten, zum Lachen anzuregen und das ernsthafte Spielen des Spiels zu vergessen.

Nicht alle Regeländerungen sind eine Form des Schummelns. Einige Kinder kreieren gerne ihre eigenen Spielvarianten. Das Erfinden von Spielen ist eine Form der Kreativität, die logisches Denken und strategische Planung umfasst. Wenn Sie die Spiele spielen, die Ihr Kind erfindet, fördern Sie seine kreativen Denkfähigkeiten. Darüber hinaus finden Sie seine Spiele vielleicht unterhaltsamer als im Laden gekaufte!

Übungen Kapitel 4

Erforschen Sie Ihre Kindheit

» Hatten Sie als Kind genug Zeit und Raum, um zu spielen? Hatten Sie genug Spielzeug (oder zu viele Spielsachen)? Was war Ihr Lieblingsspielzeug oder -spiel?

» Erinnern Sie sich, als Kind alleine gespielt zu haben? Oder mit einem Geschwisterkind? Oder mit Ihren Eltern? Haben Ihre Eltern so viel mit Ihnen gespielt, wie Sie wollten?

» Erinnern Sie sich an eines oder zwei der schönsten Spielerlebnisse, die Sie als Kind hatten (allein oder mit jemand anderem)?

Bringen Sie die Gefühle zum Ausdruck, die Ihr Kind bei Ihnen auslöst

» Wie denken Sie über die Art und Weise, wie Ihr Kind spielt? Wünschen Sie sich, Ihr Kind würde mit anderen Spielsachen spielen oder weniger laut, chaotisch, herrisch oder albern sein?

» Verbringen Sie eine halbe Stunde damit, auf Ihr Kind zu achten und das zu tun, was Ihr Kind tun möchte (nicht-direktives, kindzentriertes Spielen). Wie haben Sie sich gefühlt? Haben Sie sich gelangweilt? Hatten Sie das Bedürfnis,Unterweisungen zu geben oder die Aktivitäten Ihres Kindes anzuleiten?

» Betrügt Ihr Kind jemals oder möchte es die Spielregeln ändern? Wie fühlen Sie sich dabei?

Geben Sie sich selbst Zuwendung

» Kaufen Sie sich ein Spielzeug oder ein Spiel, vielleicht etwas, was Sie als Kind wollten, aber nicht hatten.

» Finden Sie Wege, um mit oder ohne Ihre Kinder mehr Spiel, Freude und Lachen in Ihr Leben zu bringen (z. B. besuchen Sie eine Kostümparty, besuchen Sie einen Vergnügungspark, schauen Sie sich einen lustigen Film an).

5

Konflikte und Herausforderungen

Eine der schwierigsten Aufgaben bei der Kindererziehung besteht darin, das unerwünschte Verhalten von Kindern zu ändern, ohne ihr Selbstwertgefühl oder die Eltern-Kind-Verbindung zu beeinträchtigen. In diesem Kapitel werden die Nachteile eines autoritären Ansatzes, die zugrunde liegenden Ursachen für Verhaltensprobleme und Möglichkeiten zur Änderung des Verhaltens von Kindern ohne Bestrafung oder Belohnung beschrieben. Geschwisterrivalität und Probleme mit anderen Kindern werden in Kapitel 6 erörtert.

5.1 Was sind die Auswirkungen von Bestrafungen?

Bestrafung ist etwas Verletzendes oder Unangenehmes, das einem Kind angetan wird, um sein Verhalten zu ändern. Die körperliche Bestrafung umfasst das Schlagen, Hauen, Ohrfeigen, Verprügeln oder Auspeitschen. Nicht-körperliche Bestrafung umfasst Entzug wie das Vorenthalten von Aufmerksamkeit, Freiheit, Nahrung oder Privilegien. Zur nicht-körperlichen Bestrafung gehört auch, dass ein Kind zusätzliche Aufgaben erledigen muss.

Nach jahrzehntelanger Forschung über Prügelstrafen sind die Ergebnisse schlüssig. Schlagen macht Kinder nicht gehorsamer und kann lebenslange emotionale Probleme verursachen. Studien haben gezeigt, dass je mehr Kinder geschlagen werden, desto wahrscheinlicher es ist, dass sie sich ihren Eltern widersetzen, aggressiv werden und unter emotionalen Problemen und kognitiven Schwierigkeiten leiden. Jugendliche und Erwachsene, die als Kinder geschlagen wurden, zeigen häufiger asoziales Verhalten und leiden unter Angstzuständen, Depressionen und Drogenmissbrauch.

Ein großes Risiko, durch körperliche Bestrafung blinden Gehorsam gegenüber der Autorität zu erzeugen, besteht darin, dass das Kind zu einem Erwachsenen heranwächst, der blind allen Autoritätspersonen gehorcht. Es kann die Fähigkeit verlieren, selbst zu denken und kluge Entscheidungen zu treffen. In ihrem Buch *Am Anfang war Erziehung* analysierte Alice Miller die Kindheit der Naziführer und kam zu dem Schluss: „Unter allen führenden Persönlichkeiten des Dritten Reiches konnte ich keine einzige finden, die keine strenge, harte Erziehung erhalten hat.“ Bis zum Ende ihres Lebens führten diese Menschen jeden einzelnen Befehl aus, ohne zu zögern oder ihn zu hinterfragen.

Verursachen andere Formen der Bestrafung weniger Schaden? Die Anwendung der Time-out-Technik (das Herausnehmen des Kindes aus der jeweiligen Umgebung und seine kurzfristige Isolierung) ist eine beliebte gewaltfreie Form der Bestrafung, aber diese Methode weist mehrere versteckte Fallstricke auf. Zuallererst gibt es das Problem, ein Time-out durchzusetzen. Es muss die Gefahr einer schlimmeren Konsequenz bestehen für den Fall, dass das Kind nicht gehorcht (möglicherweise mehr Einschränkungen oder Prügelstrafe), da die meisten Kinder sich weigern, sich zu isolieren, es sei denn, sie befürchten eine noch schlimmere Bestrafung.

Eine weitere Gefahr eines Time-out ist, dass das Vorenthalten von Liebe und Aufmerksamkeit dazu führen kann, dass sich Kinder ängstlich, verwirrt, ungeliebt und unsicher fühlen. Kinder müssen wissen, dass ihre Eltern sie bedingungslos lieben. Auch wenn Sie in Ihrem eigenen Kopf zwischen Ihrem Kind und seinem Verhalten unterscheiden, kann Ihr Kind diese Unterscheidung nicht treffen. Für das Kind bedeutet die erzwungene Isolation, dass Sie es nicht lieben und nicht mit ihm zusammen sein wollen.

Ein weiterer Nachteil von Time-out und allen anderen Formen der Bestrafung besteht darin, dass diese Methoden weder die zugrunde liegende Ursache für das Verhalten des Kindes ansprechen noch Kindern nützliche Fähigkeiten zur Konfliktlösung vermitteln. Strafen inspirieren Kinder nicht dazu, produktiv darüber nachzudenken, was sie falsch gemacht haben. Im Gegenteil, Bestrafungen führen zu Ressentiments und Wut, die sich mit zunehmendem Alter der Kinder in offene Rebellion verwandeln können.

Schließlich können alle Formen der Bestrafung Ihre Beziehung zu Ihrem Kind schädigen. Wenn Sie blinden Gehorsam mit der Androhung einer Straffolge fordern, wird sich Ihr Kind unweigerlich missverstanden, ungeliebt, machtlos und vielleicht sogar unsicher fühlen. Es wird anderswo nach der bedingungslosen Liebe und dem bedingungslosen Verständnis suchen, die es braucht und verdient.

Die meisten Eltern, die Bestrafungen anwenden, tun dies mit guten Absichten und wissen nicht, wie sie mit dem schwierigen Verhalten ihrer Kinder umgehen sollen. Eine verbreitete Überzeugung ist, dass Kinder schmerzhafte Konsequenzen brauchen, wenn sie unangemessen handeln, damit sie lernen, ihr Verhalten zu ändern. Dies ist eine falsche Vorstellung, aber sie scheint in unserer Kultur verwurzelt zu sein. Kinder brauchen keine schmerzhaften Konsequenzen, sondern Verbindung, Verständnis, Information und liebevolle Grenzen. Glücklicherweise ist es möglich, das Verhalten von Kindern zu ändern und Grenzen zu setzen, ohne irgendeine Art von Bestrafung anzuwenden.

5.2 Was ist mit Belohnungen?

Da die Bestrafung weniger populär geworden ist, setzen viele Eltern Belohnungen oder Bestechungen ein, um das Verhalten ihrer Kinder zu ändern. Die Verwendung von Belohnungen schadet Kindern nicht auf die gleiche Weise wie Bestrafungen. Leider haben Belohnungen jedoch einige Nachteile, die denen ähneln, die mit der Verwendung von Lob verbunden sind (wie in Kapitel 3 erläutert).

Belohnungen sind Bestrafungen eigentlich ziemlich ähnlich. Sobald Sie ein Belohnungssystem für Ihr Kind eingerichtet haben, wird es sich bestraft fühlen, wenn es keine Belohnung erhält. Es kann auch ärgerlich und wütend darüber sein, auf diese Weise kontrolliert zu werden.

Belohnungen können auch täuschen. Wenn Sie Belohnungen verwenden, haben Sie keine Garantie dafür, dass Ihr Kind sinnvolle Werte lernt. Es mag seine Spielsachen aufräumen, um die Belohnung zu erhalten, die Sie versprochen haben, aber wird es dies aus Respekt vor der Ordnung oder vor den Gefühlen anderer tun? Der einzige motivierende Faktor wird höchstwahrscheinlich der Wunsch nach der Belohnung sein. Die Verwendung von Belohnungen lehrt Kinder also, nur an sich selbst zu denken und nach sofortiger Befriedigung zu streben. Sind das die Werte, die Ihr Kind erwerben soll? Was passiert, wenn ein Drogendealer Ihrem Kind etwas Verlockenderes bietet als Ihre Belohnungssternchen?

Ein weiterer Nachteil ist, dass die Verwendung von Belohnungen, genauso wie der Einsatz von Bestrafungen, nicht die zugrunde liegende Ursache für das Verhalten von Kindern anspricht und Kindern keine nützlichen Fähigkeiten zur Konfliktlösung vermittelt. Wenn beispielsweise die Angst Ihres Kindes zu Einschlafproblemen führt, hilft ihm keine Belohnung, sich weniger ängstlich zu fühlen.

Belohnungssysteme können kompliziert werden. Möglicherweise stehen Sie vor der schwierigen Situation, zu entscheiden, ob ältere Kinder mehr oder weniger Belohnungen als jüngere erhalten sollen, welche Verhaltensweisen belohnt werden sollen und wie lange Sie die Belohnungen noch beibehalten sollen. Kinder weisen schnell auf alles hin, was sie für unfair halten, insbesondere wenn sie Geschwister haben.

Einer der Hauptnachteile von Belohnungen ist, dass sie nach hinten losgehen können und den gegenteiligen Effekt von dem haben, was Sie erreichen wollen. Ein interessantes Experiment zeigte, dass Kinder im Vorschulalter, die nach einer Zeichenaktivität eine erwartete Belohnung erhalten hatten, später das Interesse an der Aktivität verloren, als es die Belohnung nicht mehr gab. Im Gegensatz dazu haben Kinder, die überhaupt nicht belohnt wurden, das Interesse nicht verloren. Es scheint, dass wenn wir Kinder belohnen, sie nur mitmachen, um die Belohnung zu erhalten, und sie den Kontakt zu ihren ursprünglichen Interessen und ihrer eigenen intrinsischen Motivation verlieren.

Unsere Aufgabe als Eltern ist es, unseren Kindern die Kraft und das Selbstvertrauen zu geben, sich nicht von irgendetwas oder irgendjemandem manipulieren zu lassen, u. a. von Werbung, Drogendealern, Gleichaltrigen und Autoritätspersonen, egal wie verlockend die Belohnungen sind. Wir müssen unseren Kindern beibringen, über die langfristigen Folgen ihres Verhaltens für andere nachzudenken (nicht nur über die unmittelbaren persönlichen Folgen). Die Verwendung von Belohnungssternchen, Süßigkeiten, Aufklebern, Geld, Aufmerksamkeit oder einer anderen Form von Belohnung, so unschuldig sie auch scheinen mag, lehrt Kinder, egozentrisch zu werden und sich durch andere in ihrem Verhalten und Leben kontrollieren zu lassen. Es ermutigt Kinder, Dinge aus den falschen Gründen zu tun.

Es gibt Situationen, in denen kleine Kinder gerne Belohnungen für ihre Leistungen erhalten. In der Pfadfinderbewegung können sich Kinder Verdienstabzeichen für die Erledigung bestimmter Aufgaben verdienen, Kinderbibliotheken bieten manchmal Sommerleseprogramme an, bei denen Kinder für jedes gelesene Buch einen Preis erhalten können. Solange sich die Kinder frei dafür entschieden haben, sich in eine solche Belohnungssituation zu versetzen, werden sie es wahrscheinlich wie ein Spiel erleben und es wird nicht alle negativen Konsequenzen der in diesem Abschnitt beschriebenen Belohnungen haben. Es ist wahrscheinlicher, dass Probleme im Zusammenhang mit Belohnungen auftreten, wenn eine Autoritätsperson Kindern ein Belohnungssystem auferlegt, um ihr Verhalten zu kontrollieren.

Verhaltenspsychologen haben die Verwendung von Belohnungen und Bestrafungen eingehend untersucht, ursprünglich bei Ratten und Tauben, aber auch bei Menschen. Es besteht kein Zweifel daran, dass es möglich ist, das Verhalten von Kindern mit diesem disziplinarischen Verhaltensansatz zu ändern. Aber auch wenn ein solches System zu funktionieren scheint, wenn Ihre Kinder klein sind, so können doch Probleme auftreten, wenn sie die Pubertät erreichen, da Ihnen die Möglichkeiten ausgehen, sie zu kontrollieren. Außerdem werden sie sich zunehmend über Ihre dahingehenden Versuche ärgern und möglicherweise sogar gegen Ihren autoritären Ansatz rebellieren. Unsere Rolle als Eltern besteht nicht darin, unsere Kinder wie Zirkustiere zu trainieren, sondern sie mit Respekt zu behandeln und die Art von Informationen und emotionaler Unterstützung bereitzustellen, die es ihnen ermöglicht, gute Entscheidungen über ihr Verhalten zu treffen.

5.3 Was verursacht Verhaltensprobleme bei Kindern?

Kinder verhalten sich manchmal unkooperativ, nervig, verletzend, destruktiv oder sogar gefährlich. Eltern möchten diese inakzeptablen Verhaltensweisen natürlich ändern, und es ist möglich, dieses Ziel ohne Bestrafung oder Belohnung zu erreichen. Der Schlüssel zu diesem Ansatz liegt im Verständnis, warum Kinder so handeln, wie sie es tun. Drei Hauptgründe sind für inakzeptables Verhalten verantwortlich: Das Kind hat ein berechtigtes Bedürfnis, es fehlen ihm Informationen oder es ist verärgert.

5.3.1 Das Kind hat ein berechtigtes Bedürfnis

Unbefriedigte Bedürfnisse können zu schwierigem Verhalten führen. Ein hungriger kleiner Junge, dessen Vater am Computer beschäftigt ist, kann versuchen, die Aufmerksamkeit seines Vaters zu erregen, indem er Lärm macht oder Dinge vom Schreibtisch seines Vaters wegnimmt. Kleine Kinder können nicht leicht auf Essen warten, wenn sie hungrig sind, und sie können ihre Bedürfnisse nicht immer verbalisieren.

Eines der grundlegendsten Bedürfnisse von Kindern ist die Verbindung, und diejenigen, die sich von ihren Eltern getrennt fühlen, werden Wege finden, um bemerkt zu werden, vielleicht indem sie klammern, jammern oder sich mit einem Geschwister streiten. Wenn ihr Verhalten ihre Eltern dazu bringt, auf sie zu achten, wird es seinen Zweck erfüllen, selbst wenn die Eltern mit Wut reagieren. Manchmal sagen die Leute über ein forderndes Kind: „Es versucht nur, Aufmerksamkeit zu erregen", was bedeutet, dass ihm keine gegeben werden sollte, weil dies kein legitimes Bedürfnis ist. Aufmerksamkeit und Verbindung sind jedoch grundlegende, legitime Bedürfnisse.

Kinder haben auch ein großes Bedürfnis nach Stimulation, und Langeweile kann zu inakzeptablem Verhalten führen. Es ist nicht zu erwarten, dass sie geduldig in Restaurants oder anderen öffentlichen Orten warten und nichts zu tun haben. Sie müssen auch ihren Körper bewegen und können nicht lange still sitzen.

Natürlich gibt es viele andere Bedürfnisse, und unsere Hauptaufgabe als Eltern ist es, die Bedürfnisse unserer Kinder nach besten Kräften zu befriedigen. Dies bedeutet nicht, dass wir ihnen alles geben sollten, was sie wollen, denn Wünsche und Bedürfnisse sind nicht unbedingt gleich. (Meine Tochter wollte Pferde haben und in einem Schloss leben!) Aber wir können versuchen, ihre wahren Bedürfnisse in jeder Situation zu erkennen.

5.3.2 Dem Kind fehlen Informationen

Konflikte und Verhaltensprobleme entstehen häufig, weil Kinder nicht genügend Informationen über die Folgen ihres Verhaltens haben. Sie müssen lernen, dass Fenster zerbrechlich sind, Menschen keine Krümel in ihren Betten mögen, belebte Straßen gefährlich sind und Tausende anderer Fakten. Eine unserer Aufgaben als Eltern ist es, Kindern die Informationen zu liefern, die sie benötigen, um sicher und glücklich in unserer Gesellschaft zu leben. Es ist interessant, dass das Wort „Disziplin“ von einem lateinischen Wort stammt, das „lehren“ bedeutet.

5.3.3 Das Kind ist verärgert oder leidet an einem nicht geheilten Trauma

Ein dritter möglicher Grund für inakzeptables Verhalten ist der emotionale Zustand des Kindes. Ein Kind, das traurig, eifersüchtig, verängstigt, verwirrt oder frustriert ist, kann andere Kinder schlagen oder beißen, die Katze treten, aufgeregt und unkooperativ werden oder sich auf andere unausstehliche Weise verhalten. Selbst wenn es in seinem Leben keinen aktuellen Stress gibt, könnte es mit schmerzhaften Emotionen kämpfen, die aus einem nicht geheilten Trauma der Vergangenheit resultieren.

Ich hatte einen Klienten, dessen dreijähriger Sohn seit etwa drei Monaten andere Kinder in seinem Kindergarten biss. Nachdem ich meinerseits nach möglichen Ursachen für Stress oder Trauma gesucht hatte, stellte die Mutter fest, dass das Beißverhalten des Jungen in derselben Woche begonnen hatte, in der die Eltern zum ersten Mal über eine Scheidung sprachen. Sie hatten ihrem Sohn nichts darüber gesagt, aber er musste es gespürt haben, dass etwas Verwirrendes und Erschreckendes geschah.

Wie ich in Kapitel 1 erwähnt habe, erleben Kinder selbst bei den liebsten Eltern täglich Verletzungen, Ängste und Frustrationen. Wenn Kinder kein gesundes Ventil für diese Emotionen haben, können sie aggressiv oder destruktiv werden. Keine Bestrafung, Belehrung oder Ablenkung wird die zugrunde liegende Ursache für diese Art von Verhalten heilen. Stattdessen brauchen diese Kinder liebevolle Unterstützung, damit sie ihre schmerzhaften Gefühle durch Weinen, Wutanfälle, therapeutisches Spiel und Lachen loslassen können.

Drei Gründe für Verhaltensprobleme

- Das Kind hat ein berechtigtes Bedürfnis.
- Dem Kind fehlen Informationen.
- Das Kind ist verärgert oder leidet an einem nicht geheilten Trauma.

Diese drei Gründe sind für die meisten schwierigen Verhaltensweisen verantwortlich. Wir müssen die falsche Vorstellung verwerfen, dass sich Kinder aufgrund angeborener Charaktereigenschaften „schlecht benehmen“. Kinder sind nicht schlecht. Sie sind kleine Menschen mit Bedürfnissen und Gefühlen und tun das Beste, was sie können. Wenn wir günstige Bedingungen schaffen, werden sie liebevoll und kooperativ.

5.4 Wie kann ich Verhaltensprobleme verhindern?

Prävention spielt eine wichtige Rolle in einem nicht-strafenden Disziplinierungsansatz. Es ist möglich, viele Verhaltensprobleme zu vermeiden und Konflikte in Ihrer Familie zu minimieren. Zunächst können Sie versuchen, die Grundbedürfnisse Ihres Kindes so genau und schnell wie möglich zu erfüllen. Um Ihrem Kind das Gefühl zu geben, verbunden zu sein, können Sie jeden Tag (oder mindestens einmal pro Woche) eine halbe Stunde für nicht-direktives, kindzentriertes Spielen einplanen (wie in Kapitel 4 beschrieben). Diese persönliche Aufmerksamkeit von Ihnen reduziert störendes oder forderndes Verhalten, das durch ein ungedecktes Bedürfnis nach Aufmerksamkeit verursacht wird. Um das Bedürfnis Ihres Kindes nach Stimulation zu befriedigen, können Sie Spielzeug und Aktivitäten für Zeiten und Orte mit potenzieller Langeweile bereitstellen, z. B. eine lange Autofahrt.

Ein weiterer vorbeugender Schritt besteht darin, die Umgebung Ihres Kindes zu ändern. Dies ist manchmal einfacher als der Versuch, Ihr Kind zu ändern. Stellen Sie sicher, dass kindersichere Schlösser installiert werden und zerbrechliche oder gefährliche Gegenstände außer Reichweite sind. Das Umstellen Ihrer Möbel kann helfen, Konflikte zu vermeiden. Beispielsweise ist es weniger wahrscheinlich, dass Ihr Kind fernsieht, wenn sich der Fernseher in einem hinteren Schlafzimmer anstelle des Wohnzimmers befindet. Sie können auch Änderungen vornehmen, um die Eigenständigkeit Ihres Kindes zu fördern. Es ist wahrscheinlicher, dass Ihr Kind seine eigene Jacke aufhängt (anstatt sie auf den Boden fallen zu lassen), wenn Sie Haken installieren, die es leicht erreichen kann.

Vorbereitung und Training können ebenfalls dazu beitragen, Verhaltensprobleme zu vermeiden. Wenn Sie eine Abendgesellschaft planen, teilen Sie Ihrem Kind im Voraus mit, was es erwartet und welches Verhalten Sie von ihm erwarten. Sie können Aktivitäten planen, die Ihr Kind alleine machen kann, falls es sich bei der Unterhaltung der Erwachsenen langweilt. Es ist immer hilfreich, vorher neue Situationen zu proben, insbesondere potenziell stressige, wie z. B. einen Zahnarztbesuch oder den ersten Schultag. Sie können Rollenspiele verwenden, um Ihrem Kind die Informationen zu geben, die es benötigt, und Nonsensspiele, um es durch Lachen von Angst zu befreien.

Sie können auch Konflikte verhindern und die Einwilligung verbessern, indem Sie autoritäre Befehle durch Auswahlmöglichkeiten ersetzen. Ihr Kind wird eher kooperieren, wenn Sie, anstatt es zu bitten, sich die Zähne zu putzen, ihm die Entscheidung überlassen, ob es dies vor oder nach der Gute-Nacht-Geschichte tun möchte. Grenzen sind tatsächlich einfacher durchzusetzen als Befehle. Legen Sie also Grenzen fest, was Ihr Kind tun darf. Anstatt Ihrem Kind zu sagen, dass es eine Stunde in seinem Zimmer spielen soll, sagen Sie ihm, dass Sie eine Stunde am Computer in Ihrem eigenen Zimmer arbeiten werden, und bitten Sie es, Sie nicht zu stören (vorausgesetzt, es ist alt genug, um für eine Weile unbeaufsichtigt zu bleiben). Es kann dann in jedem Raum außer Ihrem spielen, wodurch es das Gefühl hat, mehrere Möglichkeiten zu haben.

Der vielleicht wichtigste vorbeugende Schritt, den Sie unternehmen können, besteht darin, Ihrem Kind zu ermöglichen, durch Weinen, Spielen und Lachen regelmäßig sich von schmerzhaften Gefühlen zu befreien. Wenn Kinder frei von aufgestauten Emotionen sind, werden sie kooperativer und weniger aggressiv oder störend.

Tipps zur Vermeidung von Verhaltensproblemen

- Erfüllen Sie die Bedürfnisse von Kindern.
- Ändern Sie die Umgebung.
- Bieten Sie Vorbereitung und Training an.
- Geben Sie Auswahlmöglichkeiten anstelle von Befehlen.
- Ermöglichen Sie es Ihren Kindern, schmerzhafte Emotionen loslassen.

5.5 Was ist, wenn mein Kind und ich einen Bedürfniskonflikt haben?

Trotz Ihrer Bemühungen, Verhaltensprobleme zu vermeiden, wird Ihr Kind wahrscheinlich von Zeit zu Zeit unangemessen handeln. In diesem Fall ist zunächst zu prüfen, ob es ein unbefriedigtes Bedürfnis hat oder nicht. Betrachten Sie zunächst die Situation aus der Sicht Ihres Kindes und fragen Sie sich: „Hat mein Kind ein Bedürfnis, das nicht erfüllt wird?“ Wenn Sie einen Bedarf festgestellt haben, versuchen Sie, ihn zu füllen. Manchmal ist sehr wenig erforderlich, um die Bedürfnisse eines Kindes zu befriedigen, wie das folgende Beispiel mit meiner Tochter zeigt.

> Als Sarah drei Jahre alt war, kam sie oft an den Esstisch, ohne sich die Hände zu waschen, und sie weigerte sich, dies zu tun, wenn ich sie darum bat. Ich hätte das Essen zurückhalten können, bis sie sich die Hände gewaschen hätte, oder ihr jedes Mal einen Cent geben können, wenn sie sich daran erinnerte. Aber diese Lösungen hätten mich in die Position eines autoritären Kontrolleurs versetzt. Stattdessen versuchte ich, mich in sie hineinzuversetzen. Oft war sie sehr hungrig und wollte

sich nicht die Zeit nehmen, ihre Hände zu waschen. Es fiel ihr schwer, das Essen zu verschieben, nachdem sie das ganze Essen gesehen hatte. Außerdem schien es ihr sehr wichtig, ihren eigenen Weg zu gehen und sich nicht meiner Autorität zu unterwerfen. Die Lösung, die ich fand, bestand darin, ihr zu sagen, dass sie einen winzigen Bissen Essen haben könnte, bevor sie sich die Hände wäscht. Dieser Ansatz hat immer funktioniert. Sie nahm einen kleinen Bissen und wusch sich dann ohne weitere Proteste die Hände. Schließlich prägte sie es sich ein, sich vor dem Essen die Hände zu waschen.

Die Wirksamkeit dieses Ansatzes beruhte auf der Tatsache, dass ich eine Konfrontation von Willen in eine Situation verwandelte, in der niemand den Konflikt verlor. Es erlaubte ihr, „das Gesicht zu wahren". Obwohl ich ihren Wünschen auf sehr geringe, fast symbolische Weise nachgab, war es ausreichend, ihr das Gefühl zu geben, dass ich sie verstand und bereit war, ihre Bedürfnisse zu befriedigen.

Wenn Ihre eigenen Bedürfnisse mit denen Ihres Kindes in Konflikt stehen, fällt es Ihnen möglicherweise schwerer, eine Lösung zu finden. Die beiden traditionellen Ansätze zur Bewältigung von Bedürfniskonflikten sind der autoritäre und der nachgiebige (permissive) Ansatz. Der autoritäre Ansatz beinhaltet die Verwendung von Belohnungen oder Strafen (oder Versprechungen und Drohungen), um das Kind zu zwingen, so zu handeln, dass die Bedürfnisse der Eltern erfüllt werden können. Das Kind verliert den Konflikt und der Elternteil gewinnt. Bei der permissiven Herangehensweise geben die Eltern nach und erfüllen die Bedürfnisse des Kindes auf eigene Kosten. Das Kind gewinnt und die Eltern verlieren. Keine dieser Situationen ist zufriedenstellend. Die Kinder werden ärgerlich, wenn die Eltern einen autoritären Ansatz verfolgen, aber wenn die Eltern übermäßig nachgiebig sind, ärgern sie sich oft über die Kinder.

Es ist normalerweise möglich, Lösungen zu finden, die alle Bedürfnisse erfüllen. Wenn derselbe Konflikt häufig auftritt, warten Sie am besten auf eine Zeit, in der er nicht auftritt und in der Sie und Ihr Kind sich entspannt und verbunden fühlen. Beginnen Sie damit, die Bedürfnisse Ihres Kindes anzuerkennen, und erklären Sie dann Ihre eigenen. Der effektivste Weg, Ihre Bedürfnisse zu vermitteln, ist die Verwendung einer Kommunikationstechnik, die als „Ich-Botschaft" bezeichnet wird. Dieser

Begriff wurde erstmals von Thomas Gordon in seinem wichtigen Buch *Parent Effectiveness Training* („Familienkonferenz") geprägt.

Eine Ich-Botschaft besteht aus drei Komponenten. Beschreiben Sie zunächst das Verhalten, das Sie stört, geben Sie dann Ihre Gefühle an und erläutern Sie die Auswirkungen auf Sie im Kontext Ihrer eigenen Bedürfnisse. Hier ein Beispiel: „Wenn du morgens lange brauchst, um dich für die Schule anzuziehen, bin ich frustriert und besorgt, weil ich zu spät zur Arbeit komme."

Die drei Komponenten einer Ich-Botschaft

1. Wenn du … (beschreiben Sie das Verhalten des Kindes, das Sie stört)
2. Ich fühle … (beschreiben Sie Ihre Gefühle)
3. Weil … (beschreiben Sie Ihr unerfülltes Bedürfnis oder die Auswirkungen auf Sie)

Nachdem Sie Ihrem Kind eine Ich-Botschaft gegeben haben, laden Sie es ein, über eine Lösung nachzudenken, die Sie beide zufriedenstellt. Selbst sehr kleine Kinder können kreative Lösungen für Konflikte beitragen, wenn wir ihnen die Möglichkeit dazu geben. Im obigen Beispiel benötigt Ihr Kind möglicherweise mehr Zeit, um sich auf die Schule vorzubereiten, und würde zustimmen, dass Sie es 15 Minuten früher wecken. Wenn es morgens mehr Zeit benötigt, um sich mit Ihnen zu verbinden, können Sie im Rahmen der Morgenroutine eine zehnminütige Kuschelzeit im Bett vorschlagen.

Das folgende Beispiel zeigt, wie mein erster autoritärer Versuch, eine Situation mit Bedürfniskonflikten zu lösen, zu Ärger und Aggression bei meiner Tochter führte. Ich habe dann einen Ansatz verwendet, der funktioniert hat.

> Als Sarah sechs Jahre alt war, zog sie sich gern an kalten Morgen im Badezimmer mit eingeschalteter elektrischer Heizung an. Sie trödelte jedoch und wollte, dass die Heizung lange eingeschaltet blieb. Das hat mich gestört, weil ich mich über die Stromverschwendung (und die Stromkosten) geärgert habe. Ich ging nach ungefähr fünf Minuten hinein und schaltete die Heizung aus. Dies führte zu wütendem

> Geschrei von ihrer Seite, weil sie sich noch nicht fertig angezogen hatte. Es schien nicht hilfreich zu sein, ihr die Stromkosten zu erklären. Sie trödelte immer noch. Einmal war sie, nachdem ich die Heizung ausgeschaltet hatte, so wütend, dass sie mich schlug. Mir wurde klar, dass ich autoritär und respektlos war und dass es eine bessere Lösung geben musste. Eines Tages (als wir nicht im Badezimmer waren) diskutierte ich das Problem mit ihr. Ich benutzte eine Ich-Botschaft, um meine Gefühle und Bedürfnisse klar auszudrücken, und lud sie dann ein, mir zu helfen, einen Weg zu finden, um unser Problem zu lösen. Sie hatte keine Ideen zu bieten, also schlug ich vor, dass ich einen Wecker für fünf Minuten im Badezimmer einstellen und die Heizung eingeschaltet lassen könnte, bis der Wecker klingelte. Ihr gefiel die Idee, genau zu wissen, wie viel Zeit sie hatte, wollte aber über die Zeitdauer verhandeln. Schließlich haben wir uns auf fünfeinhalb Minuten geeinigt! Diese Lösung hat wunderbar funktioniert. Von da an zog sie sich immer schnell an und beschwerte sich nie, wenn der Wecker klingelte und ich die Heizung ausschaltete. Tatsächlich war sie oft vollständig angezogen, bevor es klingelte, und sagte: „Du kannst die Heizung jetzt ausschalten."

Ein wichtiger Aspekt dieses Konfliktlösungsansatzes ist, dass Sie das Problem mit Ihrem Kind zu einem Zeitpunkt besprechen, an dem der Konflikt *nicht* tatsächlich auftritt. Diese Distanz zum eigentlichen Konflikt ermöglicht es Ihnen beiden, sich objektiver und weniger frustriert zu fühlen.

Sie können diese Art der Konfliktlösung auch im Rahmen eines strukturierteren Prozesses durchführen, der als Familienkonferenz bezeichnet wird. Planen Sie eine regelmäßige Zeit ein, in der sich die Familie einmal pro Woche versammelt, um Konflikte zu besprechen. Ich empfehle, während der Woche eine schriftliche Tagesordnung zu erstellen, die aus einem Blatt Papier (auf dem Kühlschrank oder an einem anderen sichtbaren Ort) besteht, auf dem jeder ein Thema aufschreiben kann, das er bei der nächsten Familienkonferenz besprechen möchte.

Besprechen Sie während des Meetings alle Tagesordnungspunkte und ermutigen Sie alle, Ich-Botschaften zu verwenden. Laden Sie für jeden Konflikt alle Familienmitglieder ein, bei der Suche nach Lösungen zu helfen. Kinder ab vier Jahren sind normalerweise alt genug, um mündlich zu verhandeln und an den Diskussionen teilzunehmen, auch wenn sie noch nicht in der Lage sind, etwas auf die Tagesordnung zu schreiben.

Beachten Sie, dass Familienkonferenzen am effektivsten sind, um

Bedürfniskonflikte, und nicht um Wertekonflikte, zu lösen. Wenn Ihr Kind sich beispielsweise weigert, Brokkoli zu essen, wäre dies eher ein Wertekonflikt als ein Bedürfniskonflikt, da sein Verhalten Ihre eigenen Bedürfnisse nicht direkt beeinträchtigt. (In Kapitel 7 finden Sie eine Erörterung von Essproblemen.)

Tipps für eine Familienkonferenz

- Halten Sie einmal pro Woche eine Besprechung ab.
- Beginnen Sie mit Wertschätzungen.
- Verwenden Sie eine schriftliche Tagesordnung (während der Woche erstellt).
- Diskutieren Sie Bedürfniskonflikte (und nicht Wertekonflikte).
- Verwenden Sie Ich-Botschaften und hören Sie gut zu.
- Ermutigen Sie alle, Lösungen vorzuschlagen.
- Streben Sie nach Konsens.

5.6 Wie kann ich Informationen bereitstellen, um Verhaltensprobleme zu vermeiden?

Der zweite Grund für inakzeptables Verhalten ist der Mangel an Informationen, wie das folgende Beispiel meines Sohnes zeigt.

> Eines Tages, als Nicky zwei Jahre alt war, war ich entsetzt, als er eifrig die Wand mit seinen Buntstiften anmalte. Obwohl ich sehr verärgert war, wurde mir klar, dass er es einfach nicht besser wusste. Ich erklärte ihm, dass ich wollte, dass die Wand weiß bleibt, und fing an, sie sauber zu schrubben. Ich lud ihn ein, mir beim Reinigen zu helfen, er tat es ganz bereitwillig. Wir haben ungefähr eine Stunde hart gearbeitet, um es wegzuwischen. Ich erklärte dann noch einmal, dass wir nur auf Papier malen, nicht auf Wände, und ich stellte sicher, dass er immer einen Stapel Papier hatte. Er hat nie wieder an die Wand gemalt.

Ich achtete darauf, dass mein Sohn sich nicht schuldig fühlte für das, was er getan hatte. Ich gab ihm einfach die Informationen, die er brauchte, und ließ ihn sehen, wie viel Aufwand erforderlich war, um die Wand zu reinigen. Ich lud ihn ein, mir zu helfen, zwang ihn aber nicht dazu.

In diesem Beispiel war mein Sohn alt genug, den Sinn einer Regel zu verstehen und sich daran zu erinnern. Kinder unter zwei Jahren haben diese Fähigkeit noch nicht. Bei einem so kleinen Kind ist es wichtig, Ihre Regel zu nennen und Informationen und Erklärungen zu geben, aber Sie können nicht erwarten, dass es sich am nächsten Tag an Ihre Regel erinnert und diese befolgt. Anstatt von Ihrem einjährigen Kind zu erwarten, dass es die Hausregeln lernt, müssen Sie Ihr Zuhause kindersicher machen und es genau überwachen. (Informationen zum Umgang mit Verhaltensproblemen bei Säuglingen und Kleinkindern finden Sie in meinem Buch *Warum Babys weinen*.)

Selbst wenn Ihr Kind das Konzept einer Regel verstehen kann, erhalten Sie nicht immer sofortige Ergebnisse. Möglicherweise müssen Sie die Regel viele Male wiederholen und Ihr Kind an die Gründe dafür erinnern. Versuchen Sie, geduldig zu sein und sich als liebevollen Lehrenden oder Lenkenden und nicht als Disziplinierenden zu betrachten.

Ein weiterer Meilenstein in der Entwicklung liegt im Alter von sieben oder acht Jahren, wenn Kinder den Standpunkt einer anderen Person besser verstehen können. Es ist hilfreich, diese Entwicklungsstadien im Auge zu behalten, um realistische Erwartungen an das Verhalten Ihres Kindes zu haben.

Entwicklungsstufen zum Verständnis von Informationen

- Mit 10 Monaten: Kinder können einfache Befehle verstehen (z. B. „Komm her." „Nicht anfassen! Das ist heiß!")
- Mit 24 Monaten: Kinder können einfache Hausregeln lernen (z. B. „Bemale keine Wände.")
- Mit 7 oder 8 Jahren: Kinder können die Perspektive anderer Personen verstehen (z. B. „Ich kann den Fernseher nicht sehen, wenn du genau davor stehst.")

Es gibt verschiedene Möglichkeiten, Ihrem Kind Informationen zu geben. Mündliche Erklärungen sind offensichtlich eine Möglichkeit, die Notwendigkeit Ihrer Regeln und Grenzen zu erklären. Erklären Sie Ihrem

Kind, dass es keinen Sand ins Haus bringen soll, da dies dazu führen kann, dass Menschen ausrutschen und hinfallen. Manchmal reicht ein einziges Wort aus. Wenn Sie Ihr Kind vor einem heißen Herd warnen möchten, ist es möglicherweise effektiver, auf den Herd zu zeigen und „heiß!" zu sagen statt „Nicht anfassen".

Nonverbale Demonstrationen können effektiver sein als verbale Erklärungen. Um Ihrem Kind beizubringen, wie man eine Katze behandelt, können Sie ihm einfach zeigen, wie man sie streichelt. Kleine Kinder lernen schnell durch Nachahmung. Die Vorbereitung auf zukünftige Ereignisse ist eine weitere Möglichkeit, Informationen zu geben, wie in einem vorherigen Abschnitt erwähnt. Sie können Ihr Kind mündlich und auch durch Rollenspielsituationen im Voraus vorbereiten.

Eine andere effektive Möglichkeit, Ihr Kind mit Informationen zu versorgen, besteht darin, nichts zu tun, sondern natürliche Konsequenzen entstehen zu lassen. Das folgende Beispiel zeigt die Verwendung natürlicher Konsequenzen bei meiner Tochter.

> Als Sarah vier Jahre alt war, nahm sie einige Wochen lang täglich Schwimmunterricht. Ich war verärgert darüber, dass sie ihren Badeanzug und ihr Handtuch nach unserer Ankunft nie aufhing, sondern sie einfach auf den Boden fallen ließ. Normalerweise hängte ich sie für sie auf, bis mir klar wurde, dass es ihre Verantwortung war und dass sie alt genug war, um zu lernen, wie man das macht. Ich erklärte, dass ihr Badeanzug am nächsten Tag noch nass sein würde, wenn sie ihn nicht aufhängen würde. Sie hatte nur einen Badeanzug und ein Badetuch, daher war es wichtig, dass sie über Nacht trocknen. Es schien ihr jedoch egal zu sein, also warnte ich sie, dass ich sie nicht für sie aufhängen würde, und sie ließ sie auf einem Haufen auf dem Boden liegen. Am nächsten Tag war sie verärgert darüber, einen nassen Badeanzug und ein nasses Handtuch zu haben. Nach ihrer Schwimmstunde an diesem Tag fragte sie mich, wo und wie sie sie aufhängen sollte, und ich zeigte ihr, wie es geht. Nach diesem Tag hat sie immer ihren Badeanzug und ihr Handtuch aufgehängt, und ich musste sie nicht daran erinnern.

Es schien, dass die einzige Möglichkeit für meine Tochter, die notwendigen Informationen in dieser Situation zu erhalten, darin bestand, sie das Unbehagen spüren zu lassen, einen nassen Badeanzug zu tragen und ein nasses Handtuch zu benutzen. Es ist nicht notwendig, Ihr Kind vor den Folgen seiner eigenen Handlungen zu schützen, wenn Sie das Gefühl haben, dass sinnvolles Lernen stattfinden wird. Wenn Sie natürliche Konsequenzen zulassen, ist Ihre Einstellung wichtig. Versuchen Sie, objektiv zu bleiben und Empathie zu zeigen, wenn Ihr Kind eine unangenehme natürliche Konsequenz erlebt, auch wenn Sie vielleicht sagen möchten: „Ich habe es dir doch gesagt."

Natürliche Konsequenzen können in manchen Situationen unangemessen oder sogar zu gefährlich sein. Wenn Ihr Kind weiterhin mit dem Dreirad auf die Straße fährt, nachdem Sie die Gefahren erklärt haben, können Sie möglicherweise die erforderlichen Informationen übermitteln, indem Sie auf ein Tier auf der Straße hinweisen, das von einem Auto angefahren wurde. Wenn Ihr Kind Ihre Regel immer noch nicht befolgt, können Sie die natürliche Konsequenz offensichtlich nicht riskieren. Stattdessen müssen Sie eine Regel durchsetzen, dass es nicht mit seinem Dreirad fahren darf, es sei denn, ein Erwachsener ist dabei. Dies ist keine Bestrafung, obwohl Ihr Kind möglicherweise protestiert oder sogar weint.

Wie man Kindern Informationen gibt (wenn unerwünschtes Verhalten auf mangelnde Informationen zurückzuführen ist)

- Mündliche Erklärungen
- Nonverbale Demonstrationen
- Vorbereitung
- Natürliche Konsequenzen (aber keine künstlich erschaffenen)
- Ich-Botschaften

Natürliche Konsequenzen unterscheiden sich erheblich von einem Disziplinansatz, den manche als „logische Konsequenzen" bezeichnen. Dies sind künstlich erfundene Strafen, die ich nicht empfehle. Die logische Konsequenz für ein Kind, das beim Frühstück nicht viel isst, könnte sein, alle Nahrung bis zum Mittagessen zurückzuhalten, selbst wenn es hungrig wird. Diese künstliche Konsequenz unterscheidet sich nicht von einer Bestrafung. Es ist ein autoritärer Ansatz, der das Kind nicht respektiert. Warum nicht einfach das Kind essen lassen, wenn es Hunger hat?

Eine letzte effektive Möglichkeit, Informationen zu vermitteln, besteht darin, Ihr Kind über die Auswirkungen seines Verhaltens auf andere Personen, einschließlich Sie selbst, zu informieren. Die Verwendung von Ich-Botschaften ist eine nützliche Methode, um diese Informationen zu übermitteln, wie im vorherigen Abschnitt beschrieben.

5.7 Wie kann ich mit Verhaltensproblemen umgehen, die durch Stress oder nicht geheiltes Trauma verursacht sind?

Schmerzhafte Emotionen wie Angst, Frustration, Traurigkeit oder Eifersucht können zu einer Vielzahl von Verhaltensproblemen führen. Wenn Ihr Kind weiterhin inakzeptabel handelt, nachdem Sie versucht haben, alle seine Bedürfnisse zu erfüllen und alle erforderlichen Informationen zu geben, ist es wahrscheinlich, dass es sich verärgert fühlt oder unter einem vergangenen belastenden Ereignis leidet. Im folgenden Kasten sind einige häufige Verhaltensweisen aufgeführt, die durch Stress oder ein nicht geheiltes Trauma verursacht werden können.

Verhaltensweisen, die durch Stress oder nicht geheiltes Trauma verursacht werden können

- Hyperaktivität, Unruhe
- Impulsivität
- Aggression, Gewalt, Destruktivität
- Unausstehlichkeit, Unhöflichkeit
- Sturheit, Verweigerung der Zusammenarbeit
- Klammern, Jammern, forderndes Verhalten
- Häufiges Weinen oder Wutanfälle (Heilungsversuche)

Viele Eltern fragen sich, wie sie dieses Verhalten ändern können, ohne auf Bestrafungen oder Belohnungen zurückzugreifen. Wie können Sie auf ein Kind reagieren, das andere Kinder schlägt, den Turm seiner Schwester niederreißt, wild im Haus herumrennt, sich weigert zu kooperieren, unverschämt noch eine weitere Geschichte verlangt oder sich rundweg weigert, ins Bett zu gehen? Kinder, die auf diese Weise handeln, haben normalerweise schmerzhafte aufgestaute Emotionen. Der einzige Ansatz, der dauerhafte Erfolge bringt, besteht darin, Ihrem Kind bei seinen Gefühlen zu helfen, indem Sie Empathie zeigen und die emotionale Befreiung fördern. Wenn es sich sicher fühlt, seine Gefühle durch Weinen, Wut oder Lachen abzulassen, werden sich seine schmerzhaften Gefühle auflösen und sein Verhalten wird sich verbessern.

Damit sich Ihr Kind sicher genug fühlt, um zu weinen, muss es sich mit Ihnen verbunden fühlen. Stellen Sie daher zunächst eine Verbindung zu ihm her. Begeben Sie sich auf sein Niveau, stellen Sie Augenkontakt her, sprechen Sie freundlich und berühren oder umarmen Sie es. Diese Verbindung allein reicht jedoch möglicherweise nicht aus, um sein widerspenstiges Verhalten zu stoppen. Ihr Kind wird wahrscheinlich auch einen Vorwand brauchen, um zu weinen, den Sie bereitstellen können, indem Sie eine liebevolle Grenze setzen.

Um eine Grenze festzulegen, können Sie freundlich, aber bestimmt sagen: „Wir müssen jetzt den Spielplatz verlassen." Ihre Grenze kann auch darin bestehen, einen Gegenstand aus der Hand Ihres Kindes zu entfernen, beispielsweise ein zerbrechliches Spielzeug, das es gegen die Wand schlägt. Oder Sie können begrenzen, was Sie bereit sind, für es zu tun, zum Beispiel: „Ich werde dir heute Abend keine weiteren Bücher mehr vorlesen" oder „Ich bin zu müde, um dich zu tragen, aber ich werde deine Hand halten, während wir gehen."

In anderen Fällen müssen Sie möglicherweise eine physische Grenze festlegen und Ihre Kraft (aber nicht Ihre Gewalt) einsetzen, um die Arme oder Beine Ihres Kindes liebevoll zurückzuhalten, wenn es sie zum Schlagen oder Treten verwendet. Sie können sagen: „Ich werde nicht zulassen, dass du jemanden verletzt" und beide Handgelenke festhalten. Wenn nötig, ziehen Sie es in Ihre Arme und halten Sie seinen ganzen Körper in einer liebevollen Umarmung. Ein Raum kann ebenfalls als sicherer Ort dienen, um es in Schach zu halten, aber nur, wenn Sie bei ihm bleiben. Nehmen Sie zum Beispiel Ihr aufgeregtes Kind mit ins Badezimmer und bleiben Sie dort eine Weile bei ihm, um zu verhindern, dass es wild im Haus herumläuft. Diese Grenzen sind notwendige Einschränkungen, die Sie dem Verhalten Ihres Kindes auferlegen. Es besteht keine Notwendigkeit, Drohungen oder Bestrafungen anzuwenden oder Ihrem Kind in irgendeiner Weise Schaden zuzufügen. Ihr Ziel ist es *nicht*, Ihrem Kind ein schlechtes Gefühl zu geben oder ihm zu zeigen, wer der Boss ist. Im Gegenteil, Sie möchten, dass es sich sicher, geliebt und mit Ihnen verbunden fühlt.

Nachdem Sie eine liebevolle Grenze festgelegt haben, wundern Sie sich nicht, wenn Ihr Kind anfängt zu weinen oder zu wüten. Wie in Kapitel 1 erläutert, sind Tränen und Wutanfälle natürliche Mechanismen zum Stressabbau. Das Weinen Ihres Kindes ist ein gutes Zeichen, da es auf eine gesunde Freisetzung der aufgestauten Gefühle hinweist, die das unangemessene Verhalten verursacht haben. Ihre Antwort auf dieses Ausströmen von Emotionen ist wichtig. Sie müssen nicht nachgeben und die von Ihnen festgelegte Grenze ändern, egal wie laut Ihr Kind protestiert. Ihr Kind wird die Grenze als Vorwand zum Weinen verwenden (vgl. Phänomen „zerbrochener Keks"). Halten Sie also ruhig Ihre Grenzen ein, aber bleiben Sie bei Ihrem Kind, versichern Sie es Ihrer Liebe, erkennen Sie seine Gefühle an und bieten Sie Empathie an. Sie können sagen: „Ich sehe, dass du wirklich willst, dass ich noch eine Geschichte vorlese, aber ich werde das jetzt nicht tun. Es ist okay, darüber wütend zu sein." Es ist nicht erforderlich, weitere Erklärungen abzugeben.

Wenn Sie Ihr Kind festhalten, kämpft es möglicherweise während des Wutanfalls in Ihren Armen und versucht, sich zu befreien. Entscheiden Sie nach eigenem Ermessen, wie lange Sie es halten sollen. Manchmal ermöglicht Ihr fortdauerndes Halten es ihm, seine schmerzhaften Gefühle vollständig loszulassen. Sein Bedürfnis zu kämpfen könnte seine Wurzeln in einem vorgeburtlichen Trauma oder einer schwierigen Geburt haben. Die Botschaft, die Sie übermitteln, ist, dass es bei Ihnen sicher ist und dass die Verbindung zwischen Ihnen stärker ist als sein Ärger oder seine Angst. Zu anderen Zeiten entscheiden Sie sich vielleicht, das Kind aus Ihrer Umarmung zu entlassen und zu sehen, was es tut. Sein Verhalten zeigt an, ob es genug geweint hat oder nicht.

Nachdem Ihr Kind seinen Ausbruch beendet hat, wird es wahrscheinlich entspannter, verbundener und kooperativer. Das folgende Beispiel veranschaulicht diesen Ansatz mit meinem Sohn.

> Eines Tages im Alter von vier Jahren verhielt sich Nicky unausstehlich. Er schlug immer wieder auf die Zeitung, die sein Vater zu lesen versuchte, und fing dann an, mich zu schlagen. Mir war klar, dass er mit schmerzhaften Gefühlen um Hilfe bat, also brachte ich ihn ins Schlafzimmer und umarmte ihn herzlich. Er kämpfte ein bisschen, fing aber bald zu weinen an. Ich hielt ihn und streichelte liebevoll sein Gesicht, während er schrie und heftig weinte. Er bat immer wieder um Dinge wie Abendessen oder darum, auf die Toilette zu gehen. Ich sagte ihm sanft, dass all diese Dinge warten könnten und dass ich ihn für eine Weile festhalten würde. Er weinte ungefähr 15 Minuten lang heftig, beruhigte sich dann und schlief fast ein. Dann erzählte er mir von einem Albtraum über ins Haus eindringende Diebe, den er in der vergangenen Nacht gehabt hatte. Danach wollte er noch mehr mit mir kuscheln. Er war den Rest des Tages entzückend und wies keine Spur mehr von unausstehlichem Verhalten auf.

Eine andere Möglichkeit, mit störendem Verhalten umzugehen, besteht darin, Ihr Kind in bestimmte Arten des Spielens einzubeziehen und gleichzeitig das Lachen zu fördern. Dieser spielerische Ansatz kann genauso effektiv sein wie der oben beschriebene und ist besonders nützlich für Kinder, die nicht leicht weinen, oder für Situationen, in denen das Halten Ihres Kindes nicht möglich oder unangemessen wäre.

Im folgenden Beispiel beschrieb eine Freundin ihre Erfahrungen mit einem spielerischen Ansatz bei einem kleinen Jungen, um den sie sich regelmäßig kümmerte und der sich unausstehlich verhielt.

> Zu Weihnachten waren wir eine Woche voneinander getrennt, und als wir wieder zusammen waren, schien Jason (zwei Jahre) unglücklich zu sein, weinte aber gar nicht mehr. Wenn ich ihn festhielt, weinte er nicht. Er war weinerlich und reizbar und verlangte oft wütend Dinge. Die Dinge, die er verlangte, schienen ihn jedoch nicht zu befriedigen, und er versuchte mehrmals, mich zu hauen. Ich spürte, dass er viel aufgestauten Stress hatte, aber er schien zu ängstlich, ihn bei mir „loszulassen". Sein Vater war vorübergehend ausgezogen, und Jason hatte wahrscheinlich Angst. Ich beschloss, spielerischer vorzugehen und ihn zum Lachen anzuregen. Eines Tages waren wir auf einer Eisbahn und es war Zeit zu gehen, aber Jason wollte nicht. Im Auto sagte er in einem frechen, wütenden Tonfall: „Ich möchte auf der Eisbahn bleiben." Ich alberte herum und ahmte ihn nach, während ich ein sehr albernes Gesicht machte und so viel Akzeptanz wie möglich zeigte. Ich versuchte

zu vermitteln, dass seine Wut mich nicht verärgerte oder aus dem Konzept brachte, dass es viel Platz dafür gab und ich es nicht persönlich nehmen würde. Innerhalb weniger Sekunden lachte er sich kaputt und schien entspannter mit mir zu sein als seit Wochen. Das Jammern ließ nach und er schien viel weniger wütend zu sein. Jedes Mal, wenn er wütend war, war ich locker, verspielt und albern zu ihm. Am nächsten Tag waren wir draußen im Schnee und er wurde sehr frustriert, als er einen Hügel hinaufging. Als er anfing zu jammern, war ich weiterhin albern und locker, und dann fing er an, spontan zu weinen, und so viel kam heraus! Ich ging mit ihm auf Augenhöhe und schenkte ihm meine Aufmerksamkeit. Sein Schluchzen klang eher nach Trauer als nach Wut. Ich selbst habe fast vor Freude geweint, weil es ihn so zu befreien schien. Es war das erste Mal seit über sechs Wochen, dass er geweint hatte. Ich war mir sicher, dass er es wirklich nötig hatte, aber dass er sich einfach nicht sicher genug fühlen konnte, dies zu tun. Der Unterschied in seiner Stimmung unmittelbar nach dem Weinen war phänomenal. Er wurde ruhig, natürlich, friedlich und fröhlich. All das Anklammern und Fordern hörten auf. Das war wirklich eine große Veränderung.

In diesem Beispiel erlaubte ihm die alberne Nachahmung des Kindes durch die Frau, sich sicher zu fühlen und zu lachen, was wahrscheinlich etwas von seiner aufgebauten Spannung beseitigte. Später fühlte er sich sicher genug, um zu weinen, was ihm half, tiefere Emotionen freizusetzen. Wenn Sie einen spielerischen Ansatz wie diesen verwenden, stellen Sie sicher, dass Ihr Kind weiß, dass Sie es nicht ärgern.

Aktives Machtumkehrspiel ist besonders effektiv bei Kindern, die aggressiv oder gewalttätig handeln. Verwickeln Sie Ihr Kind in eine Kissenschlacht, in der Sie vorgeben, schwach oder ungeschickt zu sein. Spielen Sie Ihre Rolle, indem Sie dramatisch zu Boden fallen. Wenn es während dieser Aktivität lacht, sind Sie auf dem richtigen Weg. Das Lachen zeigt an, dass es Ärger und Frustration loslässt. Ich empfehle diesen Ansatz oft Klienten, deren Kinder aggressiv sind, und die positive Veränderung des Verhaltens ihrer Kinder nach solchen Kissenschlachten überrascht sie manchmal. (Weitere Informationen zum therapeutischen Spiel finden Sie in Kapitel 4 und auch in meinem Buch *Spielen schafft Nähe – Nähe löst Konflikte.*)

Zwei Möglichkeiten, mit aggressivem oder störendem Verhalten umzugehen (verursacht durch Stress oder nicht geheiltes Trauma)

Liebevolle Grenzen setzen und Weinen lassen

- Stellen Sie eine Verbindung her.
- Setzen Sie eine liebevolle Grenze (für das Verhalten Ihres Kindes oder für Ihr eigenes).
- Ermutigen Sie das Kind zum Weinen und Wüten.

Spielen und lachen

- Stellen Sie eine Verbindung her.
- Binden Sie das Kind in bestimmte Arten von Spielen ein.
- Ermutigen Sie es zum Lachen.

5.8 Manchmal verletze ich mein Kind vor Wut. Was kann ich dagegen tun?

Wenn Sie Ihre Geduld verloren und Ihr Kind geschlagen haben, werden Sie sich vermutlich danach schuldig fühlen, weil das nicht die Art von Eltern ist, die Sie sein wollen. Wenn dies häufig geschieht, hilft es Ihnen vielleicht, die Gründe für Ihre Wut und den Verlust der Selbstkontrolle zu erforschen. Es gelten die gleichen drei Gründe für unerwünschtes Verhalten wie für Ihr Kind: (1) Sie haben ein unbefriedigtes Bedürfnis, (2) Ihnen fehlen Informationen oder (3) Sie fühlen sich gestresst oder leiden an einem nicht geheilten Trauma.

Der erste Schritt besteht darin, sich um Ihre eigenen Bedürfnisse zu kümmern. Sie können nicht die Art von Eltern sein, die Sie sein möchten, wenn Sie unbefriedigte Bedürfnisse haben. Bekommen Sie genug Schlaf, Bewegung und Freizeit? Sind Sie frustriert, weil Sie ein Vollzeitelternteil sind, sich aber wünschen, einen Job außerhalb des Hauses zu haben? Viele Eltern sind die meiste Zeit körperlich und emotional erschöpft. Sie sind immer berechtigt, um die Art von Hilfe zu bitten, die es Ihnen ermöglicht, ein besserer Elternteil zu sein.

Der zweite mögliche Grund für Ihre Ungeduld ist der Mangel an Informationen über die Entwicklung des Kindes. Sind Ihre Erwartungen für das Alter Ihres Kindes zu hoch? Vielleicht machen Sie sich Sorgen über ein Verhalten, das eigentlich recht typisch ist. Informieren Sie sich unbedingt über normale Entwicklungsstadien. Diese Informationen könnten Ihnen helfen, das Verhalten Ihres Kindes besser zu verstehen und toleranter zu werden.

Der dritte Grund ist entweder aktueller Stress in Ihrem Leben oder ein nicht geheiltes Trauma aus der Vergangenheit. Haben Sie gesundheitliche, Beziehungs- oder finanzielle Probleme? Wenn ja, versuchen Sie, die Hilfe und Unterstützung zu erhalten, die Sie benötigen. Wenn Sie mit nicht geheilten Schmerzen aus der Kindheit zu kämpfen haben, werden Sie sich möglicherweise häufig durch das Verhalten Ihres Kindes getriggert fühlen. Wenn Ihr Kind etwas tut, für das Sie bestraft wurden (z. B. einen Wutanfall oder einen Kampf mit einem Geschwister), fällt es Ihnen möglicherweise schwer, ruhig und objektiv zu bleiben. Ihr erster Impuls könnte sein, Ihr Kind genauso zu bestrafen, wie Sie selbst bestraft wurden. Manche Menschen sind sich ihres eigenen Kindheitstraumas nicht bewusst, bis sie Eltern werden. Einige sind sogar schockiert über die Intensität ihres Zorns und fragen sich, woher er kommt. Wenn Sie misshandelt oder vernachlässigt wurden, wird das Verhalten Ihres Kindes Sie wahrscheinlich häufig triggern.

Wenn Sie häufig die Geduld mit Ihrem Kind verlieren und der Meinung sind, dass die Hauptursache Ihre eigenen nicht geheilten Schmerzen aus der Kindheit sein könnten, erwägen Sie, sich einer Selbsthilfegruppe anzuschließen, Beratung oder Therapie in Anspruch zu nehmen oder einen guten Freund zu bitten, Ihnen zuzuhören, während Sie Erinnerungen erforschen und Ihre Emotionen ausdrücken. Wenn Sie befürchten, dass Sie Ihrem Kind ernsthaften Schaden zufügen, rufen Sie bitte eine Hotline für Kindesmissbrauch an. Sie können auch den Raum verlassen, auf ein Kissen schlagen oder in ein Kissen schreien. Einige Eltern halten den Atem an und zählen bis zehn. Dies mag Ihren Ärger vorübergehend beruhigen, aber es ist viel gesünder, Ihre Gefühle herauszulassen, als sie festzuhalten. Denken Sie auch daran, sich zu all den Zeiten zu beglückwünschen, in denen Sie Ihr Kind nicht geschlagen haben, obwohl Sie einen starken Drang danach verspürten, dies zu tun. Sie verdienen es, stolz auf diese Momente der Selbstkontrolle zu sein.

Wenn Kinder emotionale oder Verhaltensprobleme entwickeln, werden oft zuerst die Eltern beschuldigt. Unsere Gesellschaft bietet Eltern jedoch nicht die Ausbildung oder Unterstützung, die sie benötigen würden, um ihre Aufgaben besser zu erfüllen. Trotz dieser Schwierigkeiten bin ich fest davon überzeugt, dass es möglich ist, unsere eigenen Kinder besser zu behandeln, als wir selbst behandelt wurden. Ich bin immer wieder erstaunt über die inneren Ressourcen und die Stärke der Eltern, die meinen Rat suchen und sich bemühen, ihre Kinder trotz ihrer eigenen Geschichte von Bestrafung, Missbrauch oder Vernachlässigung mit Liebe und Geduld zu erziehen.

Wenn Sie Ihr Kind aus Wut geschlagen haben, umarmen Sie es, sagen Sie ihm, dass Sie es lieben, und entschuldigen Sie sich für Ihr Verhalten. Lassen Sie es wissen, dass es das nicht verdient hat, geschlagen zu werden, und dass es ein guter Mensch ist. Geben Sie ihm die Chance zu weinen, wenn es das Bedürfnis dazu hat, und seien Sie nicht überrascht, wenn es sagt, dass es Sie hasst. Im folgenden Beispiel beschrieb eine Mutter ihre Erfahrung mit dem Schlagen ihrer vierjährigen Tochter.

> Einmal erinnere ich mich, dass ich ihr gerade Spielkarten gekauft hatte und wir mit ihnen spielten. Aber sie fing an, sie zu zerknüllen. Ich war so geschockt, dass ich auf ihre Hand schlug. Nun, sie wurde hysterisch und weinte sehr heftig. Danach hatten wir ein Gespräch und ich erklärte ihr (während Tränen über mein Gesicht liefen), dass ich mich meiner Worte hätte bedienen sollen. Sie schien wirklich zu verstehen, dass ich an etwas arbeiten musste. Ich wusste nicht, wie ich meine Sprache verwenden sollte, und die Verwendung von Worten ist viel besser als das Schlagen.

5.9 Wie kann ich mein Kind dazu bringen, bei der Hausarbeit zu helfen?

Kinder unterscheiden nicht zwischen Arbeit und Spiel. Sie finden alles lustig, einschließlich der Aufgaben, die wir als häusliche Pflichten wie Kochen, Putzen und Waschen betrachten. Wenn Sie keine Freude an der Hausarbeit haben, fällt es Ihnen möglicherweise schwer, Ihrem eigenen

Kind eine entspannte, fröhliche Einstellung dazu zu vermitteln, und Sie finden sich vielleicht in der Situation wieder, dass Sie ihm damit in den Ohren liegen, Ihnen zu helfen, und ihm zu drohen, wenn es dies nicht tut.

Kleine Kinder ahmen normalerweise nach, was ihre Eltern tun, einschließlich Hausarbeiten. Wenn Sie diese Tendenz in einem frühen Alter fördern, wird Ihr Kind später eher bei der Hausarbeit helfen. Die Versuche Ihres Zweijährigen, den Tisch zu decken oder den Boden zu kehren, sind zunächst nicht perfekt, und die Hausarbeit kann länger dauern, wenn Sie Ihr Kind helfen lassen. Aber Ihre Geduld wird sich auf lange Sicht auszahlen.

Aufgaben machen mehr Spaß, wenn sie Momente der Verbindung und Zusammenarbeit bieten. Wenn Ihr Kind älter wird, hilft es mit höherer Wahrscheinlichkeit weiter, wenn Sie gemeinsam Aufgaben erledigen. Anstatt zu erwarten, dass Ihr Kind sein Spielzeug selbst aufräumt, bieten Sie an, es mit ihm zu tun. Vergessen Sie auch nicht, die Informationen und Anleitungen bereitzustellen, die Ihr Kind benötigt. Nehmen Sie sich Zeit, um ihm beizubringen, wie es sein Spielzeug organisiert, den Tisch deckt, die Wäsche sortiert oder die Katze füttert, wenn dies die Aufgaben sind, die es erledigen soll.

Einige Eltern versuchen, ihre Kinder zu motivieren, Aufgaben zu erledigen, indem sie sie bezahlen oder auf andere Weise belohnen. Ihr Ziel ist es jedoch, auf dem natürlichen Wunsch Ihres Kindes aufzubauen, einen Beitrag zu leisten und mitzuhelfen, einfach weil es sich als Teil der Familie fühlt. Wenn Sie Belohnungen geben, bringen Sie ihm bei, die Hausarbeit für seine persönliche Befriedigung zu erledigen. Sind das die Werte, die es wirklich lernen soll? Wenn Sie Ihrem Kind ein wöchentliches oder monatliches Taschengeld gewähren möchten, damit es lernen kann, wie man mit Geld umgeht, ist das in Ordnung, aber es ist am besten, diese Zahlungen von der Frage der Hausarbeit zu trennen.

Versuchen Sie es mit einem spielerischen Ansatz, anstatt ein Belohnungssystem zu verwenden. Stellen Sie einen Wecker und versuchen Sie, schneller zu sein als die eingestellte Zeit, während Sie gemeinsam eine Arbeit erledigen, oder legen Sie ein Musikstück auf und versuchen Sie, eine bestimmte Aufgabe zu erledigen, bevor die Musik aufhört. Spielen Sie, Heinzelmännchen zu sein, die heimlich das Haus aufräumen, um Mama zu überraschen, wenn sie nach Hause kommt.

Kinder sind in der Regel eher hilfsbereit, wenn sie Wahlmöglichkeiten haben. Lassen Sie Ihr Kind also entscheiden, welche Aufgaben es erledigen soll. Sie können dies im Rahmen wöchentlicher Familienkonferenzen tun (wo Sie auch Konflikte besprechen). Geben Sie Ihrem Kind eine Liste mit Aufgaben und bitten Sie es, diejenigen auszuwählen, zu denen es in der folgenden Woche bereit ist. Seien Sie nicht überrascht, wenn Ihr Kind sich bereit erklärt, für eine Weile eine Hausarbeit zu erledigen, aber dann zu einer anderen wechseln möchte.

Ich habe keines meiner Kinder für die Hausarbeit belohnt, und ich hatte keine Probleme, sie zu motivieren. Als meine Tochter vier Jahre alt war, bestand eine ihrer Aufgaben darin, den Badezimmerboden mit ihrem kindgerechten Mopp zu wischen. Sie mochte die Tatsache, dass ihr kleiner Mopp in den Zwischenraum hinter der Toilette passte und der erwachsene Mopp nicht. Ihre Aufgaben wurden meinen Kindern oft langweilig und sie wollten andere, deshalb haben wir dieses Thema häufig bei unseren Familienkonferenzen besprochen. Um sie an die Aufgaben zu erinnern, die sie gewählt hatten, bereitete ich für jedes Kind ein Blatt mit einer Liste ihrer Aufgaben vor (normalerweise nur eine pro Tag). Bevor sie lesen konnten, zeichnete ich Bilder, um die verschiedenen Aufgaben darzustellen. Sie genossen es, jeden Tag nach Abschluss ihrer Arbeit einen Stern auf die Checkliste zu setzen. Dies war kein Belohnungssystem, sondern einfach eine Methode, um ihnen zu helfen, den Überblick zu behalten und das Gefühl zu haben, etwas geschafft zu haben.

Tipps, um Kinder zu ermutigen, bei der Hausarbeit zu helfen

› Beginnen Sie früh und fördern Sie die Tendenz Ihres Kindes, Sie zu imitieren.

› Erledigen Sie die Aufgaben zusammen.

› Stellen Sie Informationen und Anleitungen bereit.

› Vermeiden Sie Bezahlung und andere Belohnungen.

› Seien Sie spielerisch und machen Sie aus der Hausarbeit Spaß.

› Besprechen Sie Aufgaben bei der Familienkonferenz und lassen Sie Wahlmöglichkeiten.

5.10 Was kann ich gegen Einschlaf- und Mittagsschlafprobleme tun?

Probleme mit dem Einschlafen stehen ganz oben auf der Liste der Schwierigkeiten der Eltern. Sie können den Widerstand Ihres Kindes gegen das Einschlafen verringern, indem Sie die beiden Faktoren angehen, die am wahrscheinlichsten zu Problemen führen: das Bedürfnis Ihres Kindes nach Verbindung und sein Bedürfnis nach Freisetzung von Emotionen. Es ist normal, dass kleine Kinder nicht alleine einschlafen, und die meisten bevorzugen die Anwesenheit einer anderen Person. Wie in Kapitel 2 erwähnt, könnte die Angst, allein im Dunkeln zu sein, in prähistorischen Zeiten einen Überlebenswert gehabt haben und durch den Prozess der natürlichen Selektion im Gehirn von Kindern verankert worden sein. Tatsächlich schlafen die Jungen aller Landsäugetiere neben ihren Müttern. Es ist nichts Falsches daran, diesem Bedürfnis gerecht zu werden, wenn Ihr Kind möchte, dass Sie bei ihm bleiben, bis es einschläft.

In meinem Buch *Warum Babys weinen* empfehle ich, gemeinsam zu schlafen, um das Bedürfnis Ihres Babys nach nächtlicher Nähe am besten zu befriedigen. Wenn Sie gerne zusammen schlafen, gibt es keinen Grund aufzuhören, bis Ihr Kind dazu bereit ist. Es wird schließlich bereit sein, in seinem eigenen Zimmer zu schlafen, aber das Alter, in dem diese Veränderung auftritt, variiert erheblich von Kind zu Kind. Kinder, die sich ein Zimmer mit einem Geschwister teilen können, wachsen eher aus der Notwendigkeit heraus, mit ihren Eltern zusammen zu schlafen, als Kinder, die alleine schlafen müssen. Auch wenn Ihr Kind möglicherweise bereit ist, in einem separaten Raum zu schlafen, kann es trotzdem noch einige Jahre um Ihre Anwesenheit vor dem Schlafengehen bitten. Es kann auch gelegentlich mitten in der Nacht in Ihr Zimmer zurückkehren, insbesondere wenn es einen Albtraum hat oder sich krank fühlt. Jeder Stress im Leben Ihres Kindes erhöht das Bedürfnis nach nächtlicher Verbindung.

Das folgende Beispiel beschreibt Einschlaferfahrungen mit meiner Tochter.

> Sarah schlief vom Tag ihrer Geburt an neben mir in meinem Bett. Als sie älter wurde, schlief sie auf einer kleinen Matratze neben der großen Matratze (auf dem Boden), die mein Mann und ich teilten. Mit dreieinhalb Jahren wollte sie im

> selben Raum wie ihr Bruder (acht Jahre) schlafen. Zuerst kam sie immer mitten in der Nacht in unser Zimmer zurück, aber schließlich blieb sie die ganze Nacht in ihrem eigenen Bett. Als sie vier Jahre alt war, wurde ich plötzlich für eine Blinddarmentfernung ins Krankenhaus eingeliefert. Als ich aus dem Krankenhaus zurückkam, kam sie jeden Abend in unser Zimmer zurück. Dies dauerte mehrere Monate, bevor sie wieder die Nacht in ihrem eigenen Bett durchschlief. Dann, als sie viereinhalb Jahre alt war, begann sie mit dem Kindergarten und kam jeden Abend wieder zu uns ins Bett. Mit fünf Jahren freute sie sich über ein eigenes Zimmer und schlief glücklich darin ein. Sie brauchte jedoch immer noch jemanden, der bei ihr blieb, bis sie einschlief, und manchmal kam sie mitten in der Nacht zu unserem Bett. Ich ließ sie immer die Nacht in meiner Nähe beenden.

Der zweite zu berücksichtigende Faktor ist die Notwendigkeit, Emotionen freizusetzen. Akkumulierte schmerzhafte Gefühle können zu Spannungen führen, die verhindern, dass Ihr Kind einschlafen kann. Die meisten Babys müssen vor dem Schlafengehen (während sie im Arm gehalten werden) weinen, um Spannungen vom Tag zu lösen, und diese emotionale Entspannung vor dem Schlafengehen hält für viele Kinder bis weit in die frühen Kindheitsjahre an. Ihr Kind findet möglicherweise einen Vorwand, um zu weinen (das Phänomen „zerbrochener Keks“): Sein Lieblingspyjama befindet sich in der Wäsche oder Sie haben die falsche Zahnpasta gekauft. Sie werden natürlich die wirklichen Bedürfnisse Ihres Kindes erfüllen wollen, aber einige der Dinge, über die Kinder weinen, sind keine wirklichen Bedürfnisse. Wenn Ihr Kind vor dem Schlafengehen sehr fordernd wird und Sie vermuten, dass es aufgestaute Emotionen hat, kann es angebracht sein, eine liebevolle Grenze zu setzen und das Weinen oder den Wutanfall gutzuheißen, der sich aus Ihrer Grenze ergibt.

Einige Kinder werden vor dem Schlafengehen hyperaktiv oder extrem aufgeregt. Dieses hohe Aktivitätsniveau kann auf ein Bedürfnis nach Weinen hinweisen, und eine körperliche Grenze in Kombination mit liebevoller Verbindung kann dazu beitragen, die Tränen Ihres Kindes freizusetzen. Wie weiter oben in diesem Kapitel beschrieben, können Sie Ihr Kind ins Badezimmer bringen und dort bei ihm bleiben. Oder Sie können es liebevoll halten, um seine hektischen Bewegungen einzudämmen. Wenn Sie nichts tun, sollten Sie sich auf die Möglichkeit einstellen, dass Ihr Kind einen Vorwand zum Weinen schafft, indem es möglicherweise ein Geschwister provoziert, damit dieses es haut. Nachdem Ihr Kind sich ausgeweint hat, entspannt es sich wahrscheinlich und kann leicht einschlafen.

Ein weiterer Ansatz, um eine Verbindung herzustellen und gleichzeitig die Freisetzung von Emotionen zu fördern, besteht darin, Ihr Kind an spielerischen Aktivitäten zu beteiligen, die zum Lachen führen (wie in Kapitel 4 beschrieben). Ein paar Minuten einer Kissenschlacht mit Machtumkehr können bei einem Kind, das vor dem Schlafengehen aufgeregt oder aggressiv ist, Wunder wirken. Wenn sich Ihr Kind albern verhält, kann ein paar Minuten Nonsensspiel dazu beitragen, dass es sich mit Ihnen verbunden fühlt, während es durch Lachen Spannungen löst.

Diese Richtlinien für Verbindung und Freisetzung von Emotionen gelten auch für den Mittagsschlaf. Beachten Sie jedoch, dass der Widerstand gegen den Schlaf während des Tages möglicherweise darauf zurückzuführen ist, dass Ihr Kind dem Bedürfnis nach einem Mittagsschlaf entwachsen ist oder zu diesem bestimmten Zeitpunkt keinen Schlaf benötigt. Die individuellen Schlafbedürfnisse variieren stark und hängen von erblichen Faktoren, der Wachstumsgeschwindigkeit, Gesundheit, Schlafmenge in der Nacht und Bewegung ab. Einige Zweijährige müssen nicht mehr während des Tages schlafen, während andere Kinder im Alter von sechs oder sieben Jahren noch einen täglichen Mittagsschlaf brauchen, insbesondere wenn sie abends lange aufbleiben dürfen. Sie können den Schlafplan Ihres Kindes schrittweise umstellen, damit er zu Ihrem Lebensstil und Ihrer Kultur passt.

Übungen Kapitel 5

Erforschen Sie Ihre Kindheit

» Wurden Sie als Kind bestraft? Wie? Versuchen Sie, sich an einige Vorfälle zu erinnern und darüber nachzudenken, wie Sie sich gefühlt haben. Wurden Sie jemals für „gutes" Verhalten belohnt? Wie haben Sie sich dabei gefühlt?

» Wurde von Ihnen erwartet, dass Sie den Befehlen Ihrer Eltern gehorchen, ohne sie zu hinterfragen? Wenn ja, wie haben Sie sich dabei gefühlt?

» Welche Erinnerungen haben Sie an Hausarbeit und Schlafenszeit? Wünschen Sie sich, Ihre Eltern hätten anders gehandelt?

Bringen Sie die Gefühle zum Ausdruck, die Ihr Kind bei Ihnen auslöst

» Machen Sie eine Liste der Verhaltensweisen Ihres Kindes, die Sie am meisten stören. Wie denken Sie über jede einzelne? Was möchten Sie Ihrem Kind zu dieser Zeit antun? (Dies ist nicht unbedingt das, was Sie tun sollten!)

» Versuchen Sie, die zugrunde liegenden Ursachen für das unerwünschte Verhalten Ihres Kindes zu ermitteln. Glauben Sie, dass manche von ihnen auf ein nicht geheiltes Trauma hinweisen? Wie fühlen Sie sich dabei und wie können Sie Ihrem Kind helfen?

» Hilft Ihr Kind zu Hause so viel, wie Sie möchten?

Geben Sie sich selbst Zuwendung

» Werden Ihre Grundbedürfnisse erfüllt (für Essen, Ruhe, Zeit alleine usw.)? Wenn nicht, was können Sie tun, um Ihre Bedürfnisse zu erfüllen?

» Suchen Sie den Kontakt zu anderen Eltern und vergleichen Sie Lösungen für Verhaltensprobleme Ihres Kindes. Wählen Sie Eltern aus, die Ihren nicht-strafenden Ansatz teilen.

» Wenn Sie häufig die Geduld mit Ihrem Kind verlieren und es schlagen oder anschreien, suchen Sie eine Selbsthilfegruppe oder einen Therapeuten, der Ihnen bei der Bewältigung Ihres Kindheitstraumas helfen kann.

6

Freunde und Feinde

Dieses Kapitel konzentriert sich auf die Beziehungen von Kindern zu anderen Menschen. Zu lernen, wie man mit anderen auskommt, ist eine der Aufgaben der frühen Kindheit. Familien bieten eine hervorragende Möglichkeit, soziale Fähigkeiten zu erlernen, insbesondere wenn mehr als ein Kind vorhanden ist. Dieses Kapitel behandelt auch die Beziehungen von Kindern zu Freunden und Stiefeltern sowie das Thema sexueller Missbrauch.

6.1 Wie kann ich mein Kind auf ein neues Baby vorbereiten?

Es ist wichtig, dass Sie Ihr Kind auf die Geburt eines Geschwisters vorbereiten. Je nach Alter können Sie dies tun, indem Sie Bücher lesen, Bilder zeigen, mit Puppen Rollenspiele spielen oder einfach über das bevorstehende Ereignis sprechen. Ihr Kind wird wahrscheinlich viele Fragen haben, die meiner Empfehlung nach einfach und direkt beantwortet werden sollten. Seine Fragen können zu Themen führen, wie z. B. woher das Baby kam oder wie es zu wachsen begann, und dies könnte ein perfekter Zeitpunkt sein, um grundlegende Konzepte der menschlichen Sexualität und Fortpflanzung einzuführen. Vermeiden Sie es, ihm den Eindruck zu vermitteln, dass das Baby ein neuer Spielgefährte sein wird, da es möglicherweise enttäuscht wird, wenn es feststellt, dass das Baby nicht viel kann. Sagen Sie ihm stattdessen, dass das Baby ziemlich hilflos ist und erhebliche Pflege benötigt.

Wenn sich der Entbindungstermin nähert, wird Ihr Kind wahrscheinlich genau wissen wollen, was passieren wird. Es kann fragen, wie und wann das Baby herauskommt, wo die Mutter sein wird, wo es selbst sein wird oder wer sich um es kümmert. Möglicherweise müssen Sie diese Fragen mehrmals beantworten und das Ereignis ggf. sogar durch Rollenspiele proben.

Ihr Kind hat möglicherweise Bedenken aufgrund falscher Vorstellungen. Gegen Ende meiner Schwangerschaft machte sich mein Sohn (fast fünf Jahre alt) Sorgen, dass das Baby herauskommen könnte, während ich schlafe. Ich versicherte ihm, dass die Wehen mich definitiv wecken würden! Bei einer Geburt herrscht immer große Unsicherheit: das Geschlecht des Babys, der Tag und die Uhrzeit der Geburt, die Möglichkeit eines Not-Kaiserschnitts oder eines behinderten Kindes. Es ist besser, Ihr Kind auf diese Möglichkeiten vorzubereiten, als ihm Informationen zu geben, die sich als falsch erweisen können. Sagen Sie Ihrem Kind, dass es einige Dinge gibt, die niemand im Voraus weiß.

Viele Eltern finden es gut, wenn ihre Kinder bei der Geburt eines Geschwisters anwesend sind, und einige Krankenhäuser erlauben dies jetzt, aber Sie bevorzugen möglicherweise eine Hausgeburt. Wenn Sie vorhaben, dass Ihr älteres Kind bei der Geburt anwesend sein soll, ist es vorteilhaft, ihm einige grundlegende Informationen zur Geburt zu geben, unabhängig davon, wo die Geburt stattfindet. Erklären Sie alles, was passieren wird sowie alles, was passieren *könnte.* Lassen Sie Beschreibungen von Blutungen und Plazenta nicht aus. Es muss wissen, dass seine Mutter nicht zur Verfügung steht, um auf seine Bedürfnisse zu reagieren, es festzuhalten oder vielleicht sogar während der Geburt und den Wehen mit ihm zu sprechen. Es muss auch wissen, dass seine Mutter seltsame Geräusche machen und sich in ungewöhnlichen Positionen befinden kann, aber dass dieses Verhalten nicht bedeutet, dass sie krank ist. Teilen Sie ihm auch Ihre Erwartungen bezüglich seines Verhaltens während des Geburtsprozesses mit und versichern Sie ihm, dass es seine Meinung jederzeit ändern kann, wenn es doch nicht anwesend sein möchte. Ich empfehle, zusätzlich zu Ihrem Partner (und zur Hebamme) einen Erwachsenen zur Verfügung zu haben, dessen einzige Aufgabe es ist, auf Ihr älteres Kind zu achten.

Ein weiterer wichtiger Aspekt ist es, sicherzustellen, dass sich Ihr Kind bei dem nicht stillenden Elternteil rundum wohl fühlt, da dieser Elternteil nach der Geburt des Babys eine wichtige Rolle spielt. Sie können während der Schwangerschaft Maßnahmen ergreifen, damit sich beide Elternteile die Verantwortung für die Pflege teilen, z. B. indem Sie Ihr Kind ins Bett bringen, sofern Sie dies nicht bereits tun. Lassen Sie Ihr Kind auch Zeit mit anderen Erwachsenen verbringen, die sich nach der Geburt um es kümmern.

Mit diesen Vorbereitungen kann die Geburt eines Geschwisters für Ihr Kind sowohl emotional als auch intellektuell eine wunderbare und bedeutungsvolle Erfahrung sein. Es kann von Anfang an mit seinem kleinen Bruder oder seiner kleinen Schwester in Kontakt treten. Mein Sohn war bei der Geburt seiner Schwester anwesend, wie im folgenden Absatz beschrieben.

> Nicky war fast fünf Jahre alt, als seine Schwester Sarah geboren wurde. Während meiner Schwangerschaft stellte er viele Fragen, und wir liehen uns Bücher aus der Bibliothek aus, die das Wachstum eines Babys und den Geburtsprozess beschrieben. Als sich mein Entbindungstermin näherte, war er anwesend, als mein Mann und ich die verschiedenen Phasen der Wehen und Atemtechniken einstudierten. Wir informierten ihn über den Geburtsprozess und die verschiedenen möglichen Szenarien (einschließlich eines Kaiserschnitts im Notfall). Wir einigten uns auf ein Signal für ihn, still zu sein: Ich würde meinen rechten Zeigefinger heben, um den Beginn einer Wehe anzuzeigen. Wir haben dieses Signal einstudiert, bis er es gut kannte. Die Geburt sollte in einem Krankenhaus stattfinden, in dem Familien anwesend sein konnten. Meine Mutter war bereit, mit Nicky zusammen zu sein und ihn zu beschäftigen, wenn ihm langweilig wurde. Die Geburt verlief reibungslos. Nicky war sehr aufmerksam, gehorchte meinen Signalen perfekt und hatte keine Angst vor dem Anblick von Blut. Er genoss es, mit dem Arzt zu sprechen und Fragen zu stellen. Er durfte seine kleine Schwester halten, bevor sie eine Stunde alt war. Von Anfang an fühlte er sich ihr sehr verbunden und bat regelmäßig, sie zu halten. Er wünschte, sie könnte in seinem Zimmer schlafen. Er zeigte großes Interesse an ihrem Wachstum und ihrer Entwicklung und fühlte sich für ihre Sicherheit und ihr Wohlbefinden verantwortlich. Ich bin überzeugt, dass seine Anwesenheit bei ihrer Geburt dazu beigetragen hat, diese starke Bindung zwischen ihnen herzustellen. Obwohl er manchmal starke Eifersucht verspürte, versuchte er nie, ihr Schaden zuzufügen.

6.2 Was kann ich gegen den Groll meines Kindes gegen ein neues Baby tun?

Die Geburt eines Geschwisters erfordert eine schwierige Anpassung für ein Kind. Es ist, als ob ein Mann zu seiner Frau sagte: „Schatz, ich werde eine andere Frau in unsere Familie aufnehmen. Ich liebe dich sehr, und ich werde auch meine neue Frau lieben. Ich hoffe, du wirst sie auch lieben. Ich werde besonders am Anfang viel Zeit mit ihr verbringen." Wenden Sie diese Idee auf sich und Ihren Partner an und überlegen Sie, wie Sie sich fühlen würden!

Selbst wenn Sie Ihr Kind auf das neue Baby vorbereitet haben, kann es dennoch wütend und ärgerlich sein. Es kann diese Wut zeigen, indem es versucht, Ihnen oder dem Baby Schaden zuzufügen, unkooperativ oder unausstehlich zu werden oder unangemessene Forderungen zu stellen. Es kann sich auch zu kindlichem Verhalten zurückentwickeln, indem es sich möglicherweise weigert, selbstständig zu essen oder sich anzuziehen, dazu auffordert, gestillt zu werden oder wieder eine Flasche zu benutzen, oder sich wieder einnässt, obwohl es schon längst trocken ist.

Ihr Kind braucht viel Liebe und Aufmerksamkeit, und Sie können dieses Bedürfnis befriedigen, indem Sie jeden Tag etwas Zeit für nicht-direktive, kindzentrierte Spiele einplanen, auch wenn dies nur zehn oder fünfzehn Minuten dauert (wie in Kapitel 4 beschrieben). Versuchen Sie in dieser besonderen Zeit, Ihre Aufmerksamkeit ganz Ihrem Kind zu widmen, und lassen Sie es entscheiden, was gemacht werden soll. Je nach Alter möchte es vielleicht ein Spiel spielen, kuscheln, mit Bauklötzen bauen, mit seinen Spielsachen imaginäre Szenarien nachstellen oder sich als Baby ausgeben.

Ihr Kind muss wahrscheinlich auch Gefühle von Groll und Wut loslassen. Akzeptieren Sie daher unbedingt seine Tränen und Wutanfälle (wie in Kapitel 1 beschrieben). Seien Sie nicht überrascht, wenn ein kleiner Vorwand einen großen Zusammenbruch auslöst. Das folgende Beispiel meines Sohnes zeigt eine intensive Wut, die durch die Eifersucht auf seine kleine Schwester ausgelöst wurde.

Mit fünfeinhalb Jahren erreichte Nickys Eifersucht auf Sarah einen Höhepunkt, wahrscheinlich weil seine Großmutter (die ihm normalerweise viel Aufmerksamkeit schenkte) über den Sommer weg war. Er wurde anhänglich und wollte mit mir kuscheln, besonders wenn ich Sarah hielt. Eines Tages, nachdem ich ihm eine Stunde lang vorgelesen hatte, stieß er sich versehentlich den Kopf und fing an zu weinen. In diesem Moment wachte Sarah auf. Ich hob sie hoch und begann sie zu stillen. Das war einfach zu viel für Nicky, der laut schrie: „Ich möchte nicht, dass du Sarah im Arm hältst!" Er schrie und weinte und versuchte dabei, mich zu treten. Das Weinen war für mich akzeptabel, das Treten jedoch nicht. Kein anderer Erwachsener war zu Hause, um bei ihm zu sein, also hatte ich keine andere Wahl, als das Baby in ein anderes Zimmer zu bringen und die Tür zu schließen. Nicky weinte laut vor der Tür, aber nach ein paar Sekunden versprach er, mich nicht zu treten. Also öffnete ich die Tür und ließ ihn herein. Er setzte sich neben uns und weinte weiter, machte aber keinen weiteren Versuch, mich zu treten. Nachdem Sarah mit dem Trinken fertig war, kroch er in meinen Schoß und schluchzte weiter. Danach war er gut gelaunt und spielte ganz fröhlich alleine. Er zeigte nie wieder diesen Grad an Eifersucht.

In diesem Beispiel hat es mir keinen Spaß gemacht, eine Trennung zwischen meinem Sohn und mir zu erzwingen, als er eine Verbindung brauchte, aber diese dauerte nur einige Sekunden. Außerdem ließ ihn meine feste Grenze wissen, dass sein Treten völlig inakzeptabel war.

Machtumkehr-Spiele können auch sehr hilfreich sein, da sie es Kindern ermöglichen, ihre aggressive Energie auf harmlose Weise zu nutzen und Spannungen durch Lachen abzubauen. Im folgenden Beispiel beschrieb eine Mutter, wie sie spielerisches Ringen einsetzte, um ihrem älteren Kind zu helfen, Ärger über seine kleine Schwester loszulassen.

Es begann, als Jimmy knapp über zwei Jahre alt war und Nanda fünf oder sechs Monate. Er fing an, mich zu schlagen, wenn ich sie stillte, oder er machte Dinge kaputt, so dass ich nicht in Ruhe sitzen und sie stillen konnte. Er wollte meine Aufmerksamkeit. Es war sehr offensichtlich. Eines Tages, als er sich so verhielt, rang ich mit ihm auf spielerische und lustige Weise, sobald ich ihm meine Aufmerksamkeit schenken konnte. Er drückte mit all seiner Kraft gegen mich, und ich ließ ihn „gewinnen". Er hat viel gelacht. Wir haben das vielleicht eine halbe Stunde lang gemacht. Er liebte es! Dann entspannte er sich einfach und stützte sich auf mich und sagte: „Mama, ich liebe dich." Es war unglaublich! Er drückte seine Liebe normalerweise nicht so offen aus.

Wenn Ihr Kind versucht, dem Baby Schaden zuzufügen, müssen Sie es sofort stoppen. Der beste Weg, dies zu erreichen, ohne dass es sich abgelehnt fühlt, besteht darin, es in einer liebevollen Umarmung in Ihre Arme zu nehmen. Halten Sie es sanft, aber konsequent fest, um zu verhindern, dass es dem Baby Schaden zufügt. Ihr Kind wird wahrscheinlich anfangen zu weinen und zu wüten, und das ist eine gute Sache. Es mag versuchen, sich aus Ihrer Umarmung zu befreien, aber diese Reaktion bedeutet nicht, dass Sie es verletzen. Im Gegenteil, Ihre liebevolle Eindämmung seiner Aggression gibt ihm die Möglichkeit, Spannungen und Wut abzubauen (wie in Kapitel 5 beschrieben). Sie können seine Gefühle anerkennen und es Ihrer Liebe versichern, aber auch erklären, dass Sie das Baby schützen müssen. Versuchen Sie, es nach einer Weile loszulassen, um zu sehen, was es tut. Wenn es versucht, dem Baby erneut Schaden zuzufügen, können Sie es noch etwas festhalten. Nachdem seine Wut vorbei ist, wird es wahrscheinlich liebevoll und sanft werden.

Manche Kinder drücken ihre Eifersucht verbal aus, indem sie sagen: „Ich hasse dich" oder „Ich hasse meinen kleinen Bruder". Möglicherweise fällt es Ihnen schwer, diese Aussagen anzunehmen und zu akzeptieren. Wenn Sie dies jedoch tun können, fühlt sich Ihr Kind verstanden. Eine hilfreiche Antwort könnte sein: „Ich verstehe, wie du dich fühlst. Es muss jetzt sehr schwer für dich sein, dass dieses Baby die ganze Zeit da ist. Ich wette, du wünschst dir, es würde sofort dorthin zurückkehren, wo es herkam, und dann könnten wir zusammen sein, wieder nur wir beide, so wie wir es früher waren."

Ein weiterer hilfreicher Ansatz besteht darin, Ihr Kind in ein symbolisches Spiel einzubeziehen. Nach der Geburt des Babys können Sie Ihrem älteren Kind eine Puppe geben. Seien Sie nicht überrascht, wenn es sie an einem Tag liebt und kuschelt, und sie am nächsten Tag schlägt oder auf den Boden wirft. Wenn es versucht, seiner kleinen Schwester oder seinem kleinen Bruder Schaden zuzufügen, ermutigen Sie es, die Puppe zu benutzen, um Ihnen zu zeigen, wie es sich fühlt. Sie können ihm auch eine Puppenfamilie (oder eine Teddybärenfamilie) mit der gleichen Anzahl von Erwachsenen und Kindern wie Ihre echte Familie geben.

Beobachten Sie, wie es mit der Puppenfamilie spielt, oder initiieren Sie eine symbolische Geschichte, indem Sie sie als Requisiten verwenden. Beginnen Sie zum Beispiel mit den Worten: „Es war einmal eine Familie mit einem kleinen Mädchen. Eines Tages kam ein neues Baby, um sich der Familie anzuschließen. Und was ist dann passiert?" Lassen Sie Ihr Kind die Geschichte fortsetzen.

Die Verwendung von Belohnungen oder Bestrafungen kann trügerisch sein. Solche Konsequenzen können die offensichtliche Aggression Ihres Kindes stoppen, aber es wird immer noch wütend und eifersüchtig sein, und diese Emotionen können ein Leben lang anhalten. Leider verstehen sich einige erwachsene Geschwister nicht, weil sie nie die Gelegenheit hatten, ihre Eifersucht in der Kindheit zu lösen. Ein weiterer Nachteil eines autoritären Ansatzes besteht darin, dass er den Groll Ihres Kindes verstärken und auch seine Bindung an Sie schwächen könnte. Darüber hinaus kann es sogar sein, dass diese Methode gar nicht funktioniert. Ihr wütendes Kind kann dem Baby weiterhin heimlich Schaden zufügen, wenn Sie nicht hinsehen. Der einzig wirksame Ansatz besteht darin, Ihrem Kind bei seinen Gefühlen zu helfen, indem Sie ihm Möglichkeiten zur emotionalen Befreiung durch Tränen, Wutanfälle, Spiel oder Lachen bieten.

6.3 Warum kämpfen Geschwister miteinander?

Mehrere Faktoren tragen zur Rivalität unter Geschwistern bei. Je mehr Kinder in einer Familie sind, desto wahrscheinlicher ist es, dass sie um die Aufmerksamkeit der Eltern konkurrieren. Für zwei Elternteile ist es schwierig, mehr als zwei Kindern täglich angemessene Aufmerksamkeit zu widmen. In prähistorischen Zeiten gab es keine isolierten Kernfamilien. Die Familien lebten wahrscheinlich in Gruppen zusammen, zu denen Geschwister, Tanten, Onkel, Cousins und Großeltern gehörten, wie dies bei heutigen Naturvölkern der Fall ist. Die Kinder hatten viele Erwachsene und andere Kinder, mit denen sie interagieren konnten, und mussten nicht mit ihren Geschwistern um die Aufmerksamkeit ihrer leiblichen Eltern konkurrieren. Wenn Sie Schwierigkeiten haben, die Bedürfnisse

Ihrer Kinder nach Aufmerksamkeit zu befriedigen, und wenn Sie weit weg von Ihren Verwandten leben, können Sie davon profitieren, andere Familien zu finden, mit denen Sie die Verantwortung für die Erziehung teilen können.

Studien haben gezeigt, dass ein harter, strafender Disziplinierungsansatz zur Rivalität zwischen Geschwistern beitragen kann. Wenn Eltern häufig schlagen, prügeln oder schreien, lernen Kinder, dass aggressives Verhalten der Weg ist, um Konflikte zu lösen. Kinder, die mit harter Disziplin erzogen werden, kämpfen mehr miteinander und neigen auch dazu, andere Kinder zu schikanieren. Ein sanfter Umgang mit Disziplin kann dazu beitragen, Aggressionen von Geschwistern und Gleichaltrigen zu verhindern.

Ein weiterer, zu berücksichtigender Faktor ist der Mangel an privatem Raum und Spielzeug. Geschwister kämpfen seltener miteinander, wenn jedes Kind einen Platz hat, den es den seinen nennen kann (auch wenn es nur ein Teil eines Raumes ist), sowie einige Spielzeuge, die ausschließlich ihm gehören. Wenn es ständig Spielzeug und Platz mit seinen Geschwistern teilen muss, wird die Anzahl der Konflikte wahrscheinlich zunehmen.

Unreife kann ebenfalls zu Rivalitäten zwischen Geschwistern und Konflikten um Spielzeug führen. Wenn Ihr Kind zu jung ist, um die Bedürfnisse und Gefühle einer anderen Person zu verstehen, wird es die Konzepte des Teilens oder Abwechselns nicht begreifen. Die Fähigkeit, die Perspektive einer anderen Person einzunehmen, nimmt im Alter zwischen zwei und acht Jahren allmählich zu und hängt sowohl von der Entwicklung des Gehirns als auch von sozialen Erfahrungen ab.

Ein weiterer Grund für Kämpfe ist die Frustration, die durch die Unfähigkeit verursacht wird, das zu erreichen, was ein Geschwister tun kann. Jedes Kind hat einzigartige Begabungen und Fähigkeiten, und Geschwister neigen dazu, sich miteinander zu vergleichen. Darüber hinaus erwerben Kinder unterschiedlichen Alters normalerweise Fähigkeiten zu unterschiedlichen Zeiten, und diese Diskrepanz in den Fähigkeiten kann für ein jüngeres Geschwister schwierig zu akzeptieren sein. Das folgende Beispiel meiner eigenen Kinder zeigt diese Frustration.

Nicky (sieben Jahre) spielte gerne Klavier und lernte einfache Melodien. Immer wenn er sich ans Klavier setzte und anfing zu spielen, ging Sarah (zwei Jahre alt) ebenfalls zum Klavier und schlug auf die Tasten. Ich habe es unterlassen, einzugreifen, um zu sehen, ob sie dieses Problem selbst lösen könnten. Nicky versuchte verschiedene Ansätze, wie sich abzuwechseln, Stücke zu spielen, bei denen sie mitsingen konnte, oder etwas anderes für sie zu finden, aber nichts funktionierte lange. Sie störte ihn immer noch, wenn er Klavier spielte, und am Ende schrie er sie an. Mir wurde klar, dass Sarah frustriert war, weil sie nicht wusste, wie man Klavier spielt, und ich entschied, dass sie meine Hilfe brauchten. Das erste, was ich versuchte, war Sarah zu helfen, ihre Frustration loszulassen. Als sie das nächste Mal ihren Bruder am Klavier belästigte, hielt ich sie liebevoll, aber konsequent fest, um sie daran zu hindern. Sie weinte heftig in meinen Armen, und nachdem sie geweint hatte, störte sie ihn an diesem Tag nicht mehr. Das Problem trat jedoch regelmäßig wieder auf, und ich beschloss, ihr beizubringen, wie man eine einfache Melodie auf dem Klavier spielt. Sie genoss es bald, ihre eigenen kleinen Stücke zu erfinden. Als sie merkte, dass auch sie Klavier spielen konnte, störte sie ihren Bruder nicht mehr, wenn er spielte.

Alles, was die unterschiedlichen Fähigkeiten der Kinder hervorhebt, kann zur Rivalität der Geschwister beitragen. Vermeiden Sie daher, Ihre Kinder miteinander zu vergleichen oder Lob zu verwenden. Ein Kind, das Ihr Lob nicht erhält, ist möglicherweise eifersüchtig auf ein Geschwister, das dies tut. Es ist verlockend, unsere Kinder zu vergleichen und zu loben, aber es kann schädlich sein, dies zu tun. Anstatt Ihrem Sohn zu sagen, dass Sie wünschten, er könnte sich so schnell wie seine Schwester für die Schule fertigmachen, vermeiden Sie den Vergleich, warten Sie bis später und besprechen Sie dann mit ihm, wie Sie die Morgenroutine beschleunigen können.

Vermeiden Sie auch Verhaltensweisen, die Ihre Kinder als unfaires Privileg für ein Geschwister empfinden könnten. Dies kann schwierig sein, wenn eines Ihrer Kinder besondere körperliche oder emotionale Bedürfnisse hat. Die Minimierung von Konkurrenzkampf und Wettstreit wird auch dazu beitragen, die Rivalität zu verringern (wie in Kapitel 4 beschrieben).

Aufgestauter Stress ist eine wichtige, aber oft nicht erkannte Ursache für Geschwisterkämpfe. Kinder kämpfen oft miteinander, damit sie einen Vorwand haben, aufgestaute Gefühle loszulassen. Ein Junge, der in der Schule gehänselt wurde, kann nach Hause kommen und das Hänseln mit seiner Schwester nachspielen, um das Erlebnis so zu überwinden. Sein unbewusstes Ziel könnte sein, sie so wütend zu machen, dass sie ihn schlägt. Er wird dann einen triftigen Grund haben zu weinen. Wenn die Kämpfe Ihrer Kinder oft zu Tränen führen, ist es möglich, dass sie sich gegenseitig provozieren, um einen Vorwand zu schaffen, um zu weinen, obwohl sie möglicherweise nicht bewusst erkennen, was sie tun.

Im folgenden Beispiel beschrieb eine Mutter die Rivalität zwischen ihren beiden Kindern.

> Sie schreien sich viel an. Sie werden wütend auf alle möglichen Dinge. Sie ist so frustriert, wenn er sie neckt. Ein Großteil der Rivalität dreht sich um Spielzeug, mit dem beide gleichzeitig spielen wollen. Aber als Greg (fünf Jahre) eine Woche weg war, weinte Julie (drei Jahre) immer noch viel. Sie hatte weiterhin Wutanfälle, selbst wenn sich alles um sie und ihre Bedürfnisse drehte. Sie warf sich mitten auf den Küchenboden und schrie. Es zeigte mir definitiv, dass sie diese Wutanfälle brauchte. Sie musste ihre tägliche Tränenration bekommen!

Faktoren, die zur Rivalität unter Geschwistern beitragen

- Mangelnde Aufmerksamkeit der Eltern
- Harte Disziplin
- Mangel an privatem Raum oder Spielzeug
- Unfähigkeit, die Gefühle und Bedürfnisse anderer zu verstehen
- Unterschiedliche Fähigkeiten unter Geschwistern
- Ein Kind hat besondere Privilegien oder erhält mehr Lob
- Kompetitive häusliche Umgebung
- Aufgestauter Stress und das Bedürfnis zu weinen

6.4 Wie kann ich eingreifen, wenn meine Kinder miteinander streiten?

Sie fragen sich vielleicht, wann und wie Sie bei Streitigkeiten Ihrer Kinder eingreifen sollen. Oder vielleicht denken Sie, es ist am besten, sich ganz aus ihren Kämpfen herauszuhalten und sie ihre eigenen Probleme lösen zu lassen. Es gibt Zeiten, in denen es nützlich oder sogar wichtig sein kann, einzugreifen, und andere Zeiten, in denen Sie ein wenig warten können, um zu sehen, ob Ihre Kinder es selbst schaffen. Es gibt Forschungsergebnisse, die belegen, dass eine völlige Nichteinmischung in Geschwisterkämpfe zu weniger Streitigkeiten führt. Dieses Ergebnis ist jedoch mit enormen Kosten verbunden, da das Risiko besteht, dass ein Kind einem anderen überlegen ist und das chronisch besiegte Kind eingeschüchtert wird und sich nicht mehr verteidigt (ein Phänomen, das als „erlernte Hilflosigkeit“ bezeichnet wird). Diese Situation kommt keinem der Kinder zugute.

Vermeiden Sie einen autoritären Ansatz, bei dem Sie jedes Kind in sein Zimmer schicken, mit Bestrafung drohen oder eine Belohnung versprechen, wenn sie miteinander auskommen. Sie sollten auch vermeiden, als Schiedsrichter oder Richter zu agieren und ihnen auf autoritäre Weise eine eigene Lösung aufzuzwingen. Es braucht immer zwei Menschen, um zu kämpfen, und der offensichtliche Angreifer ist nicht immer derjenige, der die Schuld trägt. Das eine Geschwisterkind hat das andere vielleicht still und leise durch Necken provoziert. Aus diesem Grund ist es selten hilfreich zu fragen, wer angefangen hat.

Wenn Ihre Kinder spielerisch miteinander kämpfen und toben, müssen Sie nicht eingreifen. Wenn sie sich jedoch wirklich gegenseitig verletzen, empfehle ich ein sofortiges Eingreifen, indem Sie zwischen sie treten oder denjenigen festhalten, der den anderen schlagen will. Sie können dann ihre Gefühle anerkennen und einer oder beide müssen möglicherweise weinen. Das Ziel ist es, die Gewalt zu stoppen, aber nicht unbedingt den Lärm. Lautes, wütendes Weinen kann genau das sein, was sie tun müssen.

Wenn Ihre Kinder häufig um Spielzeug streiten, könnten Sie versucht sein, eine Regel für diese Art von Konflikten festzulegen. Zum Beispiel könnte Ihre Regel lauten, dass das Kind, das das Spielzeug zuerst hat, es so lange behalten darf, wie es möchte. Dieser Ansatz kann funktionieren, aber Sie verpassen möglicherweise die Gelegenheit, Ihren Kindern zu helfen, über die Bedürfnisse des anderen nachzudenken und Fähigkeiten zur Konfliktlösung zu erlernen. Kinder mögen die Lösung eines Elternteils normalerweise sowieso nicht und beschweren sich darüber, dass sie nicht fair ist. Außerdem ist nicht immer klar, wer das Spielzeug zuerst hatte.

Wenn Ihre Kinder ruhig genug sind, um zu sprechen und zuzuhören, können Sie ihnen helfen, durch Mediation eine Lösung zu finden. Geben Sie jedem Kind zunächst die Möglichkeit zu erklären, was passiert ist, was es braucht und wie es sich fühlt. Wiederholen Sie, nachdem Sie jedem Kind zugehört haben, das Gesagte oder bitten Sie das andere Kind, dies zu tun. Nachdem Sie jedem Kind genau zugehört haben, fassen Sie den Konflikt zusammen, zum Beispiel: „Ihr habt beide ein Problem. Peter ist wütend, weil Lisa immer wieder versucht, ihm das Feuerwehrauto wegzunehmen. Karen ist verärgert, weil sie zuerst damit gespielt hat und noch nicht fertig war. Sie ging nur ein paar Sekunden raus und als sie zurückkam, spielte John damit. Ihr wollt beide gleichzeitig mit dem Feuerwehrauto spielen. Könnt ihr euch einen Weg vorstellen, wie euer Problem gelöst werden kann?“ Vermeiden Sie es, Partei zu ergreifen, während Sie den Konflikt auf diese Weise beschreiben.

Mit dieser Unterstützung finden Kinder oft ihre eigenen kreativen Lösungen. Wenn dies nicht der Fall ist, können Sie mögliche Lösungen vorschlagen (z. B. abwechselnd oder zusammenspielen) und fragen, ob die Kinder zustimmen.

Die Mediation mit kleinen Kindern erfordert Zeit und Mühe, hilft ihnen jedoch dabei, ihre eigenen Gefühle und Bedürfnisse zu erkennen und über die der anderen Person nachzudenken. Dies sind wichtige Fähigkeiten zur Konfliktlösung.

Wie man Mediation mit Kindern durchführt

- Lassen Sie jedes Kind erklären, was passiert ist, und seine Emotionen ausdrücken.
- Wiederholen Sie Aussagen über die Gefühle eines jeden Kindes oder fordern Sie die Kinder selbst dazu auf.
- Beschreiben Sie den Konflikt, ohne Partei zu ergreifen.
- Bitten Sie die Kinder, über mögliche Lösungen nachzudenken

Wenn die Kinder nicht ruhig genug für eine Mediation sind oder wenn der Konflikt nach der Mediation weiter eskaliert, hat möglicherweise eines (oder beide) das Bedürfnis zu weinen. Sie können das Spielzeug wegnehmen und ihnen sagen, dass Sie keinen von ihnen damit spielen lassen können, bis sie eine Lösung gefunden haben. Diese Aktion von Ihrer Seite kann ein gewisses Weinen und vielleicht sogar Ärger auslösen, der auf Sie gerichtet ist. Nachdem die Kinder durch Tränen und Wut Spannungen und Frustrationen gelöst haben, sind sie möglicherweise bereit, durch Mediation über eine Lösung nachzudenken. Wenn sie sich bereit erklärt haben, sich abzuwechseln, muss das Kind, das gerade nicht an der Reihe ist, möglicherweise weinen, während es wartet, und Sie können Empathie anbieten.

Wenn Sie sich energiegeladen fühlen, können Sie einen spielerischen Ansatz ausprobieren. Nehmen Sie das Spielzeug und rennen Sie damit davon, während Sie beide Kinder einladen, Sie zu verfolgen. Dies wird sie zwingen, sich gegen Sie zu vereinen, um das Spielzeug wiederzubekommen. Es kann auch eine gesunde Entspannung durch Lachen auslösen, insbesondere wenn Sie die Aktivität in ein Machtumkehrspiel verwandeln und sich von ihnen fangen lassen. Oder Sie nehmen das Spielzeug und verstecken es an einem offensichtlichen Ort. Dann drücken Sie gespielte Überraschung aus, wenn sie es leicht finden können. Ein anderer spielerischer Ansatz besteht darin, so zu tun, als wären Sie ein anderes Kind, das das Spielzeug will. Beschweren Sie sich bitter, dass Sie nie an der Reihe sind und seit *Ewigkeiten* nicht mehr damit gespielt haben. Hoffentlich brechen Sie dann alle in Lachen aus.

Drei Möglichkeiten, um einzugreifen, wenn zwei Kinder dasselbe Spielzeug wollen

› Führen Sie eine Mediation durch.

› Nehmen Sie das Spielzeug weg und ermutigen Sie die Kinder zu weinen.

› Gehen Sie spielerisch vor und fördern Sie das Lachen.

Ein weiteres häufiges Problem bei Geschwistern ist das Hänseln. Wenn sich Ihre Kinder oft gegenseitig ärgern oder kritisieren, imitieren sie möglicherweise das Verhalten von Erwachsenen. Der erste Schritt wäre, sicherzustellen, dass Sie und andere Erwachsene in Ihrem Haus sich gegenseitig oder die Kinder nicht hänseln. Sie können auch nach anderen möglichen Ursachen suchen. Vielleicht haben Sie, ohne es zu merken, eines Ihrer Kinder bevorzugt, oder vielleicht hat sich ein Kind in einigen Fähigkeiten hervorgetan, und sein Geschwister fühlt sich weniger kompetent. Chronisches Ärgern, Kritisieren oder Stören eines Geschwisters durch ein anderes können auch nur ein Symptom für Eifersucht sein, selbst wenn Sie kein Kind bevorzugt haben.

Suchen Sie nach Möglichkeiten, sich mit dem Kind zu verbinden, das das andere hänselt, und versuchen Sie, sein Selbstwertgefühl und Selbstvertrauen zu stärken. Sie können dieses Problem auch mit Ihrem Kind besprechen, wenn es sein Geschwister gerade nicht ärgert. Eine weitere hilfreiche Maßnahme besteht darin, das Opfer zu ermutigen, direkt mit seinem Geschwister zu sprechen und es wissen zu lassen, dass ihm das, was es tut, nicht gefällt.

Eine leichte, humorvolle Unterbrechung des Hänselns kann dazu beitragen, die Gewohnheit zu verringern und Spannungen durch Lachen abzubauen, wie eine Mutter im folgenden Beispiel beschrieben hat.

> Jerry (fünf Jahre) ärgerte Heather (drei Jahre) oft. Er sagte immer „Dummkopf" und „didldum didldum", nur um sie zu reizen. Nachdem ich dieses Verhalten mit ihm besprochen hatte, stellte er fest, dass es nur eine schlechte Angewohnheit war, und ich bot ihm an, ihm zu helfen, damit aufzuhören. Wir waren uns einig, dass ich jedes Mal, wenn er anfing, ihr diese widerlichen Dinge zu sagen, sagte: „Honigmelonen, Jerry!" (und Heather hat hinzugefügt, „Erdbeeren!"). Es hat wirklich gut funktioniert, weil er aufhörte, sie zu ärgern, wenn wir diese Worte sagten, und er lachte tatsächlich darüber. Wir mussten nicht sagen „Jerry, tu das nicht, das solltest du nicht tun." Wir mussten nicht alles durchsprechen, was er getan hatte. Er schien es zu schätzen, dass wir ihn daran erinnerten, dass er nur diese Angewohnheit hatte und dass wir ihm halfen, sie zu stoppen. Er hatte nicht das Gefühl, dass wir sauer auf ihn waren oder ihm deswegen Vorwürfe machten.

6.5 Wie kann ich objektiv bleiben, wenn meine Kinder streiten?

Die meisten Eltern finden die Streitigkeiten und Kämpfe ihrer Kinder äußerst unangenehm. Es ist schmerzhaft zu sehen, wie Ihre geliebten Kinder schreien und sich gegenseitig verletzen. Möglicherweise möchten Sie sogar schreien, schlagen oder bestrafen, obwohl Sie wissen, dass diese Reaktion kontraproduktiv wäre. Sie möchten nicht genau das Verhalten nachahmen, das Sie zu stoppen versuchen, aber was können Sie tun? Sie wünschen sich nur, dass sie miteinander auskommen. Vielleicht fühlen Sie sich machtlos oder inkompetent und fragen sich, ob Sie in irgendeiner Weise versagt haben. Sie fühlen sich möglicherweise schuldig, sie nicht genug zu lieben, keine angemessenen Grenzen zu setzen oder ein schlechtes Vorbild für sie zu sein.

Um die Sache noch komplizierter zu machen und Ihre Not zu verstärken, können die Kämpfe Ihrer Kinder Erinnerungen an die Rivalität Ihrer eigenen Geschwister in der Kindheit auslösen. Vielleicht haben Sie ungelöste Wut auf ein älteres Geschwister oder Schuldgefühle, ein jüngeres misshandelt zu haben. Wenn Ihre Eltern häufig gestritten haben, kann jeder Kampf bei Ihnen zu Hause ein Gefühl des Schreckens und den zwanghaften Wunsch hervorrufen, den Streit um jeden Preis zu beenden. Im folgenden Beispiel erzählte ein Vater von seinen Gefühlen über das aggressive Verhalten seiner Tochter gegenüber ihrer jüngeren Schwester.

> Immer wenn Nancy (drei Jahre) Sandra (ein Jahr) haut, sehe ich rot. Ich werde wütend und würde sie am liebsten schlagen. Ich weiß, dass es nicht gut ist, aber ich habe den Drang, es zu tun. Es ist mein erster Impuls. Oder ich schreie, und das ist auch nicht gut. Ich habe versucht zu lernen, ruhig zu bleiben und einfühlsam zuzuhören und so weiter. Ich bin ein Berater, also sollte ich das können, aber ich werde emotional, wenn ich sehe, dass eines meiner Kinder von einem anderen meiner Kinder verletzt wird. Es fällt mir schwer, mich zu beherrschen. Ich denke, es weckt Erinnerungen an meine Kindheit, an meine ältere Schwester, die mich verprügelt hat und dann damit davongekommen ist, indem sie Mama oder Papa erzählt hat, dass ich damit angefangen habe. Ich habe immer noch Narben an meinen Armen, wo meine Schwester mich kratzte und biss.

Wenn Sie häufig wütend werden und überreagieren, wenn Ihre Kinder streiten, können Sie davon profitieren, die kindlichen Ursprünge Ihres Zorns zu erforschen. Teilen Sie Ihre Erinnerungen und Gefühle mit jemandem, der gut zuhören kann, ohne zu urteilen oder Ratschläge zu geben, vielleicht mit Ihrem Partner, einem Freund oder einem Therapeuten. Wenn Sie diese schmerzhaften Emotionen durch Sprechen, Lachen oder Weinen loslassen können, werden Sie Ihre schmerzhaften Kindheitserfahrungen durcharbeiten und die Wahrscheinlichkeit dieser emotionalen Auslöser verringern. Danach fällt es Ihnen möglicherweise leichter, ruhig und objektiv zu bleiben, wenn Ihre Kinder streiten, und dies ermöglicht Ihnen, kreativere und effektivere Lösungen zu finden.

6.6 Wie kann ich meinem Kind helfen, mit Freunden auszukommen?

Die Beziehung Ihres Kindes zu seinen Freunden unterscheidet sich von der Beziehung zu seinen Geschwistern, da es nicht mit seinen Freunden um Ihre Aufmerksamkeit konkurrieren muss. Trotzdem können Kinder auch mit ihren besten Freunden Konflikte haben. Kleine Kinder handeln nicht immer taktvoll und sprechen manchmal grob mit ihren Freunden. Es ist nicht ungewöhnlich, dass ein Kind sagt: „Ich möchte nicht mit dir spielen" oder „Ich bin nicht mehr dein Freund." Fünf Minuten später spielen die beiden vielleicht wieder fröhlich zusammen! Diese direkten Aussagen spiegeln die momentanen, aber intensiven Gefühle von Wut oder Irritation der Kinder wider. Es besteht keine Notwendigkeit, einzugreifen oder solche Interaktionen an die große Glocke zu hängen.

Wenn während des Spiels eine Meinungsverschiedenheit auftritt und die Kinder anscheinend nicht selbst in der Lage sind, das Problem zu lösen, können Sie eine Mediation durchführen (wie oben beschrieben). Das folgende Beispiel beschreibt, wie ich meiner Tochter und ihrer Freundin mithilfe von Mediation geholfen habe, einen Konflikt zu lösen.

Sarah (sechs Jahre) und Helen (fünf Jahre) spielten eines Tages mit Puppen, als ich sie weinen und schreien hörte. Dieses Verhalten war ungewöhnlich, also fragte ich sie, was los sei. Sie hatten jeweils eine andere Vorstellung davon, was eine bestimmte Puppe zu einer von ihnen geplanten Puppenparty tragen sollte. Dieser Konflikt war offensichtlich ein wichtiges Thema für sie, und sie hatten keine Lösung finden können. Nachdem ich beiden Gelegenheit zum Reden gegeben hatte, fasste ich die Gefühle der Mädchen zusammen: „Sarah, du willst, dass sie das grüne Outfit trägt, weil es perfekt für einen heißen Tag ist, und Helen, du willst das weiße Outfit, weil das grüne nicht schick genug ist für eine Party. Könnt ihr euch eine Lösung vorstellen, die für euch beide funktioniert?" Helen sagte: „Das geht nicht, weil wir beide etwas anderes wollen" und begann, der Puppe das weiße Kleid anzuziehen. Sarah nahm ihr die Puppe weg und es wurde noch mehr geschrien und geweint. Dann habe ich versucht, Lösungen vorzuschlagen, aber sie haben meine Ideen abgelehnt. Schließlich sagte ich: „Ich werde euch das selbst klären lassen. Ich denke, ihr könnt eine Lösung finden, mit der ihr beide zufrieden sein werdet." Ich ließ sie ein paar Minuten allein und hörte kein Schreien mehr. Als ich zurückkam, zeigten sie mir die Puppe, die beide Outfits gleichzeitig trug (etwas, an das ich nie gedacht hätte)! Sie waren beide mit dieser Lösung zufrieden und schienen stolz darauf zu sein, ihren Konflikt gelöst zu haben.

Aggressives Verhalten ist normalerweise ein Hinweis auf schmerzhafte Gefühle. Das Kind, das häufig andere Kinder schlägt oder beißt, fühlt sich vielleicht unsicher, verletzt, wütend oder ängstlich. Wie bei Geschwisterkämpfen können diese aufgestauten Emotionen mit der Beziehung selbst zusammenhängen (zum Beispiel Eifersucht), oder sie haben mehr mit davon unabhängigem Stress oder nicht geheiltem Trauma zu tun. Das aggressive Kind wird wahrscheinlich Hilfe brauchen, um seine Gefühle so auszudrücken, dass andere Kinder nicht verletzt werden. Das Setzen einer Grenze und das Ermutigen des Kindes zum Weinen oder zu einem Wutanfall hilft, das Problem zu lindern. Im folgenden Beispiel beschrieb ein Vorschullehrer, wie er diesen Ansatz an der Schule verwendete, an der er arbeitete.

In der Schule streiten sich sehr oft zwei Kinder um ein Spielzeug, und wenn sie sich beide an einem Spielzeug festhalten und ein paar Sekunden damit kämpfen, besteht der nächste Schritt vieler Kinder darin, zu beißen oder zu schlagen,

> um das Spielzeug zu bekommen. Wenn ich nah genug bin, greife ich einfach zwischen sie, lege meine Hand zwischen sie und sage „Nein". Oder manchmal, wenn das Kind gerade dabei ist loszuschlagen, oder wenn sein Mund offen ist und seine Zähne über dem Ohrläppchen oder Handgelenk des anderen Kindes liegen, greife ich es einfach sanft und halte es davon ab, weiter zu gehen. Dann öffnen sich die Schleusentore und die Tränen fließen. All diese Intensität und all diese Emotionen im Moment werden nur aufgrund dieser Grenzziehung freigesetzt, dieser einen einfachen Grenzziehung (entweder „Nein" sagen oder das Kind einfach zurückhalten). Und das führt oft zu einer langen Weinattacke. Es gibt normalerweise keine Spur von Aggression, nachdem das Kind geweint hat.

Wenn Ihr Kind mit einem Freund streitet, kann die Tatsache, dass Sie nicht der Elternteil des anderen Kindes sind, Ihre Handlungen einschränken. Wenn Ihr Kind häufig Konflikte mit einem Freund bei Ihnen zu Hause hat, können Sie Interventionsstrategien mit den Eltern des anderen Kindes besprechen. Diese verstehen oder fühlen sich möglicherweise nicht wohl mit einem Ansatz, der zum Weinen oder Wüten anregt. Um in diesem Fall Konflikte mit den anderen Eltern zu vermeiden, müssen Sie die beiden anderen Optionen für den Umgang mit Konflikten verwenden: entweder Mediation oder einen spielerischen Ansatz mit Lachen.

6.7 Wie kann ich mein Kind vor sexuellem Missbrauch schützen?

Der sexuelle Missbrauch von Kindern ist weit verbreitet und geschieht seit Jahrhunderten. Die weltweite Verbreitung des sexuellen Missbrauchs von Kindern liegt bei etwa 20 Prozent. Menschen, die in der Kindheit sexuell missbraucht werden, leiden später häufiger an körperlichen und geistigen Gesundheitsproblemen wie Übergewicht, Anorexie, Depressionen, Angstzuständen und Drogenmissbrauch.

Sie können Ihrem Kind helfen, sexuelle Übergriffe abzuwehren, indem Sie autoritäre Disziplin vermeiden. Kinder, die wegen Ungehorsams bestraft wurden, können leichter eingeschüchtert werden und sich weniger gegen jemanden wehren, der versucht, sie zu missbrauchen.

Zeigen Sie Respekt vor dem Körper Ihres Kindes und legen Sie eine Familienregel fest, nach der niemand den Körper einer anderen Person ohne deren Erlaubnis berührt. Natürlich müssen Sie Ihr Kind zwecks Pflegeroutinen und aus möglichen medizinischen Gründen berühren, aber Sie können dies respektvoll tun und Ihrem Kind die Möglichkeit geben, anzuzeigen, wann es bereit ist. Denken Sie auch daran, dass Ihr Kind niemandem eine Umarmung schuldet. Zwingen Sie es niemals, eine andere Person zu umarmen oder zu küssen, auch nicht Oma, die eine Dankesumarmung erwarten könnte, nachdem sie Ihrem Kind ein Geschenk gegeben hat. Es ist besser, die Grenzen Ihres Kindes zu respektieren und es entscheiden zu lassen, wie es Wertschätzung ausdrücken möchte.

Es ist auch wichtig, dass Sie Ihrem Kind Informationen geben. Sagen Sie ihm, dass manche Erwachsene Kindern verletzende Dinge antun und Intimbereiche des Körpers berühren. Lassen Sie es wissen, dass es in Ordnung ist, „Nein" zu sagen, wegzulaufen und Ihnen zu erzählen, was passiert ist. Möglicherweise müssen Sie die falsche Vorstellung Ihres Kindes korrigieren, dass schlechte Menschen böse aussehen. Es muss wissen, dass Erwachsene, die es kennt, es verletzen können, sogar Lehrer und Familienmitglieder. Sie müssen Ihre Diskussion nicht auf sexuellen Missbrauch beschränken. Sie können Ihrem Kind auch Informationen über Entführungen geben.

Wenn Sie diese schwierigen Themen mit Ihrem Kind besprechen, versuchen Sie, direkt zu sein, ohne Ihre eigenen Ängste zu übermitteln, so wie Sie Ihrem Kind beibringen würden, wie man eine Straße sicher überquert. Sie möchten, dass Ihr Kind gut informiert und sich der Gefahren bewusst ist, aber Sie möchten nicht, dass es sich zu verängstigt fühlt, um sich von Ihnen zu entfernen. Wenn Sie selbst sexuell missbraucht wurden, könnten Sie Gefahr laufen, Ihre Angst auf Ihr Kind zu übertragen. Jede Beratung oder Therapie, die Sie erhalten können, um Ihr eigenes Trauma zu bewältigen, kommt sowohl Ihnen als auch Ihrem Kind zugute.

Jedes Mal, wenn Sie und Ihr Kind sehen, dass ein anderes Kind verletzend behandelt wird (z. B. in einem Supermarkt verprügelt wird), können Sie Ihrem Kind mitteilen, dass Sie mit dem, was der andere Erwachsene tut, nicht einverstanden sind. Wenn Sie den Mut haben, liebevoll mit diesem anderen Erwachsenen zu intervenieren, werden Sie zu einem starken Vorbild für Ihr eigenes Kind, das dann eher für sich selbst eintritt, wenn ein Erwachsener versucht, es zu missbrauchen. Eine effektive Möglichkeit, bei einem verärgerten Elternteil zu intervenieren, besteht darin, zu sagen: „Es sieht so aus, als hätten Sie eine schwere Zeit mit Ihrem Kind. Kann ich etwas tun, um zu helfen?“ Und dann einfach zuhören.

Wenn Sie sich unwohl fühlen, Ihr Kind bei jemandem zu lassen, weil Sie ein schlechtes Gefühl bei dieser Person haben, *vertrauen Sie Ihren eigenen Gefühlen,* auch wenn es ein Mitglied Ihrer eigenen Familie ist. Seien Sie besonders vorsichtig bei Männern, die kleine Mädchen mit sexuellen Begriffen beschreiben, wie „sie hat sexy Augen“ oder „sie würde im Bikini gut aussehen“. Diese Kommentare können darauf hinweisen, dass der Mann das Kind als potenzielles Sexobjekt sieht. Wenn Ihr Kind zu einem Freund nach Hause eingeladen wird, stellen Sie sicher, dass Sie die Erwachsenen, die für Ihr Kind verantwortlich sind, kennen und ihnen vertrauen.

Halten Sie Ausschau nach Symptomen sexuellen Missbrauchs. Die offensichtlichsten Hinweise wären eine plötzliche Beschäftigung und ein plötzliches Interesse an Genitalien, übermäßige Masturbation oder Zeichnungen von Genitalien. Ein sexuell missbrauchtes Kind kann anfangen, über sexuelle Handlungen zu sprechen oder sie mit Puppen oder Freunden zu spielen, um zu verstehen, was passiert ist. Anzeichen dafür, dass man sich mit jemandem unwohl fühlt, dem man früher vertraut hat, können ebenfalls ein Hinweis auf sexuelle Übergriffe sein.

Seien Sie sich bewusst, dass jede Verhaltensänderung eines Kindes auch ein Hinweis auf sexuellen Missbrauch sein kann: Regression der Toilettengewohnheiten, Bettnässen, Rückzug, klammerndes Verhalten, plötzliche Schüchternheit oder Angst, neu auftretende Verhaltensprobleme, Appetitlosigkeit, Albträume oder Schlafstörungen oder Widerstand gegen die Schule, Widerstand dagegen, allein gelassen zu werden oder mit Freunden zu spielen. Das Kind kann einfach mehr als gewöhnlich weinen oder auf Unterdrückungsmechanismen wie Daumenlutschen zurückgreifen. Wenn eines dieser Symptome ohne offensichtliche Ursache auftritt (z. B. Geburt eines Geschwisters, Umzug oder Scheidung der Eltern), ist es ratsam, die Möglichkeit sexuellen Missbrauchs zu prüfen.

Wenn Sie feststellen, dass Ihr Kind sexuell missbraucht wurde, machen Sie sich klar, dass es weder seine noch Ihre Schuld ist. Erwachsene, die Kinder missbrauchen, finden krumme Wege, um das Vertrauen der Kinder zu gewinnen und sie einzuschüchtern (manchmal mit Drohungen), und diese Missbraucher können ihre Pläne auch mit Kindern erfolgreich umsetzen, die nicht so leicht einzuschüchtern sind. Es ist wichtig, Ihrem Kind zu glauben und es wissen zu lassen, dass es das Richtige getan hat, Ihnen davon zu erzählen. Sagen Sie ihm unbedingt, dass es nicht seine Schuld war. Es braucht auch die Gewissheit, dass Sie es beschützen und Maßnahmen ergreifen, damit es nicht wieder vorkommt.

Der nächste Schritt wäre die Benachrichtigung der Polizei oder einer Kinderschutzbehörde. Es ist wichtig, dass das Kind vor weiterem Missbrauch geschützt und der Täter mit der Tat konfrontiert wird. Dies kann für Sie besonders schwierig sein, wenn der Täter ein Familienmitglied, ein Lehrer oder ein Freund ist. Sie können Ihr Kind wissen lassen, dass das Ziel nicht darin besteht, die Person zu bestrafen, sondern sicherzustellen, dass sie die Hilfe erhält, die sie benötigt, damit sie das verletzende Verhalten nicht mit einem anderen Kind wiederholt.

Ihre eigenen Gefühle können von Schock und Unglauben bis zu Angst, Schuld oder Wut reichen. Möglicherweise müssen Sie weinen und wütend sein, aber es ist am besten, Ihre Gefühle fernab von Ihrem Kind herauszulassen, vorzugsweise mit einem Berater oder Therapeuten. Sie verdienen jede Unterstützung, die Sie bekommen können.

Ihr Kind wird ebenfalls von einer Therapie profitieren. Möglicherweise muss es darüber sprechen, weinen und wütend sein und den Missbrauch vielleicht spielerisch ausleben. Ein kompetenter Therapeut, der Erfahrung in der Arbeit mit kindlichen Opfern sexueller Übergriffe hat, kann hilfreich sein. Es ist kein Zeichen von Schwäche oder Versäumnis, bei Bedarf professionelle Hilfe zu suchen.

6.8 Was ist mit dem Sexspiel der Kinder miteinander?

Kleine Kinder spielen manchmal gerne nackt zusammen und untersuchen gegenseitig ihre Genitalien. Diese Aktivität besteht normalerweise darin, sich gegenseitig beim Urinieren oder Stuhlgang zuzusehen oder gemeinsam „Arzt zu spielen". Diese Art von Spiel wird normalerweise von viel Kichern begleitet.

Das Sexspiel der Kinder dient zwei Hauptzwecken. Erstens hilft es Kindern, Informationen über die menschliche Physiologie und Geschlechtsunterschiede zu erhalten. Kinder sind von Natur aus neugierig auf ihren Körper und möchten sehen, wie sich ihr eigener Körper von dem anderer Kinder unterscheidet.

Zweitens kann diese Art des Spielens therapeutisch sein, weil es Kindern ermöglicht, Verlegenheit durch Lachen loszulassen. Viele Erwachsene empfinden das Thema Sex als etwas peinlich, und Eltern können dieses Gefühl unwissentlich an ihre Kinder weitergeben. Ihr Kind wird es bemerken, wenn es Ihnen unangenehm erscheint, einige seiner Fragen zu beantworten, oder wenn Sie das Thema ganz vermeiden. Diese Reaktion von Ihrer Seite wird wahrscheinlich seine Neugier auf Sex und Genitalien erhöhen und ihm auch Ihre Verlegenheit übermitteln. Kinder lachen normalerweise, während sie nackt zusammenspielen, und dieser Mechanismus zum Lösen von Spannungen hilft ihnen, ihre Verlegenheit zu überwinden.

Es besteht kein Grund zur Sorge um diese Art von Spiel, vorausgesetzt, die Kinder verletzen sich nicht oder üben in irgendeiner Weise Zwang aufeinander aus. Dieses Spiel ist eine normale Phase, die Kinder durchlaufen, und es dauert so lange, bis ihre Neugier befriedigt und ihre Verlegenheit gelindert ist. Wenn Sie Ihr Kind beschämen oder versuchen, ein solches Spiel zu verbieten, wird es wahrscheinlich einen Weg finden, es heimlich zu tun.

Möglicherweise müssen Sie jedoch einige Grenzen für Sicherheit und Hygiene festlegen. Sagen Sie Ihren Kindern, dass sie keine Gegenstände in ihren Anus oder ihre Vagina stecken sollen, und bestehen Sie darauf, dass sie sich vor und nach dem Berühren ihrer Genitalien die Hände waschen. Wenn das Sexspiel Ihres Kindes andere Kinder als seine eigenen Geschwister betrifft, müssen Sie das mit den anderen Eltern besprechen und eine Einigung darüber erzielen, wie Sie alle damit umgehen möchten.

Auch wenn Sexspiel normal ist, ist es wichtig, von dem Sexspiel Ihres Kindes zu wissen, da es auf ein Trauma von sexuellem Missbrauch hinweisen kann, wie im vorherigen Abschnitt erwähnt. Kinder, die sexuell missbraucht wurden, können versuchen, mithilfe des Sexspiels zu verstehen, was passiert ist, und die Emotionen zu verarbeiten. Wenn das

Sexspiel Ihres Kindes besonders obsessiv oder geheimnisvoll erscheint oder wenn es über das „Spielen eines Arztes“ hinausgeht und Versuche beinhaltet, das sexuelle Verhalten von Erwachsenen nachzustellen, wäre es gut, die Möglichkeit sexuellen Missbrauchs zu prüfen.

Sexspiel kann schädlich sein, wenn Ihr Kind jünger, kleiner oder schwächer als das andere Kind ist oder wenn das andere Kind an einem Trauma des sexuellen Missbrauchs leidet. Wenn ein anderes Kind Ihr Kind während des Sexspiels einschüchtert und es zu unangenehmen Dingen zwingt, müssen Sie eingreifen, um das Spiel zu beenden. Als allgemeine Richtlinie ist es ratsam, jedes Sexspiel zwischen zwei Kindern mit einem Altersunterschied von drei Jahren oder mehr oder jedes Mal, wenn Sie sich deswegen unwohl fühlen, besonders genau zu überwachen.

6.9 Wie kann ich meinem Stiefkind helfen, mich zu akzeptieren?

Es liegt nicht im Rahmen dieses Buches, alle Fragen zu erörtern, die mit Scheidung, Co-Elternschaft nach einer Scheidung oder Stiefelternschaft verbunden sind. Aufgrund des häufigen Vorkommens von Scheidungen, gefolgt von Wiederverheiratungen, wird in diesem Abschnitt jedoch ein Aspekt dieses Problems behandelt. Viele Eltern stehen heute vor der Herausforderung, Stiefeltern in einer gemischten Familie zu sein. Es ist nicht einfach, ein Kind zu erziehen, das nicht Ihr eigenes ist, insbesondere wenn Sie bereits Kinder aus einer früheren Ehe haben.

Ein Faktor, der einen reibungslosen Übergang zu einer gemischten Familie verhindern kann, ist, dass die meisten Kinder tief von der Trennung oder Scheidung ihrer Eltern betroffen sind. Die Gefühle der Kinder können von leichtem Ärger bis zu tieferen Gefühlen von Wut, Trauer, Angst, Unsicherheit, Verwirrung und Schuld reichen. Die Zeit vor der Trennung war möglicherweise von extremen Spannungen in der Familie und vielleicht sogar von Gewalt geprägt, wobei den Kindern wenig Aufmerksamkeit geschenkt wurde. Sie und Ihr Ex-Partner verspüren möglicherweise immer noch starke Wut aufeinander, vielleicht sogar Misstrauen. Aufgrund dieser Emotionen kann es für Ihr Kind sehr schwierig sein, sich mit Ihrer Scheidung zu arrangieren. Alles, was Sie tun können, um Ihrem Kind während und nach Ihrer Scheidung zu helfen, erleichtert ihm die spätere Adaptation an einen Stiefelternteil und an Stiefgeschwister. Erlauben Sie Ihrem Kind also, Gefühle auszudrücken und so viel zu weinen und zu wüten, wie es das braucht.

Wenn sich ein Stiefkind später Ihrer Familie anschließt, erwarten Sie keine unmittelbare, herzliche und liebevolle Beziehung zu ihm. Beziehungen brauchen Zeit, und Ihr Stiefkind muss Vertrauen aufbauen. Es leidet möglicherweise immer noch unter dem Trauma der Scheidung seiner Eltern und ist möglicherweise ärgerlich oder wütend darüber, dass Sie seine echte Mutter oder seinen echten Vater ersetzen. Wundern Sie sich also nicht, wenn es seine Wut direkt an Ihnen auslässt, und versuchen Sie, das nicht persönlich zu nehmen. Wie bei Ihrem eigenen Kind nach der Scheidung können Sie Ihr Stiefkind ermutigen, seine Gefühle auszudrücken.

Im folgenden Beispiel beschrieb eine Frau, wie sie einem dreijährigen Jungen half, seine Wut auf sie zu überwinden.

> Als ich anfing, mit Matthew und seinem Sohn Carlos zu leben, war die neue Lebenssituation zunächst schwierig. Carlos grollte mir, dass ich statt seiner Mutter dort war, und er sagte mir wiederholt in einem wütenden Tonfall, ich solle weggehen. Die ersten Male, als er das sagte, ließ ich ihn allein und ging in mein Zimmer. Aber nachdem ich ihn mehrere Tage lang jedes Mal, wenn er mich sah, „Geh weg" und „Ich hasse dich" sagen hörte, wurde mir klar, dass ich nicht jedes Mal aus dem Blickfeld verschwinden konnte, wenn er in der Nähe war. Eines Tages blieb ich im Wohnzimmer und Carlos kam herüber und fing an, an meinen Beinen zu schieben, während er sagte: „Geh weg, geh weg." Ich sagte: „Nein, ich werde hierbleiben." Er stieß mich an und schrie mich mit heftiger Wut an, während sein Vater in der Nähe saß. Nach einer Weile saßen wir alle mit Carlos auf dem Boden, er zwischen uns, und er drückte mit aller Kraft mit seinen Armen auf mich und mit seinen Füßen auf seinen Vater. Er schien diesen Widerstand zu mögen und schrie und weinte weiter. Wenn wir uns zu weit wegbewegten, rutschte er hinüber, damit er uns wieder anstoßen konnte. Ich versicherte Matthew, dass es gut für Carlos sei, seinen Ärger auf diese Weise loszulassen. Dieses Verhalten hielt über eine Stunde an, während Carlos weinte und jeden von uns abwechselnd anschrie: „Geh weg, ich hasse dich!" und uns mit seinen Händen und Füßen drückte. Schließlich wurde

ich müde und ging. Am nächsten Tag begann er erneut zu sagen: „Ich hasse dich" und drückte mich weg, so dass sein Vater und ich eine weitere Stunde damit verbrachten, ihm Aufmerksamkeit zu schenken, während er seinen Zorn losließ. In der folgenden Woche passierte es ein paar Mal wieder, aber danach sagte er nie mehr, dass er mich hasste. Wir sind gute Freunde geworden. Jetzt rennt Carlos immer zu mir und umarmt mich fest, wenn er mich sieht!

Vermeiden Sie die Versuchung, die Liebe Ihres Stiefkindes zu gewinnen, indem Sie ihm Geschenke geben. Stattdessen können Sie eine liebevolle Verbindung herstellen, indem Sie mit ihm spielen. Eine gute Aktivität ist zunächst das nicht-direktive, kindzentrierte Spielen. Setzen Sie sich einfach zu ihm auf den Boden, während es spielt, und schenken Sie ihm Ihre volle Aufmerksamkeit. Lassen Sie das Kind das Spiel leiten und Ihnen sogar sagen, was zu tun ist. Eine andere hilfreiche Form des Spielens könnte eine Kissenschlacht sein, bei der Sie Schwäche vortäuschen und sich von ihm niederschlagen lassen (Machtumkehr-Spiel). Sie können das Lachen auch fördern, indem Sie sich albern verhalten (Nonsensspiel). Trennungsspiele (wie Verstecken) können Ihrem Stiefkind helfen, mit der Angst vor dem Verlassenwerden fertig zu werden, die bei Kindern nach einer Scheidung häufig vorkommt. Schließlich erhöht eine spielerische Herangehensweise an Disziplin die Kooperationsbereitschaft Ihres Stiefkindes. Diese Momente des Spielens und Lachens werden Ihnen beiden helfen, sich stärker miteinander verbunden zu fühlen.

Es überrascht nicht, dass Untersuchungen gezeigt haben, dass Kinder nach der Trennung weniger Verhaltens- und emotionale Probleme aufweisen, wenn ihre Eltern weniger Konflikte haben. Daher ist es für alle beteiligten Eltern wichtig, ihre Konflikte so gütlich wie möglich zu lösen und ihre Streitigkeiten fernab von den Kindern auszutragen. Vermeiden Sie es, Ihr Stiefkind in Streitigkeiten zwischen Ihnen, Ihrem neuen Partner und dem anderen Elternteil des Kindes zu verwickeln. Bitten Sie das Kind nicht, ein Informant über sein anderes Elternteil oder ein Vermittler zwischen Ihnen zu sein. Diese Richtlinie gilt auch für Ihre eigenen Kinder und Ihre Beziehung zu Ihrem Ex-Partner. Kinder werden sich nach der Scheidung besser entwickeln, wenn die Erwachsenen direkt miteinander kommunizieren. Es ist auch wichtig zu vermeiden, den anderen Elternteil eines Kindes zu kritisieren, egal wie wütend Sie sind oder wie inkompetent Sie ihn oder sie finden. Vergessen Sie nicht, dass Ihr Kind diesen Elternteil wahrscheinlich liebt und sich mit ihm identifiziert. Wenn Sie diese Person kritisieren, kritisieren Sie das Kind indirekt.

Sie müssen sich nicht schuldig fühlen, wenn Sie Ihr Stiefkind nicht sofort lieben oder wenn es zunächst nicht auf Ihre Bemühungen reagiert, sich mit ihm zu verbinden. Wie in jeder schwierigen Elternsituation würde es Ihnen wahrscheinlich guttun, jemanden zu finden, der Ihnen zuhören kann, wenn Sie Ihre Gefühle ausdrücken.

Übungen Kapitel 6

Erforschen Sie Ihre Kindheit

» Wenn Sie Geschwister haben, beschreiben Sie Ihre Beziehung zu ihnen als Kind. Haben Sie gekämpft oder gestritten? Wenn das so ist, wie denken Sie darüber, wie Ihre Eltern mit diesen Konflikten umgegangen sind?

» Hatten Sie als Kind einen besten Freund (außerhalb Ihrer Familie)? Beschreiben Sie Ihren Freund. Was haben Sie gerne zusammen gemacht? Haben Sie jemals gestritten oder gekämpft?

» Wurden Sie jemals sexuell missbraucht? Wenn ja, hatten Sie die Gelegenheit, das Trauma mit einem kompetenten Therapeuten zu verarbeiten?

Bringen Sie die Gefühle zum Ausdruck, die Ihr Kind bei Ihnen auslöst

» Wie beurteilen Sie die Beziehung Ihres Kindes zu seinen Geschwistern (wenn Sie mehr als ein Kind haben)? Streiten oder kämpfen Ihre Kinder miteinander? Lösen ihre Kämpfe eine schmerzhafte Kindheitserinnerung aus? Wie fühlen Sie sich bei häufigen Konflikten? (Dies ist nicht unbedingt das, was Sie tun sollten!)

» Wie stehen Sie zu den Freunden Ihres Kindes? Streitet oder kämpft Ihr Kind mit ihnen? Welches Gefühl löst das in Ihnen aus? Haben Sie das Gefühl, dass Ihr Kind anderen Kindern gegenüber zu herrisch oder zu eingeschüchtert ist? Wenn ja, wie fühlen Sie sich dabei?

» Haben Sie Angst oder Misstrauen gegenüber anderen Erwachsenen, die sich um Ihr Kind kümmern? Haben Sie den Verdacht, dass Ihr Kind sexuell missbraucht wird (oder wurde)? Wie denken Sie darüber und was müssen Sie tun?

Geben Sie sich selbst Zuwendung

» Wenn Sie Geschwister haben, wie ist Ihre Beziehung jetzt? Fühlen Sie sich von ihnen abgeschnitten, ärgerlich oder wütend? Wenn ja, überlegen Sie, was Sie tun können, um eine liebevolle Verbindung wiederherzustellen. Gibt es etwas, was Sie sagen müssen, um Ihre Beziehung zu verbessern?

- Haben Sie genug Freunde? Wenn nicht, versuchen Sie, einen neuen Freund zu finden oder den Kontakt mit einem alten wieder aufzunehmen.
- Gibt es Spannungen in Ihrer Beziehung zu Ihrem Partner? Wenn ja, überlegen Sie, was Sie tun können, um Ihre Verbindung zu stärken.
- Wenn Sie sich aufgrund einer gemeinsamen Elternschaft nach einer Trennung oder der Erziehung von Stiefkindern gestresst fühlen, suchen Sie jemanden, der Ihnen zuhört, während Sie Ihre Gefühle erforschen.

7 Gesundheit und Krankheit

In diesem Kapitel werden einige typische Probleme und Verhaltensweisen besprochen, die die Gesundheit und Entwicklung von Kindern betreffen, darunter Essgewohnheiten, Hyperaktivität, Arztbesuche, körperliche Schmerzen und Krankenhausaufenthalte. Dieses Kapitel ist nicht als Ersatz für eine medizinische Behandlung gedacht. Wenn Ihr Kind Symptome von Schmerzen, Krankheit, Essstörungen, Hyperaktivität oder ernsthafte emotionale oder Verhaltensprobleme aufweist, wird dringend empfohlen, einen Arzt zu konsultieren. Sie können eine wichtige Rolle spielen, indem Sie die medizinische Behandlung durch Empathie für die Emotionen Ihres Kindes ergänzen.

7.1 Was kann ich gegen Probleme beim Essen tun?

Viele Eltern haben Konflikte mit kleinen Kindern wegen des Essens. Wir möchten, dass unsere Kinder sich ausgewogen ernähren und gesund sind, aber ihre Vorstellung davon, was sie essen sollen, unterscheidet sich oft stark von unseren Zielsetzungen. Vielleicht machen Sie sich Sorgen, weil Ihr Zweijähriger praktisch nichts isst oder Ihr Fünfjähriger ständig nach Süßigkeiten verlangt. Vielleicht fragen Sie sich, wie stark Sie eingreifen müssen. Sollten Sie Ihr Kind das Frühstück ausfallen lassen? Sollten Sie Süßigkeiten einschränken? Was ist, wenn es sich weigert, Gemüse zu essen? Ein Verständnis der kindlichen Entwicklung und der Psychologie des Essens kann helfen, diese Fragen zu beantworten, Ihre Bedenken auszuräumen und Konflikte im Zusammenhang mit Lebensmitteln zu vermeiden.

Erstens ist ein strenger Zeitplan von drei Mahlzeiten pro Tag möglicherweise nicht die beste Lösung für Ihr Kind. Kleine Kinder bevorzugen normalerweise kleinere, häufigere Mahlzeiten als ältere Kinder und Erwachsene. Sie können ihren Nahrungsbedarf auch mit weniger Nahrungsmitteln decken, als viele Menschen glauben.

Eine weitere wichtige Tatsache ist, dass Kinder spontan eine ausgewogene Ernährung wählen, wenn wir ihnen die Freiheit geben, zu entscheiden, welche Lebensmittel sie essen möchten. Ihre Ernährung mag für ein oder zwei Tage sehr unausgewogen aussehen, aber über einen Zeitraum von einer Woche enthält ihre Nahrungsaufnahme alle notwendigen Nährstoffe. Ein Kind kann bei einer Mahlzeit (oder mehrere Tage lang) proteinreiche Lebensmittel und zu einem anderen Zeitpunkt Lebensmittel mit hohem Kohlenhydrat- oder Fettgehalt bevorzugen. Sie können darauf vertrauen, dass Ihr Kind eine gesunde, ausgewogene Ernährung wählt, und Sie müssen sich keine Sorgen machen, wenn die Ernährung nicht bei jeder Mahlzeit ausgewogen ist.

Eines Tages wollte meine fünfjährige Tochter nichts als Süßkartoffeln zum Abendessen, obwohl ich ihr auch Fleisch und Brokkoli anbot. An einem anderen Tag wollte sie nichts als Käse. Ich stellte fest, dass sie in jeder Woche tatsächlich eine ausgewogene Ernährung mit ausreichenden Mengen an Eiweiß, Kohlenhydraten, Fetten und Vitaminen erhielt und sich mit diesem Essverhalten sehr gesund hielt.

Eltern können bei Kindern unwissentlich Probleme beim Essen verursachen. Die Einschränkung des Zugangs zu bestimmten Lebensmitteln kann nach hinten losgehen, da die Einschränkung das Verlangen erhöht. Wenn Eltern den Zugang ihrer Kinder zu bestimmten Lebensmitteln einschränken, haben Studien gezeigt, dass der Wunsch der Kinder nach diesen Lebensmitteln tatsächlich *zunimmt* und ihre Fähigkeit zur Selbstregulierung abnimmt. Wenn Kinder Lebensmittel essen dürfen, die früher eingeschränkt waren, essen sie in der Regel über ein Sättigungsgefühl hinaus und nehmen mehr Kalorien zu sich, als ihr Körper benötigt. Dieses unausgeglichene Essverhalten wird so lange anhalten, wie Kinder befürchten, dass die Lebensmittel wieder eingeschränkt werden. Wenn die Eltern alle Lebensmittelbeschränkungen vermeiden, werden sich die meisten Kinder schließlich selbst regulieren und essen weniger der früher eingeschränkten Lebensmittel.

Lebensmittel sollten niemals als Belohnung verwendet werden, und es ist besonders riskant, süße Lebensmittel als Belohnung für das

Essen anderer Lebensmittel einzusetzen, da eine solche Konsequenz die Fähigkeit von Kindern beeinträchtigen kann, auf innere Gefühle von Hunger und Sättigung zu achten. Studien haben gezeigt, dass das Versprechen einer Belohnung dazu führt, dass Kinder nicht mögen, was sie tun müssen, um sich die Belohnung zu verdienen. Wenn Sie Ihrem Kind also Eis versprechen, wenn es zuerst Spinat isst, werden Sie wahrscheinlich seine Abneigung gegen Spinat erhöhen und sein Verlangen nach Eis steigern! In Zukunft wird es möglicherweise noch weniger Spinat essen als zuvor.

Eine weitere Überlegung ist die Verwendung von Nahrungsmitteln zur Unterdrückung von Emotionen. Wenn Sie Ihr Kind wiederholt zum Essen ermutigen, wenn es sich verletzt, traurig, verängstigt oder wütend (und nicht wirklich hungrig) fühlt, bringen Sie ihm bei, Lebensmittel als Trost zu verwenden. Diese Angewohnheit kann zu übermäßigem Essen führen, da es möglicherweise den Kontakt zu dem verliert, was sein Körper wirklich braucht. Wenn Ihr Kind isst, um sich zu trösten, kann es dies auch weiterhin tun, selbst wenn Sie seine Lebensmittelauswahl nicht auf eine der anderen in der folgenden Tabelle beschriebenen Arten beeinträchtigen.

Erziehungspraktiken, die die Auswahl gesunder Lebensmittel bei Kindern beeinträchtigen können

- Ein hungriges Kind auf Essen warten lassen
- Beschränken, was oder wie viel ein Kind isst
- Ein Kind zum Essen überreden oder zwingen
- Ein Kind für das Essen oder Nichtessen schuldig fühlen lassen
- Ein Kind für das Essen oder Nichtessen kritisieren oder bestrafen
- Ein Kind für das Essen loben oder belohnen
- Lebensmitteln als Belohnung verwenden oder Lebensmittel als Bestrafung zurückhalten
- Das Gewicht oder die Körpergröße des Kindes kommentieren
- Lebensmittel einsetzen, um ein Kind zu trösten, das verletzt, traurig, ängstlich oder wütend ist

Immer mehr Ärzte und Psychologen empfehlen den Eltern, bei der Ernährung einen Ansatz zu wählen, der auf den vom Kind bestimmten Bedarf ausgerichtet ist (selbst-bestimmtes Essen, „self-demand approach"), also nicht die Eltern das Essen ihrer Kinder bestimmen. Dieser Ansatz des Selbstbedarfs ermöglicht es Kindern, Hunger- und Sättigungsgefühle zu erkennen, sich selbst zu regulieren und gesunde Lebensmittel zu wählen. Wenn Ihr Kind stark über- oder untergewichtig ist oder an anderen chronischen Erkrankungen leidet, empfehle ich Ihnen, den Arzt Ihres Kindes zu konsultieren, bevor Sie den in den folgenden Abschnitten beschriebenen Selbstbedarfsansatz anwenden. Es gibt seltene Erkrankungen, die es Kindern erschweren können, ihre Kalorienaufnahme angemessen zu regulieren.

7.2 Wie kann ich die Ernährung meines Kindes nach seinem Bedarf umsetzen?

Um den Selbstbedarfsansatz umzusetzen, lassen Sie Ihr Kind einfach entscheiden, wann, was und wie viel es essen möchte. Bringen Sie Ihrem Kind bei, das Gefühl des Hungers zu erkennen, indem Sie es fragen, ob es hungrig ist. Wenn es mit „Ja" antwortet, sagen Sie ihm, welche Lebensmittel verfügbar sind (einschließlich süßer Lebensmittel), und fragen Sie, was es essen möchte. Jüngere Kinder finden es möglicherweise einfacher zu bestimmen, was ihr Körper braucht, wenn sie die Auswahl der Lebensmittel tatsächlich sehen können (anstatt einfach zu hören, wie Sie sie auflisten). Ich empfehle daher, einem jüngeren Kind die verfügbaren Lebensmitteloptionen zu zeigen, wenn es Hunger ausdrückt. Nachdem Ihr Kind die gewünschten Lebensmittel benannt (oder darauf gezeigt) hat, bieten Sie ihm so viel an, wie es möchte.

Die Lebensmittelauswahl sollte mindestens ein proteinreiches, ein kohlenhydratreiches und ein fettreiches Lebensmittel sowie Obst und Gemüse umfassen. Vergessen Sie nicht, etwas Süßes anzubieten, während Sie andere Lebensmittel anbieten. Zum Beispiel könnten Sie Ihrem Kind eine Scheibe Käse, einige Cracker, Erdnussbutter, Eis, übrig gebliebene Nudeln, eine Karotte und eine Banane anbieten. Der Selbstbedarfsansatz bei der Ernährung erfordert, dass Sie nicht loben oder kritisieren, was Ihr Kind isst. Tatsächlich besteht keine Notwendigkeit, überhaupt über das Essen zu sprechen, außer es zu fragen, ob es mehr will oder ob es satt ist.

Dieser Ansatz erfordert nicht, dass Sie Ihrem Kind eine vollständige Mahlzeit zubereiten, wenn es erklärt, Hunger zu haben. Sie können weiterhin alle Mahlzeiten zubereiten, die Sie normalerweise für sich und andere Familienmitglieder zubereiten. Wenn Ihr Kind vor oder nach diesen Mahlzeiten essen möchte, bieten Sie ihm einfache Snacks oder Reste einer früheren Mahlzeit an. Wenn Ihre Familie sich vegetarisch ernährt, müssen Sie für Ihr Kind kein Fleisch kaufen, sofern Sie eine Vielzahl anderer proteinreicher Lebensmittel anbieten. Allergien oder andere Erkrankungen Ihres Kindes können auch die Lebensmittel einschränken, die Sie ihm geben. Es ist jedoch wichtig, Ihrem Kind eine Vielzahl von Lebensmitteln anzubieten, die es haben darf, und ihm die Kontrolle darüber zu geben, was und wann es isst.

Viele kleine Kinder bevorzugen eine eingeschränkte Ernährung mit einigen Lieblingsspeisen und widersetzen sich allem Neuen. Kinder sind eher bereit, neue Lebensmittel zu probieren, wenn sie am Einkauf von Zutaten und am Kochen teilhaben dürfen. Wenn Sie einen Garten haben, isst Ihr Kind vielleicht gern Gemüse, bei dessen Anbau es mitgeholfen hat. Sie können Ihr Kind auch spielerisch dazu ermutigen, neuartige Lebensmittel zu probieren, aber es nicht erzwingen. Studien haben gezeigt, dass jede Art von elterlichem Zwang mit mehr Nahrungsverweigerung durch Kinder verbunden ist. Ihr Kind wird neue Lebensmittel probieren, wenn es sich dazu bereit fühlt.

Einige Kinder lehnen Lebensmittel in Kombination mit anderen ab (z. B. in einem Auflauf), obwohl sie möglicherweise jede Zutat einzeln essen. Andere entwickeln eine Abneigung gegen bestimmte Lebensmittel aufgrund ihres Aussehens oder ihrer Beschaffenheit. Pfeffer auf Essen „sieht schmutzig aus“, Petersilie „kitzelt“ und Brotkrusten sind „zu hart“. Ihr Kind mag aufgrund seines Spiels oder seines symbolischen Wertes bestimmte Lebensmittel bevorzugen. Es kann eine Scheibe Käse anstelle eines Stücks desselben Käses anfordern, damit es Tierformen herstellen kann, indem es Bissen aus der Scheibe nimmt (wie es meine Tochter gern tat). Ein Kind, das ein Geschwisterchen hat, möchte möglicherweise Lebensmittel essen, deren Beschaffenheit denen des Babys ähnelt. Es schadet nicht, diesen Launen, Abneigungen und Vorlieben gerecht zu werden.

Auch Heißhunger auf bestimmtes Essen ist in der frühen Kindheit normal. In einem heißen Sommer wollte mein sechsjähriger Sohn mehrmals am Tag Müsli und Joghurt essen und sonst nicht viel. Er genoss es, sich diese beiden Lebensmittel selbst zu servieren, wann immer er wollte, und er behielt bei dieser ungewöhnlichen Ernährung eine ausgezeichnete Gesundheit und normale Gewichtszunahme bei. Ich empfehle, eine Liste der aktuellen Lieblingsspeisen Ihres Kindes zu führen und sicherzustellen, dass Sie diese immer zur Hand haben.

Möglicherweise fällt es Ihnen schwer, diesen Ernährungsansatz des Selbstbedarfs umzusetzen, insbesondere wenn Sie selbst nicht auf diese Weise erzogen wurden. Wenn Ihre Eltern kontrolliert haben, was Sie als Kind gegessen haben, haben Sie möglicherweise das Gefühl, dass Sie Ihr Kind auf die gleiche Weise kontrollieren müssen. Denken Sie daran, dass der Ernährungsansatz Ihrer Eltern, obwohl er gut gemeint war, womöglich dazu geführt hat, dass Sie die Signale Ihres eigenen Körpers für Hunger oder Sättigung ignorieren. Dies könnte es für Sie schwierig machen, der Lebensmittelauswahl Ihres Kindes zu vertrauen. Wenn Sie diesen Ansatz mit Ihrem Kind umsetzen, können auch Sie davon profitieren und auf Ihre eigenen Hungersignale achten lernen.

Im folgenden Beispiel berichtete eine Mutter, wie schwierig es für sie war, eine entspannte Haltung gegenüber den Essgewohnheiten ihrer Tochter beizubehalten.

> Mein Selbstwertgefühl hängt direkt mit dem zusammen, was Angie (vier Jahre alt) in ihren Mund nimmt. Neulich suchte sie im Gefrierschrank nach Eis am Stiel, entdeckte gefrorenes Gemüse in einer Tüte und sagte: „Lass uns davon etwas essen." Es war drei Uhr nachmittags und ich wäre vor Überraschung fast umgefallen. Natürlich habe ich es gekocht und ihr serviert, und sie hat es tatsächlich gegessen! Ich hatte das Gefühl, dass ich als Mutter endlich Erfolg hatte, weil mein Kind tatsächlich etwas aß, was ich vorbereitet hatte und was gut für sie war. Zu anderen Zeiten, wenn sie nicht das isst, von dem ich denke, dass es gut für sie ist, oder nicht aufisst, was auf ihrem Teller liegt, bemühe ich mich sehr, nichts zu sagen oder nicht darauf hinzuweisen, dass es mir wichtig ist. Aber insgeheim bin ich innerlich ein Wrack, weil sie nicht das isst, was ich will.

7.3 Wie geht man mit Süßigkeiten um?

Viele Eltern befinden sich in einem Dilemma, wenn es um Süßigkeiten geht. Auch wenn Sie möchten, dass Ihr Kind selbst entscheidet, fragen Sie sich vielleicht, ob der Selbstbedarfsansatz auch für Süßigkeiten gilt. Vielleicht befürchten Sie, dass Ihr Kind nur Süßigkeiten essen und krank werden, an Gewicht zunehmen oder die Zähne ruinieren würde. Um die Sache zu verkomplizieren, verehrt unsere Kultur praktisch Süßigkeiten. Wir verschenken Süßigkeiten, bewahren sie für besondere Gelegenheiten auf und verwenden sie sogar als Belohnung. Viele Feiertagstraditionen beinhalten traditionelle Süßigkeiten. Bunte und attraktive Süßigkeiten werden in Supermärkten immer in Reichweite von Kindern platziert. Bei diesem Ausmaß an Ausgesetztsein und kultureller Konditionierung wäre es überraschend, wenn Kinder *kein* Verlangen nach Süßigkeiten hätten.

Manche Eltern versuchen, das Süßigkeitendilemma zu lösen, indem sie sie vollständig verbieten, während andere den Süßigkeitenkonsum ihrer Kinder auf besondere Anlässe (wie Geburtstage oder Halloween) beschränken. Ein anderer Ansatz besteht darin, eine Süßigkeit pro Tag zuzulassen. Aufgrund des Verlangens, das sich aus jeder Art von Lebensmittelbeschränkung ergeben kann, empfehle ich den Selbstbedarfsansatz, bei dem Sie zu Hause einen Vorrat an Süßigkeiten vorhalten und Ihr Kind so viel essen lassen, wie es möchte. Wenn Süßigkeiten den gleichen Status wie Karotten oder Bananen haben, verlieren sie schließlich ihre Anziehungskraft.

Im folgenden Beispiel beschrieb eine Mutter die negativen Auswirkungen der Einschränkung süßer Lebensmittel durch ihre eigene Mutter.

> Süßigkeiten und Kekse waren in unserem Haus sehr streng reguliert. Ich bekam Ärger, wenn ich sie gegessen hatte. Meine Mutter sagte nie: „Wer hat die Kekse gegessen?", sondern „Wer hat die Kekse gestohlen?" Es war meine Wunderwaffe, um ungezogen zu sein. Wenn ich heute einen Keks sehe, muss ich ihn essen. Es ist der Verbrecher in mir, der herauskommt. Ich muss ausprobieren, ob ich damit durchkomme. Nach der Kirche, wenn sie da draußen einen Haufen Kekse haben, kann ich spüren, wie mein Adrenalin ausgeschüttet wird, und ich muss so viele essen, wie ich in die Hände bekommen kann! Ich bin jetzt übergewichtig, weil

> ich allein in der Weihnachtszeit mit all den Süßigkeiten, die ich gegessen habe, über 13 kg zugenommen habe.

Wenn Sie Süßigkeiten bis jetzt eingeschränkt haben, wird Ihr Kind sie wahrscheinlich mehrere Wochen lang in sich hineinstopfen, wenn Sie diesen Ansatz zum ersten Mal einführen. Aber nachdem es darauf vertraut hat, dass es immer einen unbegrenzten Vorrat haben wird, wird es irgendwann aufhören, Süßigkeiten zu essen und auf die wirklichen Nahrungsbedürfnisse seines Körpers achten. Hier ist meine Erfahrung mit dem Selbstbedarfsansatz.

> Bei meinen beiden Kindern habe ich von Geburt an den Selbstbedarfsansatz benutzt, mit Ausnahme von Süßigkeiten. Es war mir unangenehm, sie so viele Süßigkeiten essen zu lassen, wie sie anscheinend wollten, und so beschränkte ich ihren Verzehr auf ein Stück pro Tag. Aber irgendwann wurde ich es leid, sie zu überwachen, und sagte ihnen eines Tages (mit einiger Besorgnis), dass es keine Grenzen mehr geben würde und sie so viel Süßigkeiten essen könnten, wie sie wollten. Ich fand den Mut, sie Süßigkeiten im Laden auswählen zu lassen, und kaufte alles, worauf sie zeigten. Sarah (sechs Jahre alt) stopfte ungefähr zwei Monate lang Süßigkeiten in sich hinein. Zu meinem Erstaunen nahm ihr Süßigkeitenkonsum danach allmählich ab, obwohl sie immer noch einen unbegrenzten Vorrat hatte. Interessanterweise wurde sie immer wählerischer in Bezug auf die Art von Süßigkeiten, die sie mochte. Sie erzählte mir, dass bestimmte Arten zu süß seien oder schlecht riechen würden. Nicky (elf Jahre alt) hat nie viele Süßigkeiten gegessen, sondern sich von Anfang an recht vernünftig reguliert. Jetzt, als Erwachsene, isst keines meiner Kinder viele Süßigkeiten und keines war jemals übergewichtig.

Wenn Sie zum ersten Mal unbegrenzt Süßigkeiten in Ihrem Haus zulassen, ist es wichtig, andere Lebensmittel leicht verfügbar zu machen. Wenn Ihr Kind die Süßigkeiten leicht finden kann, sich aber mehr Mühe geben muss, Käse oder einen Apfel zu essen, wird es wahrscheinlich Süßigkeiten essen, wenn sein Körper Kalorien benötigt. Ich empfehle, jederzeit Teller mit verzehrfertigen, mundgerechten Lebensmitteln wie Crackern, Obst- oder Gemüsescheiben und Käsescheiben in Sichtweite zu haben. Ein besonders wichtiger Zeitpunkt, um diese gesunden Lebensmittel sichtbar und verfügbar zu machen, ist, wenn Ihr Kind von der

Schule oder der Kindertagesstätte nach Hause kommt. Wenn es diese Lebensmitteloptionen nicht sofort sieht, wird es wahrscheinlich nach den Süßigkeiten greifen.

Sie müssen entscheiden, wie weit Sie mit dem Selbstbedarfsansatz gehen möchten. Ich erlaubte Süßigkeiten, wie oben beschrieben, aber ich beschloss, Lebensmittel mit hohem Gehalt an ungesunden Fetten von unserem Haus fernzuhalten (wie Kartoffelchips und fabrikproduziertes Gebäck). Stattdessen habe ich gesunde Alternativen für meine Kinder gekauft oder hergestellt. Das Wichtigste ist, dass Ihr Kind die freie Wahl unter den Lebensmitteln hat, die Sie bei sich zu Hause zulassen möchten.

7.4 Was ist, wenn mein Kind Essen einsetzt, um Emotionen zu unterdrücken?

Der Selbstbedarfsansatz beim Essen funktioniert nur dann gut, wenn Sie ihn mit den anderen Vorschlägen in diesem Buch kombinieren, insbesondere mit denen, die Ihrem Kind das Weinen ermöglichen. Wie ich bereits in diesem Kapitel erwähnt habe, kann es passieren, dass das Kind den Kontakt zu dem verliert, was es wirklich braucht, wenn wir ein Kind, das verletzt, traurig, verängstigt oder wütend ist, mit Essen trösten. Dieses Problem kann schon im Säuglingsalter einsetzen, insbesondere wenn Eltern nicht wissen, wie wichtig es ist, Stress durch Weinen abzubauen, und die Signale ihres Babys falsch verstehen. Wenn Sie jeden Schrei als Hungersignal interpretiert haben, haben Sie wahrscheinlich Ihre Brust oder eine Flasche angeboten, um Ihr Baby zu beruhigen, selbst wenn Sie es erst kürzlich gefüttert hatten. Möglicherweise hat es sich angewöhnt zu essen, um schmerzhafte Emotionen zu unterdrücken (ein Kontrollmuster), und es könnte denken, es habe Hunger, wann immer es weinen muss. Sein Körper wird sich daran erinnern, dass Muttermilch (oder Milchnahrung) sehr süß war, so dass es sich besonders für süße Lebensmittel interessiert, wenn es sich verärgert fühlt und weinen muss.

Wenn Ihr Kind zu viel isst, um schmerzhafte Emotionen zu betäuben, besteht der effektivste Ansatz auf lange Sicht darin, seine zugrunde liegenden Gefühle anzusprechen, anstatt zu versuchen, zu kontrollieren, was es isst. Übermäßiges Essen ist genau wie Daumenlutschen ein Kontrollmuster, das es seinem eigenen Körper antut, um Emotionen zu unterdrücken. Wenn Ihr Kind isst, um sich zu trösten, und übergewichtig ist, können Sie den in diesem Kapitel beschriebenen Selbstbedarfsansatz einführen. Aber ich empfehle Ihnen, auch nach Wegen zu suchen, um ihm zu helfen, wieder weinen zu können. Bemühen Sie sich zu sehr, es jederzeit glücklich zu machen? Lenken Sie es vom Weinen ab? Reden Sie zu viel anstatt zuzuhören? Verpassen Sie „zerbrochene-Keks-Momente" (kleine Vorwände, die einen Wutanfall auslösen)? Zögern Sie aufgrund Ihrer Angst vor einem Wutausbruch, Grenzen zu setzen?

Wenn Sie einschränken, was Ihr übergewichtiges Kind isst, kann es ein noch größeres Verlangen nach tröstenden Nahrungsmitteln entwickeln. Versuchen Sie stattdessen, ihm zu helfen, auf seinen Körper und seine Gefühle zu achten. Wenn es zwanghaft einen Keks nach dem anderen isst, können Sie ihm folgende Fragen stellen: „Hast du wirklich Hunger? Bist du sicher, dass du einen weiteren Keks möchtest? Sollen wir kuscheln und reden? Bist du über etwas verärgert?" Sie könnten auch Folgendes vorschlagen: „Möchtest du einen Keks halten, während wir uns unterhalten und eine Weile kuscheln? Dann kannst du entscheiden, ob du ihn noch essen willst." Wenn Sie das Kind einen Keks halten lassen, zeigen Sie ihm, dass Sie nicht versuchen, die Menge der Kekse einzuschränken. Stellen Sie allerdings sicher, dass andere Lebensmittel jederzeit so leicht zugänglich sind wie die Kekse, wie im vorherigen Abschnitt beschrieben.

Sie können auch Humor und Lachen einsetzen, um Ihrem Kind zu helfen, zwanghaftes Essen zu überwinden. Nehmen Sie die Kekse und rennen Sie mit ihnen weg, aber lassen Sie Ihr Kind Sie verfolgen und fangen und händigen Sie sie dann mit übertriebener Zurückhaltung aus. Tun Sie so als hätten *Sie* Hunger auf Kekse und bitten Sie Ihr Kind, diese zu verstecken, damit Sie nicht zu viele davon essen. Tun Sie dann ganz hektisch so, als würden Sie verzweifelt nach ihnen suchen und sie nicht finden. Gehen Sie auf die Knie und bitten Sie Ihr Kind, Ihnen einen zu geben. Oder geben Sie vor, ein Keks zu sein, und lassen Sie ihn sagen: „Autsch, du hast mich gebissen!", wann immer Ihr Kind einen Bissen davon nimmt. Alles, was Ihr Kind zum Lachen bringt, hilft ihm, die Ängstlichkeit oder andere schmerzhafte Gefühle loszulassen, die der

Wurzel seiner zwanghaften Essgewohnheit zugrunde liegen. Es kann Sie tatsächlich überraschen, indem es vergisst, Kekse zu essen, während es diese spielerischen Aktivitäten mit Ihnen ausführt.

Kinder können Lebensmittel auch einsetzen, um Ihre Aufmerksamkeit zu erregen, wenn sie sich nicht verbunden fühlen. Ein Kind, das zu viel isst, braucht möglicherweise einfach mehr Aufmerksamkeit. Wenn Sie häufig kommentieren, was es isst, und versuchen, es einzuschränken, kann es zu viel essen, um Sie zu zwingen, ihm Aufmerksamkeit zu schenken. Andererseits könnte ein Kind sich weigern zu essen, um Ihre Aufmerksamkeit zu erregen und zu bewirken, dass Sie sich mit ihm beschäftigen. Diese Verhaltensweisen treten eher auf, wenn Ihr Kind ein oder mehrere jüngere Geschwister hat, die viel Aufmerksamkeit erfordern. Wenn Ihr Kind zu viel oder zu wenig isst, um Ihre Aufmerksamkeit zu erregen, hören Sie auf, zu kommentieren, was es isst. Bieten Sie ihm Essen an und lassen Sie es entscheiden, was und wie viel es essen möchte. Schenken Sie ihm zu anderen Zeiten mehr Aufmerksamkeit, damit es kein unangemessenes Essverhalten anwenden muss, um von Ihnen bemerkt zu werden. Planen Sie einige Male pro Woche kindzentriertes Spielen mit ihm ein.

Versuchen Sie, sich Ihrer *eigenen* Essgewohnheiten bewusst zu werden. Sind Sie ein gutes Vorbild? Essen Sie zu viel? Greifen Sie zu Ihren tröstenden Lieblingsnahrungsmitteln, wenn Sie gestresst, depressiv, einsam oder frustriert sind? Machen Sie Diäten, nur um dann später wieder zuzunehmen? Wenn Sie unter Ess- oder Gewichtsproblemen leiden, kann Ihr Kind Ihr Verhalten nachahmen. Sie werden davon profitieren, die Esserfahrungen Ihrer Kindheit zu erkunden und sich der Emotionen bewusst zu werden, die Sie durch Essen zu betäuben versuchen. Finden Sie jemanden, der Ihnen zuhören kann, um Ihre Gefühle auszudrücken.

7.5 Wie kann ich mit Verhaltensproblemen während der Mahlzeiten umgehen?

Probleme mit dem Essverhalten haben mehrere mögliche Ursachen. Kinder sind besonders widerständig, wenn ihnen gesagt wird, dass sie alles auf ihrem Teller aufessen sollen, und ihr Verhalten kann diesen Groll widerspiegeln. Vielleicht schreien sie, werfen Essen auf den Boden, verlassen den Tisch oder streiten sich mit einem Geschwister. Wenn Sie Ihr Kind essen lassen, was es will, wird sich sein Verhalten wahrscheinlich verbessern und die Mahlzeiten werden ruhiger verlaufen.

Wenn Sie Ihr Kind zwingen, nach dem Essen am Tisch sitzen zu bleiben, obwohl es gern aufstehen möchte, um spielen zu gehen, kann es unangemessen handeln. Bringen Sie ihm bei, sich höflich zu entschuldigen, und lassen Sie es spielen. Versuchen Sie auch, die Familienmahlzeiten für alle angenehm zu gestalten, damit das Kind am Tisch sitzenbleiben *möchte*. Einige Familien haben das Ritual, dass sie sich während des Abendessens darüber austauschen, wie sie sich an diesem Tag fühlten. Zum Beispiel spricht jede Person abwechselnd über das Beste und das Schlimmste, was an diesem Tag passiert ist. Selbst wenn Ihr Kind keinen Hunger hat, wird es wahrscheinlich trotzdem bei der Familie dabei sein wollen, um am Ritual teilzunehmen.

Manche Eltern denken, dass Kinder nicht mit ihrem Essen spielen sollten. Kleine Kinder haben jedoch den natürlichen Wunsch, ihr Essen anzufassen und damit zu spielen. Daran ist an sich nichts auszusetzen (vorausgesetzt, ihre Hände sind sauber!). Für manche Kinder ist die Beschaffenheit von Lebensmitteln genauso wichtig wie der Geschmack, der Geruch oder das Aussehen. Andere verwenden möglicherweise Lebensmittel als kreatives Medium. Ihr Kind genießt es vielleicht, ein Gesicht zu kreieren, indem es Rosinen oder andere kleine Lebensmittel auf einen runden Cracker legt. Lassen Sie Ihr Kind Kartoffelpüree oder Pudding als Fingerfarbe benutzen. Möglicherweise möchten Sie jedoch das Essensspiel Ihres Kindes einschränken, insbesondere wenn ein Großteil des Essens auf dem Boden landet. Vielleicht möchten Sie auch in Restaurants oder bei anderen Menschen zu Hause das Spielen mit Essen einschränken.

Probleme mit dem Verhalten während der Mahlzeiten haben manchmal keine Beziehung zum Essen. Tischmanieren können zu Konflikten zwischen Eltern und Kindern führen. Natürlich möchten Sie einige Regeln und Erwartungen für angemessene Tischmanieren haben, aber stellen Sie sicher, dass Ihre Regeln realistisch und altersgerecht sind. Ein Dreijähriger wird wahrscheinlich Schwierigkeiten haben, Messer und Gabel zu benutzen oder bei einer einstündigen Dinnerparty still zu sitzen. Es ist jedoch wahrscheinlich alt genug, um zu lernen, seine Füße vom Tisch zu halten. Verwenden Sie sanfte Erinnerungen anstelle von Bestrafungen oder Belohnungen und vergessen Sie nicht, ein gutes Vorbild zu sein.

Wenn Ihr Kind aus irgendeinem Grund aufgestaute Gefühle hat, kann es zu den Mahlzeiten unangemessen handeln, einfach weil es ein Moment ist, in dem es Ihre Aufmerksamkeit hat. Wenn es weinen muss, wird es nach einem Vorwand suchen, um dies zu tun. Es kann übermäßig fordernd sein und wiederholt nach einer bestimmten Tasse fragen, nur um sie dann doch abzulehnen und um etwas anderes zu bitten. Oder es bittet Sie, Dinge für es zu tun (z. B. sein Essen kleinzuschneiden), kritisiert dann aber, wie Sie es tun.

Wenn Sie der Meinung sind, dass die Forderungen Ihres Kindes unangemessen werden, können Sie Ihre Bereitschaft einschränken und zu den Forderungen Ihres Kindes „nein" sagen. („Ich werde die rote Tasse nicht für dich waschen, aber hier ist eine saubere blaue.") Derartige Grenzen werden Ihrem Kind wahrscheinlich den Vorwand geben, in Tränen auszubrechen und seine aufgestauten Gefühle loszulassen.

Wenn Sie weiterhin auf jede unvernünftige Forderung eingehen, wenn Ihr Kind weinen muss, werden Sie möglicherweise erschöpft und ärgerlich, und Ihr Kind hat keine Gelegenheit, seinen aufgestauten Stress abzubauen. Es wird wahrscheinlich sein forderndes Verhalten fortsetzen, bis es einen Vorwand hat, um zu weinen. Es kann sogar einen Vorwand *erschaffen*, wie das folgende Beispiel zeigt.

> Der zweijährige Willie wachte weinerlich und quengelig auf. Beim Frühstück wollte er Milch auf seinem Müsli, also goss seine Mutter etwas Milch darauf. Dann beschwerte er sich, weil er Milch in einem Glas trinken wollte. Da keine Milch mehr da war, goss seine Mutter einen Teil der Milch aus dem Müsli in ein Glas für ihn. Er goss es sofort wieder in seine Müslischale, beschwerte sich dann abermals, dass er Milch trinken wolle. Seine Mutter goss geduldig etwas Milch zurück in sein Glas. Dann hob er das Glas auf, sah seine Mutter an und goss die Milch ruhig und absichtlich auf den Boden. Dann fing er an zu weinen, weil er keine Milch zu trinken hatte!

In diesem Beispiel war das Kind anfangs weinerlich und musste offensichtlich weinen, aber es brauchte einen Grund dafür. Seine Mutter hinderte ihn unbeabsichtigt daran, einen Vorwand zum Weinen zu haben, weil sie seinen Launen immer wieder nachgab. Also schuf er absichtlich eine Situation, die seine Mutter nicht beheben konnte. Sie hätte die verschüttete Milch verhindern können, wenn sie zuvor gesagt hätte, dass es keine Milch für ihn gebe. Zu diesem Zeitpunkt hätte er wahrscheinlich angefangen zu weinen – genau das, was er tun musste.

7.6 Mir wurde gesagt, dass mein Kind ADHS hat – was kann ich tun, um ihm zu helfen?

Wenn Ihr Kind hyperaktiv, impulsiv oder unaufmerksam ist, erhält es möglicherweise die Diagnose einer Aufmerksamkeitsdefizit-Hyperaktivitätsstörung (ADHS). Die meisten Ärzte und Psychologen betrachten dies als eine Krankheit mit biologischem Ursprung, und die Behandlung der Wahl ist eine psychiatrische Medikation. In den USA dürfen Ärzte diese Medikamente Kindern ab vier Jahren verschreiben, die die diagnostischen Kriterien erfüllen.

Trotz jahrzehntelanger Forschung ist der Status von ADHS als medizinische Störung jedoch nicht nachgewiesen. Die Diagnose basiert ausschließlich auf den subjektiven Beobachtungen von Lehrern und Eltern. Die Checkliste für die Diagnose enthält Verhaltensweisen wie „scheint oft nicht zuzuhören, wenn direkt angesprochen" und „vermeidet, mag es nicht oder zögert oft, Aufgaben zu erledigen, die anhaltende geistige Anstrengungen erfordern (wie Schularbeiten oder Hausaufgaben)".

Eine wachsende Zahl von Fachleuten (einschließlich mir selbst) hat infrage gestellt, ob ADHS eine echte Krankheit mit einer biologischen Ursache ist, und sie lehnen es ab, Kindern potenziell gefährliche Psychopharmaka zu verabreichen. Um dies klarzustellen: Niemand zweifelt daran, dass einige Kinder impulsiv handeln, Probleme beim Stillsitzen haben oder in der Schule anscheinend nicht aufpassen können. Diese Verhaltensweisen sind real und Eltern und Lehrer finden es verständlicherweise schwierig, mit diesen Kindern umzugehen. Es gibt jedoch zahlreiche Anhaltspunkte dafür, dass Umwelt-, Sozial-, Bildungs-, Entwicklungs- oder emotionale Faktoren die Symptome verursachen können, die so häufig zur Diagnose von ADHS führen.

Umweltgifte (wie Bleiexposition) können zu diesen Symptomen führen, ebenso wie einige Erkrankungen (wie Hyperthyreose). Stellen Sie sicher, dass Ihr Kind gründlich ärztlich untersucht wird, um diese Möglichkeiten auszuschließen. Es gibt keine Hinweise darauf, dass der Zuckerkonsum das Verhalten verursacht, das zur Diagnose von ADHS führt, aber andere Ernährungsfaktoren könnten zu den Symptomen Ihres Kindes beitragen. Zum Beispiel ist Koffein ein Stimulans, das direkt auf das Nervensystem wirkt und Unruhe, Hyperaktivität und Schlaflosigkeit verursachen kann.

Eine weitere Überlegung ist das Bildungsumfeld Ihres Kindes. Würde sich sein Verhalten in einer Schule verbessern, die mehr Freiheit bietet und es ihm ermöglicht, durch praktische Aktivitäten, Kreativität, Bewegung und Spiele zu lernen? Viele hyperaktive und unaufmerksame Kinder zeigen bei Aktivitäten, für die sie sich frei entschieden haben, eine überraschend lange Aufmerksamkeitsspanne. Berücksichtigen Sie auch die Möglichkeit, dass sich Ihr Kind einfach langsamer entwickelt als andere Kinder. Studien haben gezeigt, dass sich die Impulskontrolle bei Jungen etwas später entwickelt als bei Mädchen. Interessanterweise erhalten Jungen häufiger die Diagnose ADHS als Mädchen.

Übersehen Sie nicht die möglichen Auswirkungen von Stress oder Traumata. Es gibt aussagekräftige Hinweise darauf, dass Kinder mit größerer Wahrscheinlichkeit eine Diagnose von ADHS erhalten, wenn sie Armut, Scheidung der Eltern, körperlichem oder sexuellem Missbrauch, häuslicher Gewalt oder Gewalt in der Nachbarschaft, Drogenmissbrauch der Eltern oder psychischen Erkrankungen ausgesetzt waren oder eine Vorgeschichte als Pflegekinder haben. Die Neurobiologie des Traumas kann alle Symptome von ADHS erklären (einschließlich Impulsivität, Hyperaktivität und unaufmerksames Verhalten). Kinder mit belastenden Erfahrungen wie den oben genannten entwickeln ein Nervensystem, das sie auf Gefahren vorbereitet, und ihr Gehirn funktioniert anders als das Gehirn von Kindern, die keinem Trauma ausgesetzt waren. Traumatisierte Kinder werden normalerweise überwachsam und reagieren schnell (impulsiv). Hyperaktivität kann durch einen hohen Spiegel an Stresshormonen (wie Adrenalin und Cortisol) verursacht werden, die bei traumatisierten Kindern chronisch erhöht sind. Schließlich könnte eine Neigung zum Tagträumen in der Schule (unaufmerksames Verhalten) ein Symptom für eine leichte Dissoziation sein, die eine Form dafür ist, wie das Nervensystem des Kindes mit Traumata umgeht.

Einige Studien haben Unterschiede im Gehirn von Kindern mit ADHS-Diagnose festgestellt, und diese Ergebnisse haben viele Menschen zu der Annahme veranlasst, dass die Ursache biologisch sein muss. Die Daten belegen diese Schlussfolgerung jedoch nicht, da die Hirnstruktur und -funktionen lediglich widerspiegeln, wie ein Kind sein Gehirn verwendet, was wiederum auf früheren Erfahrungen beruht. Die zugrunde liegende Ursache für die beobachteten neurologischen Unterschiede könnte emotionaler Stress oder Trauma sein.

Selbst wenn Ihr Kind keines der oben genannten schweren Traumata erlebt hat, hatte es möglicherweise eine schwierige Geburt, frühe medizinische Eingriffe oder eine traumatische Trennung von Ihnen. Wenn Sie den Verdacht haben, dass Stress oder ein nicht geheiltes Trauma die Ursache für das Verhalten Ihres Kindes sind, suchen Sie zunächst nach Stressquellen in seinem Leben und nach Möglichkeiten, diese zu reduzieren. Ich empfehle auch die Vorschläge in diesem Buch, um ihm zu helfen, durch Tränen und Wutanfälle sowie durch Spielen und Lachen von Stress und Trauma zu heilen. In meiner Beratungserfahrung haben mir viele Eltern berichtet, dass ihre Kinder viel ruhiger und aufmerksamer werden, nachdem sie sich ausgeweint haben.

Eine letzte Überlegung ist, dass das Verhalten Ihres Kindes einfach im normalen Bereich des menschlichen Verhaltens liegen kann. Unsere Spezies hat teilweise aufgrund unserer Neurodiversität überlebt und sich entwickelt. Prähistorische Gruppen brauchten alle Arten von Menschen mit unterschiedlichen Fähigkeiten, und die natürliche Selektion würde eine Vielzahl genetischer Merkmale begünstigt haben. Manche Menschen waren wahrscheinlich besonders geschickt darin, alle Umweltreize kontinuierlich zu überwachen und schnell auf Gefahren zu reagieren. Kinder mit diesen Merkmalen erhalten heute möglicherweise eine Diagnose von ADHS. Andere Menschen waren wahrscheinlich besser darin, sich ruhig auf eine einzelne Aufgabe zu konzentrieren und tiefer über langfristige

Überlebensstrategien nachzudenken. Kinder mit diesen Merkmalen können heute besonders gut still sitzen und in der Schule aufpassen.

Zusammenfassend lässt sich sagen, dass die Verhaltensweisen, die zur Diagnose von ADHS führen, viele mögliche Ursachen haben. Selbst wenn Ihr Kind mit Psychopharmaka behandelt wird, fordere ich Sie dringend auf, diese Möglichkeiten zu berücksichtigen, insbesondere sein schulisches Umfeld und seine Traumageschichte. Möglicherweise können Sie diese Probleme so angehen, dass Sie seine Medikamente reduzieren oder sogar ganz weglassen können. Achten Sie auch auf die Stärken Ihres Kindes. Vielleicht ist (oder wird) es besonders gut in Sport, Tanz, kreativem Denken oder schnellen Entscheidungen in Notsituationen. Vielleicht hat es Führungsqualitäten oder einen einzigartigen Sinn für Humor. Aufgrund seiner Fähigkeit, eine Vielzahl von Reizen gleichzeitig wahrzunehmen, ist es vielleicht besonders gut in der Lage, Informationen in seiner Umgebung ohne großen Aufwand aufzunehmen (zufälliges Lernen).

7.7 Wie kann ich meinem Kind bei zahnärztlichen und medizinischen Eingriffen helfen?

Zahnärztliche und medizinische Eingriffe können für Kinder stressig, schmerzhaft und beängstigend sein. Wenn möglich, suchen Sie einen Arzt, der es Ihnen ermöglicht, jederzeit mit Ihrem Kind zusammen zu sein. Möglicherweise müssen Sie dem Arzt versichern, dass Sie die Abläufe nicht stören und dass Ihr Kind kooperativ ist. Sie sind nicht übervorsichtig, wenn Sie bei Ihrem Kind bleiben möchten.

Sie fragen sich vielleicht, wie weit Sie Ihr Kind im Voraus über den Termin informieren sollten. Wenn Sie es ihm zu weit im Voraus sagen, wird es möglicherweise mit jedem Tag immer ängstlicher. Wenn Sie dagegen bis zur letzten Minute warten oder es überhaupt nicht warnen, kann es sich betrogen und wütend fühlen. Ein oder zwei Tage vor dem Termin ist wahrscheinlich eine ausreichende Vorankündigung für kleine Kinder. Dies gibt Ihrem Kind Zeit, Fragen zu stellen, seine Gefühle auszudrücken und den Besuch spielerisch mit Ihnen zu proben, aber es gibt ihm nicht genügend Zeit, sich zu sehr damit zu beschäftigen oder eine große Menge an Besorgnis aufzubauen.

Es ist wichtig, Ihrem Kind die Gründe für das Verfahren deutlich zu erklären. Selbst kleine Kinder können die Notwendigkeit von Zahnfüllungen, Blutuntersuchungen oder Impfungen verstehen, wenn Sie Ihre Erklärungen auf Konzepte stützen, die ihnen vertraut sind. Obwohl Ihr Kind keine Wahl über das Verfahren selbst hat, versuchen Sie, ihm so viele andere Optionen wie möglich zu geben. Vielleicht können Sie es entscheiden lassen, welcher Elternteil es nimmt oder in welchen Arm es eine Impfung erhalten soll.

Zu Hause können Sie spielerisch vorgehen, um Ihr Kind wissen zu lassen, was es erwartet, und ihm zu helfen, Angst durch Lachen abzubauen. Rollenspiele können ein effektiver Weg sein, um diese Ziele zu erreichen. Verwenden Sie Requisiten und spielen Sie abwechselnd die Rollen des Arztes und des Patienten. Um Lachen hervorzurufen, geben Sie vor, Angst zu haben, wenn Sie die Rolle des Patienten spielen. Geben Sie vor, dumm und inkompetent zu sein, während Sie die Rolle des Arztes spielen. Das folgende Beispiel beschreibt, wie ich meine Tochter mit einem Nonsensspiel auf einen Zahnarzttermin vorbereitet habe.

Mit fünf Jahren musste Sarah zur Untersuchung und Zahnreinigung zum Zahnarzt gehen. Ich hatte sie im vergangenen Jahr zum Zahnarzt gebracht, aber sie hatte sich geweigert, den Mund zu öffnen, damit der Zahnarzt ihre Zähne reinigen konnte! Ich nahm an, dass ich sie nicht angemessen vorbereitet hatte. Dieses Mal entschied ich, dass sie vollständig vorbereitet ankommen und genau wissen würde, was sie zu erwarten hatte. Ich erzählte ihr einen Tag vorher von dem Termin und lud sie ein, ein Rollenspiel darüber zu spielen. Sie schloss sich mir eifrig in einem Spiel an, in dem wir abwechselnd Zahnarzt wurden. Als ich Zahnarzt war, betonte ich, wie wichtig es sei, den Mund offen zu halten und stillzuhalten. Dann tat ich so, als würde ich ihre Zähne mit einem elektrischen Polierer polieren, und machte ein komisches Geräusch. Dies brachte sie zum Lachen, also machte ich ein weiteres Geräusch und behauptete, ich könne mich nicht erinnern, welches Geräusch die Maschine tatsächlich machte. Gemeinsam haben wir mit verschiedenen Geräuschen experimentiert. Diese Aktivität brachte sie 15 Minuten lang zum Lachen! Am nächsten Tag bei ihrem Termin war sie äußerst kooperativ und der Zahnarzt hatte keine Probleme, ihre Zähne zu reinigen.

Ihr Kind muss möglicherweise vor, während oder nach dem Eingriff weinen. Versuchen Sie, seine Gefühle zu akzeptieren, anstatt es zu ermutigen, tapfer zu sein. Wenn Ärzte versuchen, Ihr Kind vom Weinen abzulenken, müssen Sie möglicherweise vorsichtig eingreifen, indem Sie sagen: „Es muss wissen, dass es in Ordnung ist, hier zu weinen, und es ist vollkommen in Ordnung für mich, wenn es weint." Die Ärzte und Krankenpfleger fühlen sich möglicherweise erleichtert, wenn sie verstehen, dass Sie nicht erwarten, dass sie Ihr Kind glücklich machen.

Das folgende Beispiel beschreibt die erfolgreiche Vorbereitung einer Mutter auf die Impfung ihres dreijährigen Sohnes.

> Ich beschloss, ihm am Vortag von der Impfung zu erzählen, damit er Zeit hatte, darüber zu weinen, wenn er wollte. Also sagte ich es ihm und machte klar, dass er keine Wahl habe. Ich erklärte ihm die schlimme Krankheit, die er bekommen könnte, und ich sagte ihm, dass einige Wissenschaftler diesen neuen Impfstoff gefunden hätten, der ihn schützen würde. Nun, er sagte sofort: „Nein, ich werde das nicht bekommen" und weinte ungefähr eine halbe Stunde lang. Wir holten das Arztköfferchen und eines seiner Lieblingskuscheltiere heraus und gaben vor, dass das Tier die Spritze brauchte, und ließen das Tier verärgert und verängstigt sein. Ich sagte zu ihm: „Es ist in Ordnung, wenn du Angst hast. Alles, was du tun musst, ist stillhalten, damit es so schnell wie möglich vorbei ist." Er sagte immer noch: „Ich werde diese Spritze nicht bekommen." Nun, am nächsten Morgen war es das erste, was er erwähnte, als er aufwachte. Er sagte nicht mehr, dass er die Impfung nicht bekommen würde, sondern: „Ich möchte die Impfung nicht haben." Ich sagte noch einmal, dass es wirklich wichtig sei und dass er es haben müsse, und wir sprachen darüber, wie lange es wehtun würde. Als die Zeit gekommen war, gab ich ihm die Wahl, ob er wollte, dass Papa oder ich (oder wir beide) ihn nehmen, und er wählte mich. Im Auto war er zuerst sehr leise, dann sagte er: „Ich habe wirklich Angst." Ich sagte: „Es ist in Ordnung, Angst zu haben. Aber ich werde bei dir sein und es wird schnell vorbei sein." Ich befürchtete wirklich, dass er sich weigern würde, aus dem Auto auszusteigen. Aber er tat es nicht! Er stieg bereitwillig aus und ging in das Gebäude. Zum Glück mussten wir nicht lange warten. Die Krankenschwester hatte die Spritze in der Tasche, also sah er sie nie wirklich. Ich hielt ihn fest und er bekam die Spritze und es war vorbei. Er weinte erst, nachdem die Krankenschwester gegangen war, und dann auch nur ein wenig.

Manche Kinder entwickeln eine intensive Nadel- oder Zahnarztphobie, selbst wenn sie im Voraus gut vorbereitet wurden. Eine Phobie kann nach einer traumatischen Erfahrung auftreten, bei der sie sich machtlos fühlten, z. B. nach einem schmerzhaften Eingriff oder einem Besuch in der Notaufnahme. Wenn Ihr Kind an einer solchen Phobie leidet, können Sie versuchen, die Vorschläge aus Kapitel 2 umzusetzen, um sie zu überwinden.

7.8 Wie kann ich meinem Kind bei Schmerzen helfen?

Die meisten Menschen empfinden es als bedrückend, ein Kind mit Schmerzen zu sehen, und es ist nur natürlich zu wünschen, dass die Schmerzen verschwinden sollen. Bei starken Schmerzen aufgrund von Erkrankungen wie einer Ohrenentzündung, Fieberkopfschmerzen oder Knochenbrüchen ist es auf jeden Fall sinnvoll, Ihrem Kind Schmerzmittel anzubieten, wenn es diese benötigt. Sie werden wahrscheinlich in der Lage sein, das Schmerzniveau Ihres Kindes zu bestimmen, indem Sie dessen Verhalten beobachten. Wenn Ihr Kind alt genug ist, können Sie es entscheiden lassen, ob es Schmerzmittel möchte.

Bei leichten Verletzungen ist es jedoch normalerweise nicht erforderlich, den verletzten Bereich zu betäuben oder Schmerzmittel zu verwenden, selbst wenn das Kind weint. (Eine Ausnahme wäre, wenn Eis benötigt wird, um Entzündungen vorzubeugen.) Ein verletztes Kind sucht normalerweise die Aufmerksamkeit eines Erwachsenen, kommt körperlich nahe und weint. Ihre Aufgabe ist es, das Weinen zu akzeptieren. Schmerzen aufgrund einer kleinen Verletzung können ein wichtiger Teil der Lernerfahrung Ihres Kindes sein. Wenn Sie Ihrem Kind erlauben, den Schmerz zu spüren und zu weinen, wird es in Zukunft mit größerer Wahrscheinlichkeit die erforderlichen Vorsichtsmaßnahmen treffen, damit eine solche Verletzung nicht erneut auftritt. Wenn Sie den Schmerz betäuben oder die Aufmerksamkeit Ihres Kindes davon ablenken, findet dieses Lernen möglicherweise nicht so effektiv statt.

Viele Eltern haben mir berichtet, dass ihre Kinder dazu neigen, intensiver und länger zu weinen, wenn die Eltern ihnen nach einer Verletzung Aufmerksamkeit und Sympathie schenken. Diese Eltern fragen sich, ob sie irgendwie bewirken, dass ihr Kind mehr als nötig weint. Ich versichere den Eltern, dass Kinder nie mehr als nötig weinen. Achten Sie jedoch darauf, nicht überzureagieren. Wenn Sie in Panik geraten, wird Ihr Kind Ihre Angst spüren und mehr zum Weinen haben. Wenn Sie jedoch ziemlich ruhig bleiben und Ihr Kind nach einer leichten Verletzung mehr als erwartet weint, kann es zusätzlich zu den körperlichen Schmerzen emotionale Schmerzen herauslassen. Nach einer Knieverletzung durch einen Dreiradunfall kann Ihr Kind wütend auf ein anderes Kind sein, weil es gegen es gestoßen ist. Es könnte sogar wütend auf das Dreirad sein, weil es umgekippt ist! Oder vielleicht hat der Unfall es erschreckt. Wenn Sie Ihrem Kind erlauben, so viel wie nötig zu weinen, verschwinden seine körperlichen und emotionalen Schmerzen schließlich.

Ein weiterer Grund, warum Weinen manchmal in keinem Verhältnis zu körperlichen Schmerzen zu stehen scheint, besteht darin, dass Kinder Verletzungen nutzen, um über andere Dinge zu weinen (das in Kapitel 1 beschriebene „Phänomen des zerbrochenen Kekses“). Das aufgekratzte Knie oder der geschnittene Finger können einen Vorwand bieten, um angesammelte, aufgestaute Spannungen zu lösen, die aus früheren belastenden Erfahrungen resultieren. Die Verwendung einer leichten Verletzung als Vorwand für einen schweren Wutausbruch tritt eher auf, wenn Ihr Kind in der Vergangenheit nicht genug geweint hat. Es wird Ihre liebevolle Sorge nutzen, um das Weinen nachzuholen, das es braucht.

Manche Eltern befürchten, dass sie ihrem Kind beibringen, eine Heulsuse zu sein, indem sie das Weinen nach leichten Verletzungen fördern. Diese Einstellung tritt eher bei Söhnen als bei Töchtern auf. Die kulturelle Erwartung ist, dass Jungen stark, hart und mutig sind. Denken Sie daran, dass Weinen kein Hinweis auf Schwäche ist, sondern ein Heilungsmechanismus, von dem Jungen ebenso profitieren wie Mädchen.

Die Verabreichung von Erste-Hilfe-Mitteln bei geringfügigen Verletzungen kann bei kleinen Kindern eine Herausforderung darstellen, insbesondere wenn sie sich weigern, dass jemand ihre Verletzungen berührt. Versuchen Sie sich zu entspannen und denken Sie daran, dass ein paar Minuten Verspätung aus medizinischer Sicht wahrscheinlich keinen großen Unterschied machen. Wenn Sie eine Verletzung behandeln müssen (einen Splitter entfernen, ein aufgekratztes Knie reinigen oder einen Verband anlegen), erklären Sie, was Sie tun müssen, und warten Sie, bis Ihr Kind bereit ist. Erlauben Sie ihm zu weinen und erinnern Sie es immer wieder daran, was Sie tun müssen. Wenn Ihr Kind Ihre Behandlung weiterhin ablehnt, geben Sie ihm so viele Optionen wie möglich. Sie können ihm auch sagen, dass Sie sofort aufhören werden, wenn es Sie dazu auffordert. Sie können es sogar aus dem Badezimmer rennen lassen und zurückkommen, wenn es bereit ist, fortzufahren. Abhängig von seinem Alter kann es möglicherweise einen Teil der Wundversorgung selbst durchführen, z. B. das Reinigen eines aufgekratzten Knies.

Sie können auch einen spielerischen Ansatz ausprobieren, um Ihrem Kind zu helfen, durch Lachen Angst abzubauen. Wenn es weiterhin jede Behandlung ablehnt, müssen Sie trotzdem ruhig, aber bestimmt Erste Hilfe leisten, während Sie ihm erlauben zu schreien. Je jünger Ihr Kind ist, desto schwieriger wird es, seine Mitarbeit zu gewinnen. Aber auch Zweijährige können überraschend kooperativ werden, wenn wir uns die Zeit nehmen, die Gründe für die Behandlung zu erklären, ihnen einige Auswahlmöglichkeiten geben und ihnen das Weinen zu ermöglichen.

7.9 Wie kann ich meinem Kind bei einem Besuch in der Notaufnahme helfen?

Während eines medizinischen Notfalls kann Ihr Kind Angst und Schmerzen haben und möglicherweise nicht bereitwillig mit den Ärzten und Krankenschwestern kooperieren. Möglicherweise sind Sie selbst sehr angespannt und sorgen sich um das Wohl Ihres Kindes. Außerdem haben Sie möglicherweise keine Zeit, Ihr Kind vorzubereiten, was den Stress aller erhöhen kann.

Meine Richtlinien sind, wenn möglich bei Ihrem Kind zu bleiben und es so viel wie nötig weinen zu lassen. Versuchen Sie ruhig zu bleiben, während Sie ihm alles erklären. Geben Sie ihm einige Wahlmöglichkeiten. Wenn Sie es körperlich zurückhalten müssen, tun Sie dies liebevoll und erklären Sie, warum dies notwendig ist.

Eine der quälendsten Erfahrungen für ein kleines Kind ist es, in einer Zeit, in der es Angst und Schmerzen hat, bei Fremden zu bleiben. Das folgende Beispiel einer Mutter, die ich interviewt habe, zeigt die negativen Folgen, wenn ein Kind während eines medizinischen Notfalls mit Ärzten und Krankenschwestern allein gelassen wird.

> Eines Abends rannte Richard (vier Jahre alt), fiel hin und schlug seinen Kopf auf Beton. Später sagte er, dass er nicht gut sehen könne und ich wurde sehr besorgt. Ich dachte, er könnte ein Hämatom haben oder so. Also beschloss ich, ihn in die Notaufnahme zu bringen. In letzter Minute wollte er nicht gehen. Er weinte und sagte, er würde nicht gehen. Nun, ich sagte ihm, wir müssten gehen. Ich sagte, dass es vielleicht nichts sei, aber es könnte auch etwas Ernstes sein. Als wir dort ankamen, war ein junger Arzt im Dienst. Richard fing an zu weinen und ließ sich nicht vom Arzt berühren. Der Arzt sagte zu mir: „Die Kooperation klappt oft besser, wenn die Eltern nicht im Zimmer sind." Jetzt sagte alles in mir: „Nein, das ist falsch. Ich kann nicht weggehen." Aber ich hatte auch große Angst, dass etwas ernsthaft mit meinem Kind nicht stimmte, und ich war bereit, alles zu tun, um sicherzustellen, dass es ihm gut ging. Also verließ ich den Raum. Natürlich schrie er weiter und sie mussten einen Pfleger hinzuziehen, um ihn festzuhalten. Schließlich öffnete ich die Tür und ging wieder hinein. Sie hatten feststellen können, dass alles mit ihm in Ordnung war. Allerdings war er wütend auf sie und auf mich.
> Ich hatte ihn verlassen. Er wollte nicht, dass ich ihn hielt, und er schlug mich. Er war so wütend, dass ich ihn verlassen hatte. Sie sagten, dass alles in Ordnung zu sein schien und wir nach Hause gehen könnten, aber er wollte die Kontrolle haben, so dass er sich weigerte zu gehen und anfing zu weinen, weil wir gingen. Er wollte nicht ins Auto steigen und sagte: „Ich will nicht nach Hause gehen. Ich will hier leben." Also habe ich nur gewartet, während er noch mehr weinte. Endlich stieg er ins Auto. Aber als wir nach Hause kamen, wollte er nicht aus dem Auto steigen. Er blieb dort und weinte ungefähr zehn Minuten, bevor er ins Haus kam.

Diese Mutter akzeptierte das Weinen und Wüten ihres Sohnes, aber sie erkannte später, dass er weniger hätte weinen müssen, wenn sie darauf bestanden hätte, bei ihm in der Notaufnahme zu bleiben. Es ist verständlicherweise schwierig, für das Bedürfnis unserer Kinder nach Verbindung in solchen Situationen einzutreten, wenn wir selbst Angst haben.

7.10 Wie kann ich meinem Kind bei einem Krankenhausaufenthalt helfen?

Selbst wenn Sie bei Ihrem Kind bleiben dürfen, kann ein Krankenhausaufenthalt für es traumatisch sein. Sie können verschiedene Schritte unternehmen, um Ihrem Kind durch die Erfahrung zu helfen und das Trauma zu minimieren. Wie bei Arzt- und Zahnarztbesuchen kann die Vorbereitung die Angst Ihres Kindes verringern. Wenn es sich nicht um einen Notfall handelt, haben Sie Zeit, Ihrem Kind im Voraus Erklärungen zu geben und seine Fragen zu beantworten. Achten Sie darauf zu überprüfen, ob es möglicherweise falsche Vorstellungen hat. Ihr Kind hat vielleicht die Vorstellung, dass Menschen nur zum Sterben ins Krankenhaus gehen. Seien Sie ehrlich über die Möglichkeit von körperlichen Schmerzen. Schauen Sie, ob Sie mit Ihrem Kind vorher schon einmal ins Krankenhaus gehen können. Zu Hause können Sie Rollenspiele verwenden, um Informationen zu geben, und Lachspiele, um Ihrem Kind dabei zu helfen, Angstzustände abzubauen. Bücher über Kinder im Krankenhaus können ebenfalls helfen.

Ihr Kind ist weniger traumatisiert, wenn Sie so viel wie möglich bei ihm im Krankenhaus bleiben. Wenn Sie nicht die ganze Zeit anwesend sein können, versuchen Sie, einen anderen Erwachsenen für Ihr Kind zu gewinnen, zu dem das Kind Vertrauen hat. Wichtige Zeiten sind in der ersten Nacht, unmittelbar vor und nach der Operation, während Tests oder Eingriffen und vor dem Schlafengehen. Lassen Sie Ihr Kind ein spezielles Spielzeug oder Stofftier von zu Hause mitnehmen, insbesondere wenn Sie nicht die ganze Zeit bei ihm sein können. Körperlicher Kontakt ist besonders wichtig bei Krankheit und Schmerzen. Berühren und halten Sie Ihr Kind daher so viel wie möglich. Halten Sie seine Hand bei schwierigen Eingriffen. Geben Sie ihm Massagen. Auch eine Fußmassage kann einem Kind helfen, sich zu entspannen.

Informieren Sie sich über die Verfahren und Behandlungen und erklären Sie sie Ihrem Kind. Informationen können Ihrem Kind helfen, sich weniger ängstlich zu fühlen, und es kann es auch kooperativer machen. Je jünger Ihr Kind ist, desto unwahrscheinlicher ist es, dass es Erklärungen versteht und mit Ärzten und Krankenschwestern zusammenarbeitet.

Seien Sie wachsam und kennen Sie Ihre Rechte. Sie haben das Recht, die Krankenakten Ihres Kindes einzusehen und zu erfahren, wer es untersucht und warum. Sie können die Notwendigkeit von Verfahren oder Medikamenten infrage stellen. Überprüfen Sie alle Medikamente, die Ihr Kind erhält, und beobachten Sie alle Geräte, an die Ihr Kind angeschlossen ist, um sicherzustellen, dass sie ordnungsgemäß funktionieren.

Ein weiterer Vorschlag ist, Ihrem Kind so viele Optionen wie möglich zu geben, damit es sich weniger machtlos fühlt. Vielleicht können Sie die Krankenschwester bitten, Ihr Kind wählen zu lassen, in welchem Arm intravenöse Flüssigkeit zugeführt werden soll, oder es kann über die Wahl der Nahrungsmittel bestimmen. Kinder nach dem Säuglingsalter können sicher selbst entscheiden, ob sie Schmerzmittel benötigen.

Lachen ist ein wichtiger Mechanismus zum Stressabbau und ein Mittel gegen Angstzustände. Es kann auch das Immunsystem stärken und die Genesung beschleunigen, sodass alles, was Ihr Kind zum Lachen bringt, von Vorteil ist. Studien haben gezeigt, dass Klinik-Clowns in Kinderkrankenhäusern die Angst von Kindern vor der Operation verringern können.

Lassen Sie Ihr Kind so viel wie nötig weinen, aber beachten Sie, dass ein sehr krankes Kind möglicherweise nicht die Energie hat, zu weinen. Dies kann das Kind später immer wieder nachholen, nachdem seine Energie zurückgekehrt ist. In den 1960er-Jahren machten Forscher einige interessante Beobachtungen von Kindern in einem orthopädischen Langzeitkrankenhaus. Die Forscher stellten fest, dass sich die Kinder, die zu Beginn ihres Krankenhausaufenthalts offen weinten und schrien, schließlich sehr gut anpassten und die medizinische Versorgung und die ihnen auferlegten Einschränkungen akzeptierten. Dieses Verhalten unterschied sich deutlich von dem der Kinder, die von Anfang an sogenannte „perfekte“ Patienten waren. Obwohl diese Kinder ruhig, fröhlich und kooperativ wirkten, zeigten sie später am wahrscheinlichsten

Anzeichen von Stress, wie z. B. Regression in kindliche Verhaltensweisen, Einnässen oder Einkoten, Ess- oder Schlafstörungen und Lernprobleme. Eine mögliche Interpretation dieser Beobachtungen ist, dass Weinen und Wut tatsächlich Kindern helfen kann, sich auf eine stressige Situation wie einen Krankenhausaufenthalt einzustellen. Zumindest hat diese emotionale Befreiung sie weder verletzt noch die Dinge verschlimmert.

Wenn Ihr Kind zu krank ist, um zu lachen oder zu weinen, oder wenn es dies zu schmerzhaft findet (z. B. nach einer Bauchoperation), können Sie sich Geschichten ausdenken, um die Stimmung zu heben und es von seinen Beschwerden abzulenken. Therapeuten haben herausgefunden, dass Geschichten für kranke Kinder hilfreich sind, die das Kind selbst als starke und mutige Protagonistin darstellen und Humor, Abenteuer, Überraschungen und Magie beinhalten.

Vergessen Sie nicht, auf sich selbst zu achten. Versuchen Sie, jemanden zu finden, der zuhören kann, wenn Sie reden oder weinen müssen. In vielen Krankenhäusern gibt es Pfarrer, die für das Zuhören ausgebildet sind. Forscher haben herausgefunden, dass Eltern, die Gelegenheit haben, ihre Gefühle bezüglich des Krankenhausaufenthalts ihrer Kinder auszudrücken, einen positiven Einfluss auf den emotionalen Zustand ihrer Kinder sowie auf ihren eigenen haben. Eine Mutter, die ich interviewte, erzählte mir, wie sie sich um ihr eigenes Bedürfnis kümmerte, in einem Krankenhaus zu weinen.

> Maria war erst zweieinhalb Jahre alt, als sie sich einer Augenoperation unterziehen musste. Ich war sehr traurig, als die Krankenschwester sie von mir wegnahm und sie in den Operationssaal rollte, und ich musste schluchzen. Ich hatte das Bedürfnis, dass jemand bei mir war, um mir etwas fürsorgliche Aufmerksamkeit zu schenken, während ich weinte. Es war ein katholisches Krankenhaus, also bat ich um eine Nonne. Als sie kam, bat ich sie, bei mir zu sein und mit mir zu beten, während ich weinte. Wir gingen zur Kapelle, und ich weinte mindestens eine halbe Stunde, während sie nur meine Hand hielt. Sie sprach ihr Gebet, und ich sprach mein Gebet, jede auf ihre Weise. Danach fühlte ich mich viel besser und ging zurück, um vor dem Operationssaal zu warten.

Nachdem Ihr Kind nach Hause zurückgekehrt ist, wird es von einem symbolischen Spiel mit Ihnen profitieren, welches das Thema Ärzte,

Krankenhäuser und Krankheit umfasst. Geben Sie ihm ein Arztköfferchen und lassen Sie es die Rolle des Arztes spielen, während Sie die Rolle eines verängstigten Patienten übernehmen. Wenn Sie Ihr Kind zum Lachen bringen, wird das Spiel noch heilender sein.

Seien Sie nicht überrascht, wenn Ihr Kind nach seiner Rückkehr leicht weint oder nach leichten Verletzungen überreagiert. Dies ist eine häufige Reaktion. Ihr Kind nutzt den Vorwand der leichten Verletzung, um das mit seinem Krankenhausaufenthalt verbundene Leid zu lösen.

Wie man einem Kind durch einen Krankenhausaufenthalt hilft

- Bereiten Sie Ihr Kind nach Möglichkeit rechtzeitig vor.
- Lassen Sie Ihr Kind ein spezielles Spielzeug von zu Hause mitbringen.
- Bleiben Sie so oft wie möglich bei Ihrem Kind.
- Stellen Sie physischen Kontakt her.
- Informieren Sie sich und geben Sie Ihrem Kind Erklärungen.
- Seien Sie wachsam und kennen Sie Ihre Rechte.
- Geben Sie Ihrem Kind Wahlmöglichkeiten.
- Ermutigen Sie Ihr Kind zum Lachen.
- Lassen Sie Ihr Kind weinen.
- Kümmern Sie sich um Ihre eigenen Bedürfnisse.
- Ermutigen Sie Ihr Kind zum Spielen, Lachen und Weinen, wenn es wieder zu Hause ist

Übungen Kapitel 7

Erforschen Sie Ihre Kindheit

» Wie haben Sie sich als Kind während der Mahlzeiten gefühlt? Wurden Sie jemals gezwungen, etwas zu essen, was Sie nicht wollten, oder wurde Ihnen ein Essen verweigert, das Sie wollten? Wie haben Sie sich dabei gefühlt?

» Waren Sie als Kind über- oder untergewichtig? Wie haben Sie sich wegen Ihres Gewichts gefühlt?

» Wie haben Sie sich als Kind beim Arzt oder Zahnarzt gefühlt? Welche Erinnerungen haben Sie an Krankheiten, Unfälle, Ärzte, Zahnärzte und Krankenhäuser?

Bringen Sie die Gefühle zum Ausdruck, die Ihr Kind bei Ihnen auslöst

» Wie stehen Sie zu den Essgewohnheiten Ihres Kindes? Haben Sie Bedenken, Ihr Kind seinen Nahrungsbedarf bestimmen zu lassen? Worin bestehen diese Bedenken?

» Wie fühlen Sie sich, wenn Sie Ihr Kind zum Arzt oder Zahnarzt bringen? Gibt es etwas, was Ihnen das schwer macht?

» Ist Ihr Kind hyperaktiv, impulsiv oder unaufmerksam? Wurde bei ihm ADHS diagnostiziert? Wie fühlen Sie sich dabei? Könnte Stress oder ein nicht geheiltes Trauma die Ursache für die Symptome Ihres Kindes sein? Was sind die Stärken Ihres Kindes?

Geben Sie sich selbst Zuneigung

» Essen Sie, um sich zu trösten, wenn Sie depressiv, ängstlich, einsam oder gestresst sind? Wenn ja, schließen Sie sich einer Selbsthilfegruppe an, die sich mit den emotionalen Ursachen von Essstörungen befasst.

» Gönnen Sie sich ein Essen, das in Ihrer Kindheit verboten oder eingeschränkt war. Genießen Sie es!

» Probieren Sie eine Woche lang den Selbstbedarfsansatz bei Ihrer Ernährung aus und achten Sie dabei genau auf die Signale Ihres Körpers für Hunger, Nahrungspräferenz und Sättigung.

8 Fazit

8.1 Hauptthemen in diesem Buch

In diesem Buch werden mehrere wichtige Themen behandelt, die für jedes Kapitel relevant sind. Ich habe sie hier zusammengefasst.

Kinder haben viele berechtigte Bedürfnisse

Alle Kinder benötigen viel individuelle Aufmerksamkeit, Zeit und Raum zum Spielen und eine anregende Umgebung. Man muss ihnen zuhören, vorlesen und mit ihnen spielen. Weitere wichtige Bedürfnisse sind die physische und emotionale Sicherheit sowie die Exposition gegenüber der Erwachsenenwelt in Dosierungen, die sie aufnehmen können. Ihre Ausbildung sollte auf ihren Interessen und individuellen Lernstilen aufbauen und gleichzeitig ihre Bedürfnisse nach Auswahlmöglichkeiten, Entdeckung und Bewegung erfüllen.

Kinder haben intensive Gefühle

Sie erleben die gesamte Bandbreite menschlicher Emotionen, von kleinen Irritationen bis hin zu starkem Ärger, Angst, Trauer und Verwirrung. Einige Kinder sind empfindlicher als andere, aber alle Kinder sind verletzlich, leicht überfordert und häufig frustriert. Ängste kommen häufig aufgrund von Informationsmangel, wachsender Vorstellungskraft und einem neuen Bewusstsein für den Tod vor. Eifersucht zwischen Geschwistern kann selbst in den liebevollsten Familien auftreten.

Kinder können von belastenden Erfahrungen heilen

Menschen werden mit der Fähigkeit geboren, sich von alltäglichen Belastungen sowie von traumatischen Erlebnissen zu erholen, die Schmerzen, Schrecken, Traurigkeit, Ohnmacht oder Frustration verursachen. Der Genesungsprozess findet auf natürliche Weise statt, wenn sich Kinder sicher fühlen und mit einem liebenden Erwachsenen verbunden sind. Sie heilen von Stress und Trauma, indem sie weinen, toben, zittern, reden, spielen und lachen. Kinder würden nicht gedeihen, wenn wir nur ihre positiven Gefühle akzeptieren und sie ignorieren oder bestrafen würden, wenn sie Traurigkeit, Wut oder Angst ausdrücken.

Verhaltensprobleme haben immer einen triftigen Grund

Kinder können störend, unausstehlich, ungeduldig, fordernd, unkooperativ, stur, ungezogen, destruktiv und gewalttätig sein. Drei mögliche Gründe sind für diese Verhaltensprobleme verantwortlich: Das Kind hat ein ungedecktes Bedürfnis, es fehlen Informationen oder es leidet unter Stress oder einem nicht geheilten Trauma. Um diese Verhaltensweisen zu ändern, müssen wir unter die Oberfläche schauen und die zugrunde liegende Ursache ansprechen.

Kinder brauchen keine Strafen oder Belohnungen

Traditionelle Verhaltensansätze (mit Bestrafungen oder Belohnungen) können die Eltern-Kind-Beziehung schädigen, Kinder dazu bringen, sich verärgert und machtlos zu fühlen, und ihr Selbstwertgefühl verringern. Kinder brauchen manchmal liebevolle Grenzen (ohne Bestrafung), aber das Ziel der Disziplin ist es, Kindern beizubringen, über die langfristigen Konsequenzen ihres Handelns nachzudenken und nicht über die unmittelbaren persönlichen Folgen. Kinder profitieren davon, wenn wir mit ihnen zusammenarbeiten, um Konflikte zu lösen, anstatt ihnen Dinge anzutun, um ihr Verhalten zu ändern.

Der Schlüssel zu einer erfolgreichen Erziehung ist die Bindung zwischen Eltern und Kindern

Je mehr sich Kinder mit ihren Eltern verbunden fühlen, desto kooperativer, glücklicher und sicherer werden sie sein. Die Qualität der Eltern-Kind-Beziehung hat einen großen Einfluss auf die emotionale und kognitive Entwicklung der Kinder. Eltern können eine liebevolle Verbindung herstellen, indem sie Kinder berühren und halten, ihnen zuhören, geduldig reagieren und mit ihnen spielen.

8.2 Eine Investition in die Zukunft

Dieser Ansatz der Kindererziehung mag schwierig und zeitaufwendig erscheinen. Möglicherweise haben Sie das Gefühl, dass Sie bessere Dinge zu tun haben, als mit Ihren Kindern zusammenzusitzen, bis sie einschlafen, eine halbe Stunde wütendes Weinen zu tolerieren oder mit ihnen Arzt zu spielen. Denken Sie daran, dass die Zeit, die Sie mit Ihren Kindern verbringen, wenn sie klein sind, eine Investition in ihr zukünftiges Wohlergehen und Ihre langfristige Beziehung zu ihnen ist. Indem Sie ihre Bedürfnisse erfüllen und ihre Emotionen akzeptieren, geben Sie ihnen eine solide Grundlage für das Selbstwertgefühl und vermitteln ihnen wertvolle Fähigkeiten, um im Leben klarzukommen.

Diese frühen Jahre dauern nicht ewig. Es wird eine Zeit kommen, in der Ihre Kinder ihre Zähne putzen, ohne daran erinnert zu werden, essen, ohne etwas zu verschütten, alleine einschlafen und selbst lesen. Sie werden natürlich mehr Zeit mit Freunden und weniger Zeit mit Ihnen verbringen wollen. Sie sind jetzt in einer Weise von Ihnen abhängig, die sich bald ändern wird, und bevor Sie es merken, werden sie erwachsen. Schätzen Sie Ihre Momente der Verbindung und denken Sie daran, die Verspieltheit, Spontaneität, Intensität, Fantasie und Neugier Ihrer Kinder zu genießen.

Wenn Sie sich nach dem Lesen dieses Buches schuldig fühlen, weil Sie sich wünschen, Sie hätten sich anders verhalten, als Ihre Kinder jünger waren, können Sie sicher sein, dass es nie zu spät ist, ihnen bei der Heilung zu helfen und Ihre Beziehung zu ihnen zu stärken. Ihr Erziehungsstil wird sich ändern, wenn Sie als Person lernen und reifen. Sie haben immer Ihr Bestes gegeben mit den Informationen und Ressourcen, die Sie zu dieser Zeit hatten. Schätzen Sie sich als fürsorgliche Eltern, die Sie schon immer waren, und achten Sie gut auf sich.

Wenn wir Kindern helfen können, zu gedeihen, wird die ganze Welt der Ort sein, nach dem wir uns alle sehnen. Die Menschen werden einander lieben und respektieren. Wir werden uns gut um unseren schönen Planeten kümmern und seine Ressourcen mit Bedacht einsetzen. Niemand wird in Armut leben, und Krieg wird der Vergangenheit angehören, weil die Menschen wissen, wie sie Konflikte auf friedliche Weise lösen können. Unser brillanter Verstand wird uns helfen, immer aufregendere Fakten über das Universum zu entdecken. *All dies können wir wahr machen!*

9 Referenzen und Vorschläge zur weiteren Lektüre

Die wissenschaftlichen Referenzen in diesem Abschnitt liefern Forschungsergebnisse für die in diesem Buch dargestellten Fakten. Ich habe sie nach den Themen in jedem Kapitel gegliedert. Zu den Vorschlägen zur weiteren Lektüre gehören Bücher, die für Personen von Interesse sind, die diese Themen vertiefen möchten. Ich habe Bücher ausgewählt, die nützliche Informationen enthalten und mit dem in diesem Buch beschriebenen Ansatz weitgehend übereinstimmen. Bitte beachten Sie jedoch, dass einige der Ratschläge in diesen Büchern nicht vollständig mit meinem Erziehungsansatz vereinbar sind.

1 Weinen und Wutanfälle

Forschung und Informationen über das Weinen

Barr, R.G. (2010). Les pleurs et leur importance pour le développement psychosocial des enfants. *Devenir,* 22, 163–174.

de Weerth, C. & Buitelaar, J.K. (2007). Childbirth complications affect young infants' behavior. *European Child and Adolescent Psychiatry,* 16(6), 379–388.

Frey II, W.H. *et al.* (1981). Effect of stimulus on the chemical composition of human tears. *American Journal of Ophthalmology,* 92, 559–567.

Gracanin, A. *et al.* (2014). Is crying a self-soothing behavior? *Frontiers in Psychology,* 5, 502.

Karle, W. *et al.* (1973). Psychophysiological changes in abreaction therapy. Study 1: Primal Therapy. *Psychotherapy: Theory, Research and Practice,* 10, 117–122.

Quas, J.A. et al. (2000). Dissociations between psychobiologic reactivity and emotional expression in children. *Developmental Psychology*, 37(3) 153–175.

Vingerhoets. A. & Bylsma, L. (2007). Crying and Health: Popular and Scientific Conceptions. *Psychological Topics*, 2, 275–296.

Woldenberg, L. *et al.* (1976). Psychophysiological changes in feeling therapy. *Psychological Reports*, 39, 1059–1062.

Therapeutische Ansätze bei Weinen

Benoit, D. & Coolbear, J. (1998). Post-traumatic feeding disorders in infancy: Behaviors predicting treatment outcome. *Infant Mental Health Journal*, 19, 409–421.

Emerson, W.R. (1989). Psychotherapy with infants and children. *Pre- and Perinatal Psychology Journal*, 3, 190–217.

Jackson, S.W. (1994). Catharsis and abreaction in the history of psychological healing. *Psychiatric Clinics of North America*, 17(3), 471–491.

Janov, A. (2007). *Primal Healing: Accessing the Incredible Power of Feelings to Improve Your Health*. The Career Press.

Solter, A. (2007). A case study of traumatic stress disorder in a 5-month-old infant following surgery. *Infant Mental Health Journal*, 28(1), 76–96.

Welch, M.G. *et al.* (2006). Outcomes of parent/child embrace therapy among 102 children with behavioral disorders. *Complementary Therapies in Clinical Practice*, 12(1), 3–12.

Trauma, Unterdrückung und Dissoziation

American Academy of Pediatrics (2014). Adverse Childhood Experiences and the Lifelong Consequences of Trauma. https://www.aap.org/en-us/ Documents/ttb_aces_consequences.pdf

Mac-Farlane, J.W. *et al.* (1954). A developmental study of the behavior problems of normal children between 21 months and 14 years. *University of California Publications in Child Development* (Vol. 2), Berkeley: University of California Press.

Thomason, M.E. & Marusak, H.A. (2017). Toward understanding the impact of trauma on the early developing human brain. *Neuroscience*, 342, 55–67.

Perry, B.D. (2000). Traumatized children: how childhood trauma influences brain development. *Journal of the California Alliance for the Mentally Ill*, 11(1), 48–51.

Van der Kolk, B. (2003). The neurobiology of childhood trauma and abuse. *Child and Adolescent Psychiatric Clinics of North America*, 12, 293–317.

Weiterführende Literatur

Levine, P.A. & Kline, M. (2008). *Trauma-Proofing Your Kids: A Parent's Guide for Instilling Confidence, Joy and Resilience.* North Atlantic Books.

Solter, A. (2000). *Auch kleine Kinder haben großen Kummer.* Kösel Verlag, München. [English edition 1998: *Tears and Tantrums: What to Do When Babies and Children Cry.* Shining Star Press.]

Wipfler, P. & Schore, T. (2016). *Listen: Five Simple Tools to Meet Your Everyday Parenting Challenges.* Hand in Hand Parenting.

2 Ängste und Schrecken

Ängste aufgrund von Trauma

Watson, J.B. & Rayner, R. (1920). Conditioned emotional reactions. *Journal of Experimental Psychology*, 3, 1–14.

Van der Kolk, B. (2003). The neurobiology of childhood trauma and abuse. *Child and Adolescent Psychiatric Clinics of North America*, 12, 293–317.

Typische Ängste, individuelle Unterschiede und Anzeichen von Angst

Aron, E. N. (2000). High sensitivity as one source of fearfulness and shyness: Preliminary research and clinical implications. In L. Schmidt & J. Schulkin (Eds.), *Extreme fear, shyness, and social phobia: Origins, biological mechanisms, and clinical outcomes* (pp. 251–272). New York: Oxford University Press.

Buss, K.A. (2011). Which fearful toddlers should we worry about? Context, fear regulation, and anxiety risk. *Developmental Psychology*, 47(3), 804–819.

King, N.J. et al. (2004). Specific phobia. In T.L. Moris & J.S. March (Eds.),

Anxiety disorders in children and adolescents (2nd ed.), 263–270. New York: Guilford Press.

Olino, T.M. *et al.* (2013). Gender differences in young children's temperament traits: comparisons across observational and parent-report methods. *Journal of Personality,* 81(2), 119–129.

Robinson III, E. & Rotter, J. (1991). Children's fears: Toward a preventative model. *School Counselor,* 38(3), 187.

Expositionstherapie bei Ängsten

Jacob, R.G. & Pelham, W.E. (2005). Behavior Therapy. In B.J. Sadock & V.A. Sadock (Eds.), *Comprehensive Textbook of Psychiatry* (8th ed., pp. 2498–2548). Philadelphia: Lippincott, Williams and Williams.

King, N.J. *et al.* (2005). Childhood fears and phobias: Assessment and treatment. *Child and Adolescent Mental Health,* 10(2), 50–56.

May, A.C. *et al.* (2013). Evidence-based behavioral treatment of a dog phobia with young children: two case examples. *Behavior Modification,* 37(1), 143–160.

Vorteile von Lachen

Bennett, M.P. & Lengacher, C. (2006). Humor and laughter may influence health: II. Complementary therapies and humor in a clinical population. *Evidence-Based Complementary and Alternative Medicine,* 3(2), 187–190.

Bennett, M.P. & Lengacher, C. (2008). Humor and laughter may influence health: III. Laughter and health outcomes. *Evidence-Based Complementary and Alternative Medicine,* 5(1), 37–40.

Fernandes, S.C. & Arriaga, P. (2010). The effects of clown intervention on worries and emotional responses in children undergoing surgery. *Journal of Health Psychology,* 13(3), 405–415.

Ventis, W.L. (1973). Case history: The use of laughter as an alternative response in systematic desensitization. *Behavior Therapy,* 4, 120–122.

Wilkins, J. & Eisenbraun, A.J. (2009). Humor theories and the physiological benefits of laughter. *Advances in Mind-Body Medicine,* 24(2), 8–12.

Yim, J. (2016). Therapeutic benefits of laughter in mental health: a theoretical review. *The Tohoku Journal of Experimental Medicine,* 239(3), 243–249.

Weiterführende Literatur

Cohen, L.J. (2013). *The Opposite of Worry: The Playful Parenting Approach to Childhood Anxieties and Fears.* Ballantine Books.

Aron, E. (2008). *Das hochsensible Kind: Wie Sie auf die besonderen Schwächen und Bedürfnisse Ihres Kindes eingehen.* MVG, München [English edition 2002: *The Highly Sensitive Child: Helping Our Children Thrive When the World Overwhelms Them.* New York, NY: Broadway Books].

Solter, A. (2015). *Spielen schafft Nähe – Nähe löst Konflikte: Spielideen für eine gute Bindung.* Kösel Verlag, München. [English edition 2013: *Attachment Play: How to Solve Children's Behavior Problems with Play, Laughter, and Connection.* Shining Star Press.]

3 Lernen und Erfahrungen

Wie Kinder lernen (allgemein)

Bonawitz, E. *et al.* (2011). The double-edged sword of pedagogy: Instruction limits spontaneous exploration and discovery. *Cognition,* 120(3), 322–330.

Brinums, M. *et al.* (2018). Practicing for the future: deliberate practice in early childhood. *Child Development,* 89(6), 2051–2058.

Fosnot, C.T. (Ed.) (1996). *Constructivism: Theory, Perspectives, and Practice.* Teachers College Press.

Gopnik, A. & Tenenbaum, J. (2007). Bayesian networks, Bayesian learning and cognitive development. *Developmental Science,* 10(3), 281–287.

Piaget, J. (2. Auflage 2020). *Psychologie der Intelligenz.* Schlüsseltexte Band 4. Klett-Cotta, Stuttgart. [English edition 2001: *The Psychology of Intelligence.* Routledge].

Shonkoff, J.P. & Phillips, D.A. (Eds.) (2000). *From Neurons to Neighborhoods: The Science of Early Childhood Development.* A report of the National Research Council. Washington, DC: National Academies Press.

Geschlechtsspezifische Sozialisation

Fagot, B.I. *et al.* (1992). Gender labeling, gender stereotyping, and parenting behaviors. *Developmental Psychology,* 28, 225–230.

Hill, S.E. & Flom, R. (2007). 18- and 24-month-olds' discrimination of gender-consistent and inconsistent activities. *Infant Behavior and Development*, 30(1), 168–173.

Iervolino, A.C. *et al.* (2005). Genetic and environmental influences on sex-typed behavior during the preschool years. *Child Development*, 76(4), 826–840.

Knafo. A. *et al.* (2005). Masculine girls and feminine boys: genetic and environmental contributions to atypical gender development in early childhood. *Journal of Personality and Social Psychology*, 88(2), 400–412.

Leaper, C. (2014). Parents' socialization of gender in children. *Encyclopedia on Early Childhood Development*. http://www.child-encyclopedia.com/sites/default/files/textes-experts/en/2492/parents-socialization-of-gender-in-children.pdf

Mascaro, J.S. *et al.* (2017). Child gender influences paternal behavior, language, and brain function. *Behavioral Neuroscience*, 131(3), 262–273.

Einfluss der Erziehung auf den Lern- und Bildungserfolg von Kindern

Borak, Z. *et al.* (2016). Impact of parenting style on children's academic success. *Journal of Social Sciences and Humanities Research*, 2(2), 1–4.

Borkowski, J.G. et al. (Eds.) (2002). *Parenting and the Child's World: Influences on Academic, Intellectual, and Social-Emotional Development*. Lawrence Erlbaum Associates, Inc.

Brummelman, E. *et al.* (2017). When parents' praise inflates, children's self-esteem deflates. *Child Development*, 88(6), 1799–1809.

Henderlong, J. & Lepper, M.R. (2002). The effects of praise on children's intrinsic motivation: A review and synthesis. *Psychological Bulletin*, 128(5), 774–795.

Mueller, C.M. & Dweck, C.S. (1998). Praise for intelligence can undermine children's motivation and performance. *Journal of Personality and Social Psychology*, 75(1), 33–52.

Zimmerman, F.J. *et al.* (2009). Teaching by listening: the importance of adult-child conversations to language development. *Pediatrics*, 124(1), 342–349.

Lesen lernen

Gaab, N. *et al.* (2007). Neural correlates of rapid auditory processing are disrupted in children with developmental dyslexia and ameliorated with training: an fMRI study. *Restorative Neurology and Neuroscience,* 25 (3–4), 295–310.

Kam Tse, S. *et al.* (2017). The effects of home reading activities during preschool and Grade 4 on children's reading performance in Chinese and English in Hong Kong. *Australian Journal of Education,* 62(1), 5–23.

Rodriguez, E.T. & Tamis-LeMonda, C.S. (2011). Trajectories of the home learning environment across the first 5 years: associations with children's vocabulary and literacy skills at prekindergarten. *Child Development,* 82(4), 1058–1075.

Sénéchal, M. & LeFevre, J.A. (2002). Parental involvement in the development of children's reading skill: a five-year longitudinal study. *Child Development,* 73(2), 445–460.

Snowling, M.J. (2015). Early identification and interventions for dyslexia: a contemporary view. *Journal of Research in Special Educational Needs,* 13(1), 7–14.

Temple, E. (2002). Brain mechanisms in normal and dyslexic readers. *Current Opinion in Neurobiology.* 12(2), 178–183.

Schulen für Kleinkinder

Bowman, B.T. *et al.* (Eds.) (2001). *Eager to Learn: Educating Our Preschoolers.* National Academies Press.

Copple, C. & Bredekamp, S. (Eds.) (2009). *Developmentally Appropriate Practice in Early Childhood Programs Serving Children from Birth through Age 8* (3rd ed.). National Association for the Education of Young Children.

Marcon, R.A. (1999). Differential impact of preschool models on development and early learning of inner-city children: a three-cohort study. *Developmental Psychology,* 35(2), 358–375.

Weisberg, D.S. *et al.* (2013). Guided play: where curricular goals meet a playful pedagogy. *Mind, Brain, and Education,* 7(2), 104–112.

Bildschirmbasierte Aktivitäten

Calvert, S.L. et al. (2017). The American Psychological Association task force assessment of violent video games: Science in the service of public interest. *American Psychologist,* 72(2), 126–143.

Christakis, D.A. et al. (2004). *Early television exposure and subsequent attentional problems in children. Pediatrics,* 113(4), 708–713.

Schmidt, M.E. & Vandewater, E.A. (2008). Media and attention, cognition, and school achievement. *Future Child,* 18(1), 63–85.

Takeuchi, H. et al. (2016). Impact of videogame play on the brain's microstructural properties: cross-sectional and longitudinal analyses. *Molecular Psychiatry,* 21(12), 1781–1789.

Wright, J.C. et al. (2001). The relations of early television viewing to school readiness and vocabulary of children from low-income families: the early window project. *Child Development,* 72(5), 1347–1366.

Weiterführende Literatur

Armstrong, T. (2000). *In Their Own Way: Discovering and Encouraging Your Child 's Multiple Intelligences.* Tarcher/Putnam.

Eliot, L. (2010). *Pink Brain, Blue Brain: How Small Differences Grow into Troublesome Gaps – And What We Can Do About it.* Mariner Books.

Holt, J. (2017). *How Children Learn* (50th Anniversary Edition). Da Capo Lifelong Books.

Holt, J. & Farenga, P. (2003). *Teach Your Own: The John Holt Book of Home-schooling.* Da Capo Press.

4 Spiele und Rollenspiele

Der erzieherische Nutzen des Spiels

Bruner, J.S. (1975). Play is serious business. *Psychology Today,* January, 81–83.

Duncan, R.W. & Tarulli, D. (2003). Play as the leading activity of the preschool period: Insights from Vygotsky, Leont'ev, and Bakhtin. *Early Education and Development,* 14, 271–292.

Elkind, D. (2007). *The Power of Play: Learning What Comes Naturally.* Da Capo Press.

Pellegrini, A.D. & Smith, P.K. (1998). Physical activity play: the nature and function of a neglected aspect of playing. *Child Development,* 69 (3), 577–98.

Piaget, J. (2020) *Nachahmung, Spiel und Traum.* Gesammelte Werke 5, Klett-Cotta, Stuttgart. [English edition1962. *Play, Dreams and Imitation in Childhood.* W.W. Norton & Company].

Taylor, M. (1999). *Imaginary Companions and the Children Who Create Them.* Oxford University Press.

Vygotsky, L. (1966/1977). Play and its role in the mental development of the child. *Soviet Developmental Psychology,* 5, 6–18.

Der therapeutische Nutzen des Spiels

Axline, V. (1981). *Play Therapy: The Groundbreaking Book That Has Become a Vital Tool in the Growth and Development of Children.* Ballantine Books.

Booth, P.B. & Jernberg, A.M. (2010). Theraplay: *Helping Parents and Children Build Better Relationships through Attachment-Based Play.* San Francisco, CA: Josey-Bass.

Draper, K. et al. (2009). Preschoolers, parents, and teachers (PPT): a preventive intervention with an at risk population. *International Journal of Group Psychotherapy,* 59(2), 221–242.

Oaklander, V. (2019). *Gestalttherapie mit Kindern und Jugendlichen* (Konzepte der Humanwissenschaften). Klett-Cotta, Stuttgart. [English edition 1988: *Windows to Our Children: A Gestalt Therapy Approach to Children and Adolescents.* The Gestalt Journal Press].

Oaklander, V. (2016). *Verborgene Schätze heben: Wege in die innere Welt von Kindern und Jugendlichen* (Konzepte der Humanwissenschaften). Klett-Cotta, Stuttgart. [English edition 2007: *Hidden Treasure: A Map to the Child 's Inner Self.* Karmac Books].

O'Connor, K.J. et al. (2016). *Handbook of Play Therapy* (2nd Edition). John Wiley & Sons.

Reddy, L.A. et al. (Eds.) (2005). *Empirically Based Play Interventions for Children.* Washington, DC: American Psychological Association.

Rye, N. (2008). Filial therapy for enhancing relationships in families. *The Journal of Family Health Care,* 18(5), 179–181.

Kooperation und Wettstreit

Bay-Hinitz, A.K. & Wilson, G.R. (2005). A cooperative games intervention for aggressive preschool children. In L.A. Reddy et al. (Eds.), *Empirically Based Play Interventions for Children* (pp. 169–190). Washington, DC: American Psychological Association.

Choi, J. et al. (2011). Relationships among cooperative learning experiences, social interdependence, children's aggression, victimization, and prosocial behaviors. *Journal of Applied Social Psychology,* 41(4), 976–1003.

Decety, J. *et al.* (2004). The neural basis of cooperation and competition: an fMRI investigation. *NeuroImage,* 23, 744–751.

Endedijk, H.M. *et al.* (2015). The role of child characteristics and peer experiences in the development of peer cooperation. *Social Development,* 24 (3), 521–540.

Kohn, A. (1992*). No Contest: The Case Against Competition.* Houghton Mifflin.

Madsen, M.C. (1971). Developmental and cross-cultural differences in the cooperative and competitive behavior of young children. *Journal of Cross-Cultural Psychology,* 2, 365–371.

Weiterführende Literatur

Cohen, L. (2001). *Playful Parenting.* New York, NY: Ballantine Books.

Solter, A. (2015). *Spielen schafft Nähe – Nähe löst Konflikte: Spielideen für eine gute Bindung.* Kösel Verlag, München. [English edition 2013: *Attachment Play: How to Solve Children's Behavior Problems with Play, Laughter, and Connection.* Shining Star Press.]

5 Konflikte und Herausforderungen

Nachteile von Prügelstrafen

Gerschoff, E.T. & Grogan-Kaylor, A. (2016). Spanking and child outcomes: Old controversies and new meta-analyses. *Journal of Family Psychology,* 30(4),453–469.

Miller, A. (1990). *For Your Own Good: Hidden Cruelty in Childrearing and the Roots of Violence.* Farrar, Straus and Giroux.

Straus, M.A. *et al.* (2014). *The Primordial Violence: Spanking Children, Psychological Development, Violence, and Crime.* Routledge.

Straus, M.A. *et al.* (1997). Spanking by parents and subsequent antisocial behavior of children. *Archives of Pediatric & Adolescent Medicine,* 151(8), 761–767.

Turner, H.A. & Muller, P.A. (2004). Long-term effects of child corporal punishment on depressive symptoms in young adults: Potential moderators and mediators. *Journal of Family Issues,* 25(6), 761–782.

Nachteile von Time-out

Australian Association for Infant Mental Health (July 2009): Position Pager 3: Time Out. http://www.aaimhi.org/inewsfiles/Position%20Paper%203.pdf.

Hyman, I. (1990). Child abusers' destructive use of 'time-out', from *Reading, Writing and the Hickory Stick,* pp. 139–140, 12–13. http://www.nospank.net/timeout.htm.

Siegel, D.J. & Bryson, T.P. (2014). 'Time-Outs' Are Hurting Your Child. *Time Magazine Online,* September 23. http://time.com/3404701/ discipline-time-out-is-not-good.

Suchman, N.E. *et al.* (2006). Parenting interventions for drug-dependent mothers and their young children: The case for an attachment-based approach. *Family Relations,* 55, 211–226.

Nachteile von Belohnungen

Deci, E.L. *et al.* (1999). A meta-analytic review of experiments examining the effects of extrinsic rewards on intrinsic motivation. *Psychological Bulletin,* 125(6), 627–668.

Kohn, A. (1999). *Punished by Rewards: The Trouble with Gold Stars, Incentive Plans, A's, Praise, and Other Bribes.* Houghton Mifflin Company.

Lepper, M.R. *et al.* (1973). Undermining children's intrinsic interest with extrinsic reward: A test of the over-justification hypothesis. *Journal of Personality and Social Psychology,* 28(1), 129–137.

Ryan, R.M. (2000). When rewards compete with nature: The undermining of intrinsic motivation and self-regulation. In *Intrinsic and Extrinsic Motivation: The Search for Optimal Motivation and Performance* by C. Sansone & J.M. Harackiewicz (Eds.), San Diego, CA: Academic Press, Inc.

Weiterführende Literatur

Faber, E. & Mazlish, E. (2012). *How to Talk so Kids Will Listen and Listen so Kids Will Talk.* Scribner.

Kohn, A. (2010). *Liebe und Eigenständigkeit: Die Kunst bedingungsloser Elternschaft, jenseits von Belohnung und Bestrafung.* Arbor, Freiburg. [English edition 2005: *Unconditional Parenting: Moving from Rewards and Punishments to Love and Reason.* Atria, Simon & Schuster, Inc.].

Gordon T. (2012). *Familienkonferenz. Die Lösung von Konflikten zwischen Eltern und Kind.* Heyne, München. [English edition 2000: *Parent Effectiveness Training: The Proven Program for Raising Responsible Children.* Three Rivers Press.]

Markham, L. (2019), *Gelassene Eltern – zufriedene Kinder. Wie Sie liebevoll bleiben, statt zu schreien, zu schimpfen oder zu drohen.* Arbor, Freiburg. [English edition 2013: *Peaceful Parent, Happy Kids: How to Stop Yelling and Start Connecting.* Penguin Group.]

Rosenberg, M. (2005). Raising Children Compassionately: *Parenting the Nonviolent Communication Way.* PuddleDancer Press.

Solter, A. (2015). *Spielen schafft Nähe – Nähe löst Konflikte: Spielideen für eine gute Bindung.* Kösel Verlag, München. [English edition 2013: *Attachment Play: How to Solve Children's Behavior Problems with Play, Laughter, and Connection.* Shining Star Press.]

6 Freunde und Feinde

Geburt eines Geschwisterkindes und Geschwisterrivalitäten

Bennett, J.C. (1990). Nonintervention into siblings' fighting as a catalyst for learned helplessness. *Psychological Reports,* 66(1), 139–145.

Smith, J. & Ross, H. (2007). Training parents to mediate sibling disputes affects children's negotiation and conflict understanding. *Child Development,* 78(3), 790–805.

Simkin, P. (1993). When should a child attend a sibling's birth? A guideline for parents. *Midwifery Today and Childbirth Education,* 28(37).

Tippett, N. & Wolke, D. (2015). Aggression between siblings: associations with the home environment and peer bullying. *Aggressive Behavior,* 41(1), 14–24.

Volling, B.L. (2012). Family transitions following the birth of a sibling: an empirical review of changes in the firstborn's adjustment. *Psychological Bulletin,* 138(3), 497–528.

Sexueller Missbrauch

Briere, J.N. & Elliott, D.M. (1994). Immediate and long-term impacts of child sexual abuse. *The Future of Children,* Vol 4(2), 54–69.

Coles, J. *et al.* (2015). Childhood sexual abuse and its association with adult physical and mental health: results from a national cohort of young Australian women. *Journal of Interpersonal Violence,* 39 (11), 1929–1944.

Gemeinsame Erziehung nach der Scheidung

Lamela, D. & Figueiredo, B. (2016). Coparenting after marital dissolution and children's mental health: a systematic review. *Jornal de Pediatria,* 92(4), 331–342.

Weiterführende Literatur

Faber, A. und Mazlish, E. (2018). *Hilfe, meine Kinder streiten – Wie Sie Geschwister helfen, einander zu respektieren.* Oberstebrink, München. [English edition 2012: *Siblings without rivalry: How to help your children live together so you can live too.* Norton & Company, Inc.].

Markham, L. (2019), *Gelassene Eltern – zufriedene Kinder. Wie Sie liebevoll bleiben, statt zu schreien, zu schimpfen oder zu drohen.* Arbor, Freiburg. [English edition 2013: *Peaceful Parent, Happy Kids: How to Stop Yelling and Start Connecting.* Penguin Group.]

Samalin, N. (1996). *Loving Each One Best: A Caring and Practical Approach to Raising Siblings.* Bantam Books.

7 Gesundheit und Krankheit

Essverhalten

Allirot, X. *et al.* (2018). Shopping for food with children: a strategy for directing their choices toward novel foods containing vegetables. *Appetite,* 120, 287–296.

Benton, D. (2004). Role of parents in the determination of the food preferences of children and the development of obesity. *International Journal of Obesity and Related Metabolic Disorders,* 28(7), 858–869.

Birch, L.L. *et al.* (1991). The variability of young children's energy intake. *New England Journal of Medicine,* 324 (4), 232–235.

Fisher, J.O. & Birch, L.L. (1999). Restricting access to palatable foods affects children's behavioral response, food selection, and intake. *American Journal of Clinical Nutrition,* 69(6), 1264–1272.

Fries, L.R. *et al.* (2017). Parent-child mealtime interactions associated with toddlers' refusals of novel and familiar foods. *Physiology and Behavior,* 76, 93–100.

Johnson, S.L. & Birch, L.L. (1994). Parents' and children's adiposity and eating style. *Pediatrics,* 94(5), 653–661.

Johnson, S.L. (2000). Improving preschoolers' self-regulation of energy intake. *Pediatrics,* 106(6), 1429–1435.

Aufmerksamkeits-Defizit/Hyperaktivitätsstörung (ADHS)

Brown, N.M. *et al.* (2017). Associations between adverse childhood experiences and ADHD diagnosis and severity. *Academic Pediatrics,* 17(4), 349–355.

Fuller-Thomson, E. & Lewis, D.A. (2015). The relationship between early adversities and attention-deficit/hyperactivity disorder. *Child Abuse & Neglect,* 47, 94–101.

Perry, B.D. (2000). Traumatized children: How childhood trauma influences brain development. *The Journal of the California Alliance for the Mentally Ill,* 11(1), 48–51.

Van der Kolk, B. (2003). The neurobiology of childhood trauma and abuse. *Child and Adolescent Psychiatric Clinics of North America,* 12, 293–317.

Webb, E. (2013). Poverty, maltreatment and attention deficit hyperactivity disorder. *Archives of Disease in Childhood,* 98(6), 397–400.

Kinder im Krankenhaus

Bergmann, T. (1965). *Children in the Hospital.* New York: International University Press.

Fernandes, S.C. & Arriaga, P. (2010). The effects of clown intervention on worries and emotional responses in children undergoing surgery. *Journal of Health Psychology,* 13(3), 405–415.

Johnson, M.R. & Kreimer, J.L. (2005). Guided fantasy play for chronically ill children: a critical review. In l. A. Reddy, T.M. Files-Hall, & C.E. Schaefer (Eds.), *Empirically Based Play Interventions for Children* (pp. 105–122). Washington, DC: American Psychological Association.

Lerwick, J.L. (2016). Minimizing pediatric healthcare-induced anxiety and trauma. *World Journal of Clinical Pediatrics,* 5(2), 143–150.

Strean, W.B. (2009). Laughter prescription. *Canadian Family Physician,* 55, 965–967.

Wolfer, J.E. & Visintainer, M. (1975). Pediatric surgical patients' and parents' stress responses and adjustments as a function of a psychological preparation and stress point nursing scale. *Nursing Research,* 24, 244–255.

Weiterführende Literatur

Armstrong, T. (2011) *Das Märchen vom ADHS-Kind: 50 sanfte Möglichkeiten, das Verhalten Ihres Kindes ohne Zwang und ohne Pharmaka zu verbessern. Junfermann,* Paderborn. [new English edition 2017: *The Myth of the ADHD Child: 101 Ways to Improve Your Child 's Behavior and Attention Span Without Drugs, Labels, or Coercion.* Tarcher Perigree.

Breggin, P.R. (2001). *Talking Back to Ritalin: What Doctors Aren't Telling You about Stimulants and ADHD (revised edition).* Da Capo Press.

Hirschmann, J.R. & Zaphiropoulos, L. (2012). *Kids, Carrots, and Candy: A Practical, Positive Approach to Raising Children Free of Food and Weight Problems.* OO Publishing.

Index

S